Kristina Folz / Detlef Jürgen Brauner

STUDI-SOS

Kristina Folz / Detlef Jürgen Brauner

Studi-SOS

Erste Hilfe fürs wissenschaftliche Arbeiten
Seminararbeit – Bachelorarbeit – Masterarbeit

3. Auflage

Edition Wissenschaft & Praxis

Bibliografische Information der Deutschen Nationalbibliothek

Die Deutsche Nationalbibliothek verzeichnet diese Publikation in
der Deutschen Nationalbibliografie; detaillierte bibliografische Daten
sind im Internet über http://dnb.d-nb.de abrufbar.

Umschlag: © Dmitry Kovalchuk – istockphoto

Alle Rechte vorbehalten
© 2024 Edition Wissenschaft & Praxis
bei Duncker & Humblot GmbH, Berlin
Druck: Beltz Grafische Betriebe GmbH, Bad Langensalza
Gedruckt auf FSC-zertifiziertem Papier

ISBN 978-3-89673-808-0 (Print)
ISBN 978-3-89644-330-4 (E-Book)

www.duncker-humblot.de

Inhalt

Abbildungen 11

Tabellen 12

1 Vorwort 13

2 Arbeitsschritte: vom ersten Gedanken zur fertigen Thesis 17
    Gleich loslegen oder erst mal einlesen? 18
    Die Arbeitsschritte im Detail 22

3 Zeitmanagement 31
    Grundsätzliches: das Pareto-Prinzip (80-20-Regel) 32
    ALPEN-Technik 33
    ABC-Analyse 34
    Die Eisenhower-Methode 35
    Belohnung ist wichtig 37
    Zeitfresser erkennen und vermeiden 37
    SOS-Tipps „Zeitmanagement" 44

4 Wie wähle ich ein Thema aus? 45
    Selbst gewählt oder ausgeschrieben? 45
    Kriterien für eine gute Themenwahl 46
    Vom groben Thema zur Forschungsfrage 50
    SOS-Tipps „Wie wähle ich ein Thema aus?" 57

Exkurs: Die Abschlussarbeit im Unternehmen schreiben 59

5 Literaturrecherche ... 63
Literatur im Internet finden ... 63
Onlinerecherche – aber richtig! ... 69
Literaturrecherche jenseits des Internets ... 72
Wie komme ich an Literatur heran? ... 73
SOS-Tipps „Literaturrecherche" ... 74

6 Literaturauswahl ... 77
Woran erkenne ich, welche Quellen ergiebig sind? ... 77
Was darf ich überhaupt als Quelle benutzen? ... 80
Wie viele Quellen brauche ich? ... 81
SOS-Tipps „Literaturauswahl" ... 82

7 Richtig lesen ... 83
Zielgerichtet lesen ... 83
In jedem Fall wichtig: die nötige Distanz wahren ... 86
Richtig Notizen machen ... 87
Richtig exzerpieren ... 88
Das Drumherum: optimale Lesebedingungen ... 91
Konzentrationsschwierigkeiten? ... 91
SOS-Tipps „Richtig lesen" ... 93

8 Literatur ordnen – ein Metasystem ... 95
Baustein 1 – Literatur recherchieren: doppelte Suche vermeiden ... 95
Baustein 2 – Literatur benennen: bibliografische Daten erfassen ... 96
Baustein 3 – Informationen aus dem Text verarbeiten ... 96
Baustein 4 – Bearbeitungsstand festhalten ... 97

Baustein 1: Literaturrecherche 98

Baustein 2, 3 und 4: ausgeliehene Literatur, wichtige Passagen und Bearbeitungsstand 98

SOS-Tipps „Literatur ordnen – ein Metasystem" 100

9 Der Aufbau der Arbeit 101

Seitenzahlen 101

Deckblatt 102

Der Titel Ihrer Arbeit 102

Was steht in der Einleitung? 104

Was steht im Hauptteil? 107

Was steht im Schlussteil? 109

Literaturverzeichnis 110

Anhang 110

Ehrenwörtliche Erklärung bzw. eidesstattliche Erklärung 110

SOS-Tipps „Der Aufbau der Arbeit" 111

10 Gliederung: Tipps für einen gelungenen Aufbau 113

Gerüst einer Gliederung 114

Was macht eine gute Gliederung aus? 115

An Mustern orientieren 117

Den roten Faden erkennen 121

Übersicht: Aufbaumuster 123

SOS-Tipps „Gliederung" 124

11 Experteninterviews 125

Schnell und unkompliziert? 125

Wie gehe ich bei einem Experteninterview vor? 126

Die passenden Ansprechpartner 127

Der Interviewleitfaden 129

Das Gespräch 132

Protokollierung 138

SOS-Tipps „Experteninterviews" 141

12 Test: Welcher Schreibtyp bin ich? 143

13 Das Schreiben 149

Die richtige Argumentation 149

Wissenschaftlicher Sprachstil 151

SOS-Tipps „Das Schreiben" 161

14 Musterformulierungen 163

Einleitung 163

Hauptteil 167

Fazit 170

15 Richtig zitieren 173

Wissenschaftlich arbeiten heißt belegen 173

Kann man aus Versehen plagiieren? 174

Wie zitiert man richtig? 176

Sonderfälle des Zitierens 180

SOS-Tipps „Richtig zitieren" 183

16 Das Literaturverzeichnis 185

Unverbindliche Richtlinien 185

Einteilung eines Literaturverzeichnisses 185

Korrekte Literaturangaben – unser Vorschlag 186

Exkurs: Die APA-Richtlinien 195

APA: Was ist das überhaupt? 195

So zitieren Sie nach den APA-7-Richtlinien 197

Inhalt

17 Tipps gegen Aufschieberitis **201**
Bestandsaufnahme 202
Woran hängt es? Individuelle Tricks und Tipps 204

18 Schreibblockaden überwinden **217**
Woran hängt es? Individuelle Tricks und Tipps 217
Generelle Techniken gegen Schreibblockaden 221

19 Was, wenn die Zeit nicht reicht? **229**

20 Bewertungskriterien einer Abschlussarbeit **233**

21 Checklisten **243**
Was muss ich mit meiner Betreuungsperson klären? 243
Wo finde ich Literatur? Datenbanken, Suchmaschinen und Co. 245
Woran erkenne ich gute Literatur? 250
Woran erkenne ich seriöse Internetquellen? 251
Qualitätscheck Literaturverzeichnis 252
Habe ich an alles gedacht? 256

22 Muster – Hier ist Spicken erlaubt **259**
Musterdeckblatt 260
Muster einer eidesstattlichen Erklärung 261
Muster eines Sperrvermerks 262
Muster eines Interviewleitfadens 263
Muster für korrektes Zitieren 266

23 Kopiervorlagen **269**
Exzerpiersystem Variante 1 269
Metasystem: Literatur ordnen 271
To-do-Liste 272

Bestandsaufnahme Ressourcen – Ihr „Werkzeugkoffer".........273

Eisenhower-Matrix..........276

24 Glossar..........**277**

25 Hier finden Sie Hilfe beim Schreiben..........**281**

26 Über uns..........**285**

27 Verwendete Literatur..........**287**

Printpublikationen..........287

Onlinequellen..........291

Stichwortverzeichnis..........**293**

Abbildungen

Abb. 1: Erfolgsfaktor Zeiteinteilung 22
Abb. 2: Mindmap zum Thema „Nachsitzen als Disziplinarmaßnahme" 23
Abb. 3: 80 zu 20 – das Pareto-Prinzip (twinlili – Pixelio.de) 32
Abb. 4: Die Eisenhower-Methode 36
Abb. 5: Zeitfressern auf der Spur 38
Abb. 6: Beim Stöbern finden Sie Anregungen 50
Abb. 7: Nutzen Sie wissenschaftliche Suchmaschinen statt Google und Co. 64
Abb. 8: Suchmaske des KVK – Ausschnitt 66
Abb. 9: Volltitelanzeige im KVK 67
Abb. 10: Vom einen zum anderen – das Schneeballsystem 72
Abb. 11: Wegweiser finden Sie auch im Text 79
Abb. 12: Sie müssen nicht jede Publikation zum Thema kennen 81
Abb. 13: Einfach durchblättern 84
Abb. 14: Markieren Sie wichtige Textstellen 85
Abb. 15: Verzetteln Sie sich nicht. 85
Abb. 16: Gehen Sie stets kritisch mit Texten um! 86
Abb. 17: Verwenden Sie verschiedene Farben 87
Abb. 18: Fassen Sie wichtige Informationen in eigenen Worten zusammen. 89
Abb. 19: Macht Sie das Lesen müde? 91
Abb. 20: Bücherstapel mit System – auch eine Sortier-Möglichkeit 97
Abb. 21: Beispielfragen 135
Abb. 22: Einfach, aber wahr: Niemand liest gerne Schachtelsätze. 151
Abb. 23: Wenn nicht jetzt, wann dann? 201
Abb. 24: Die Pomodoro-Technik ist eine bewährte Zeitmanagement- Methode ... 205
Abb. 25: Bringen Sie Abwechslung in Ihren Alltag! 207
Abb. 26: Aufwärmen ist auch für das Gehirn wichtig 209

Abb. 27: Ablenkungsfalle Internet 212

Abb. 28: Wenn Dozentengespräche demotivieren 213

Abb. 29: Viele Studis kennen Schreibhemmungen 217

Abb. 30: Die Aussicht auf eine schöne Belohnung motiviert 220

Abb. 31: Cluster: „Einführung der 4-Tage-Woche in der Metallbranche" ... 221

Abb. 32: Beispiel für einen Assoziationsfächer 222

Abb. 33: Beispiel für einen Assoziationskreis 222

Abb. 34: In ungezwungener Atmosphäre formuliert es sich oft besser. ... 224

Abb. 35: Ein schlechter Text ist besser als gar keiner! 225

Abb. 36: Endspurt! 229

Abb. 37: Endlich geschafft 231

Tabellen

Tab. 1: Zeiteinteilung acht Wochen – ein Vorschlag 19

Tab. 2: Zeiteinteilung sechs Monate – ein Vorschlag 20

Tab. 3: Ihr Zeitplan 21

Tab. 4: Themeneingrenzung – Formulierungsbeispiele 53

Tab. 5: Exzerpiersystem 90

Tab. 6: Numerische und alphabetische Gliederungsformen 114

Tab. 7: Übersicht möglicher Aufbaumuster 123

Tab. 8: Experteninterview – Fragetypen und Beispiele 137

Tab. 9: Gendervarianten – Vor- und Nachteile 155

1 Vorwort

Studieren ist etwas Tolles: Man lernt neue Menschen und neue Orte kennen. Man beschäftigt sich mit den Themen, die einen (im besten Fall) fachlich und persönlich interessieren. Man geht erste Schritte in Richtung Berufsleben, lernt, auf eigenen Beinen zu stehen und reift – ganz nebenbei – in seiner Persönlichkeit. So die Idealvorstellung.

Doch selbst wenn all das zutrifft, ist das Studium nicht nur „Zuckerschlecken mit Mensaparty". Zeit- und Prüfungsdruck sind oft groß. Viele Studis haben randvolle Stundenpläne, die wenig Raum für Freizeit lassen. Und dann ist da noch das wissenschaftliche Arbeiten: regelmäßige Studien- und Seminararbeiten – und natürlich die Abschlussarbeit.

Das stellt Studierende vor zahlreiche Fragen:

??? *Was wird von mir erwartet? Wie finde ich ein Thema? Wie viel muss ich lesen? Was muss ich beim Schreiben beachten? Was mache ich, wenn ich eine Schreibblockade habe? Und wie ging das doch gleich mit dem Zitieren?*

In diesem Ratgeber finden Sie Antworten auf diese und viele weitere Fragen rund ums wissenschaftliche Arbeiten. Dabei legen wir großen Wert auf Praxisnähe. Sie sollen nicht stundenlang nach dem passenden Kapitel suchen müssen, sondern **schnell Antworten auf dringende Fragen** bekommen.

Deswegen finden Sie in diesem Buch zahlreiche Beispiele, viele SOS-Tipps, Checklisten, ein ausführliches Stichwortverzeichnis und auflockernde Abbildungen. Die wichtigsten Informationen sind außerdem gefettet. Wir hoffen, dass Ihnen das Lesen nicht nur neue Erkenntnisse beschert, sondern auch ein bisschen Freude macht.

Kristina Folz, M. A.
Dr. Detlef Jürgen Brauner

Wie ist das Buch aufgebaut?

In diesem Leitfaden finden Sie zahlreiche Tipps, wie Sie Ihre Seminararbeit oder Ihre Thesis möglichst stressfrei meistern können – auch wenn Sie bereits (im wahrsten Sinne des Wortes) mitten in der Arbeit stecken. Wir zeigen Ihnen Schritt für Schritt, wie Sie bei der Arbeit vorgehen können:

Sie erfahren, welche **Arbeitsschritte** Sie wann erledigen sollten (Kapitel 2). Kapitel 3 widmet sich der Frage, wie Sie Ihre **Zeit sinnvoll einteilen** und **Zeitfresser** erkennen und vermeiden. Lesen Sie in Kapitel 4, wie Sie ein **Thema** finden und eingrenzen. Im anschließenden Exkurs haben wir überblickshaft zusammengefasst, was Sie bei der Entscheidung für oder gegen eine firmengebundene Abschlussarbeit wissen sollten. Hinweise zur Literaturrecherche erhalten Sie in Kapitel 5.

Welche Aufsätze und Bücher sind für Ihre Arbeit relevant? Dieser Frage gehen wir in Kapitel 6 nach. In Kapitel 7 stellen wir Ihnen einige **Lesetechniken** vor. Außerdem erfahren Sie, wie Sie richtig **exzerpieren** und **Notizen** machen. In Kapitel 8 widmen wir uns der Frage, wie Sie Ihre **Sekundärliteratur verwalten**, ohne dabei den Überblick zu verlieren.

Was in Ihrer Arbeit nicht fehlen darf und welche Informationen in welchen Teil Ihrer Arbeit gehören, lesen Sie in Kapitel 9. In Kapitel 10 geht es um die sinnvolle **Gliederung** Ihres Hauptteils und wie Sie dabei strategisch vorgehen können. Die beliebte Methode des **Experteninterviews** ist Gegenstand von Kapitel 11. Machen Sie den Test: Erfahren Sie, welcher **Schreibtyp** Sie sind und wie Sie Ihr individuelles Schreibverhalten optimieren können (Kapitel 12). Tipps zum richtigen **Argumentieren** und eine Vielzahl an **Formulierungs-Bausteinen** finden Sie in den Kapiteln 13 und 14. Den (oft leidigen) **Formalia** des wissenschaftlichen Arbeitens (Zitieren, Literaturverzeichnis) sind die Kapitel 15 und 16 gewidmet. Neu ist ein Überblick über die APA-7-Standards im Anschluss an Kapitel 16.

Falls Sie akute Probleme haben, helfen Ihnen möglicherweise die Tipps gegen **Aufschieberitis/Prokrastination** in Kapitel 17 und gegen **Schreibblockaden** in Kapitel 18. Und wenn alles nichts hilft und Sie **einfach nicht fertig werden**? Dann geben wir Ihnen in Kapitel 19 einige wertvolle Hinweise. In Kapitel 20 sind die **Bewertungskriterien** für eine wissenschaftliche Arbeit tabellarisch zusammengefasst, sodass Sie genau nachvollziehen können, an welchen Stellen Sie bereits volle Punktzahl bekommen und wo es noch Verbesserungsbedarf gibt.

In Kapitel 21 finden Sie sechs **Checklisten**, die Sie individuell abhaken können: Was muss ich im Laufe der Arbeit mit meiner Betreuungsperson[1] klären? Wo finde ich gute Literatur? Woran erkenne ich gute Literatur? Was macht eine seriöse Internetquelle aus? Woran erkenne ich, dass mein Literaturverzeichnis gut und umfassend ist?

Die **„Habe ich an alles gedacht?"**-Checkliste umfasst alle Arbeitsschritte vom Anmelden bis zur Abgabe. Spätestens wenn Sie alle Punkte darin abgehakt haben, dürfen Sie sich kräftig auf die Schulter klopfen.

Damit Sie sich an einem Beispiel orientieren können, finden Sie in Kapitel 22 diverse **Muster für einzelne Bestandteile Ihrer Arbeit**. In Kapitel 23 haben wir sieben Kopiervorlagen für Sie zusammengestellt, die Sie auch mithilfe eines entsprechenden QR-Codes herunterladen können.

In einem Glossar erläutern wir die wichtigsten Fachbegriffe, die im Buch mit einem „(?)" markiert sind. Abschließend finden Sie eine Liste ausgewählter Hochschulen, die Schreibwerkstätten und Ähnliches anbieten, Informationen zu uns und ein Stichwortverzeichnis zum schnellen Nachschlagen.

Zahlreiche Beispiele aus verschiedenen Fachrichtungen sowie Grafiken und Abbildungen lockern die Lektüre auf. In fast jedem Kapitel finden Sie außerdem unter der Rubrik „SOS-Tipps" wichtige Dos und Don'ts zum Thema.

Den wichtigsten Tipp vorab: Machen Sie sich nicht zu viele Gedanken! Auch wenn die Arbeit anfänglich wie ein unüberwindliches Hindernis wirkt, ist letztlich alles nur halb so wild. Mit ein bisschen Disziplin, Geduld und diesem Survivalguide fürs wissenschaftliche Arbeiten kann gar nichts schiefgehen.[2]

Viel Spaß mit diesem Buch und viel Erfolg bei Ihrer Thesis oder Hausarbeit!

---

[1] Wir möchten dieses Buch einerseits gut lesbar halten, andererseits geschlechtergerecht formulieren. Nach Möglichkeit versuchen wir daher, genderneutral zu schreiben. An manchen Stellen müssten wir sehr sperrige Formulierungen wählen. Das wollen wir nicht. Deshalb haben wir uns dafür entschieden, zwischen verschiedenen Gendervarianten abzuwechseln. Unabhängig davon, ob wir das generische Maskulinum oder das generische Femininum einsetzen: Wir meinen immer alle (selbstverständlich auch nicht-binäre) Geschlechteridentitäten.

[2] Grafik „Rettungsring" von Dmitry Kovalchuk – iStock.

2 Arbeitsschritte: vom ersten Gedanken zur fertigen Thesis

Wie soll ich bei der Arbeit vorgehen?
Gibt es einen sinnvollen Zeitplan?
Wie oft sollte ich mit meiner Betreuungsperson sprechen?

Es gibt **keine festen Regeln**, wann Sie welchen Arbeitsschritt machen müssen, denn das ist eine Frage persönlicher Vorlieben. Grundsätzlich ist es sinnvoll, sich einen **realistischen Zeitplan** zu erstellen, wann welche Aufgaben erledigt sein sollen.[3]

Planen Sie auch Pausen ein; mindestens einen Tag in der Woche sollten Sie sich freinehmen, um Energie zu tanken. Sobald Sie Ihre Arbeit beim Prüfungsamt **anmelden**, haben Sie ein Zeitlimit. Nur in Ausnahmefällen (z. B. bei Krankheit) ist es möglich, die Frist zu verlängern.

Auf jeden Fall müssen Sie **vor Ihrer Anmeldung** wissen, welches **Thema** Sie behandeln möchten und wer die Thesis als Erst- und Zweitgutachter betreuen wird.[4] Diese Angaben brauchen Sie für das Anmeldeformular.

Führen Sie außerdem ein Brainstorming durch, bevor Sie Ihre Arbeit anmelden. Falls Sie feststellen, dass das Thema doch nicht so ergiebig ist, wie Sie dachten, haben Sie zumindest keine wichtige Arbeitszeit verloren.

Tipp: Formulieren Sie Ihr Thema bei der Anmeldung möglichst weit. Denn nach der Anmeldung können Sie keine Änderungen mehr vornehmen. Wenn Sie ein breit gefasstes Thema angeben, können Sie den Schwerpunkt im Laufe des Schreibens noch ein Stück weit verschieben.

---

[3] Gabriele Bensberg und Jürgen Messer plädieren dafür, einen Ist- und einen Soll-Zeitplan zu erarbeiten und beide in regelmäßigen Abständen miteinander abzugleichen. (Vgl. Bensberg/Messer 2014, S. 167) Das ist zwar sehr realitätsnah, denn die beiden Zeitpläne liegen oft weit auseinander, allerdings besteht bei zu vielen Listen die Gefahr, sich zu verzetteln.

[4] Beide Betreuungspersonen bewerten die Arbeit, als konkrete Ansprechpartnerin dient aber in der Regel nur die Erstgutachterin.

Gleich loslegen oder erst mal einlesen?

Während manche Studis erst eine Menge Literatur lesen, bevor sie mit dem Schreiben beginnen, machen sich andere gleich Notizen und schreiben sofort los.[5] Beides hat seine Vor- und Nachteile. Der ideale Weg liegt – wie so oft – dazwischen. Wir skizzieren Ihnen im Folgenden eine Reihenfolge, die sich in der Praxis bewährt hat.[6]

Wie lange eine Bachelor- oder Masterthesis bearbeitet werden darf (oder soll), ist nicht einheitlich geregelt. Auch der Seitenumfang variiert zwischen diversen Fachrichtungen und Hochschulen. Aus diesem Grund handelt es sich bei unseren Vorschlägen um **Richtwerte**, die Sie an Ihre Situation anpassen können und sollen. Bei einer Bearbeitungsdauer von insgesamt acht Wochen (eine typische Frist bei Bachelorarbeiten) bietet sich die folgende Zeiteinteilung an.

Und wie ist das bei der Seminararbeit?

Seminararbeiten dienen unter anderem dazu, das wissenschaftliche Arbeiten zu üben. Für Hausarbeiten gilt deshalb im Wesentlichen das Gleiche wie für eine Abschlussarbeit. Einige weitere Unterschiede:

Seminararbeiten werden – wie der Name schon sagt – im Rahmen von Seminaren (o. Ä.) geschrieben. Der Seminarleiter betreut und bewertet die Arbeit. Das bedeutet für Sie: **Die Suche nach Betreuungspersonen entfällt.**

Es gibt Profs, **die Hausarbeitsthemen vorgeben**. Das erspart einerseits die (ggf. anstrengende) Suche nach einem Thema, bedeutet andererseits aber auch, dass Sie keine Wahlfreiheit haben – ob Ihnen das Thema gefällt oder nicht. Ein **Exposé** ist bei einer Hausarbeit meist nicht nötig.

Da Hausarbeiten nicht gebunden werden müssen, **sparen Sie Zeit beim Druck.** Es reicht ein einfacher Papierausdruck in einem Klemmhefter. Meist werden Arbeiten ohnehin nur noch in digitaler Form (als Word- oder PDF-Datei) abgegeben.

Einen Vorschlag zur Zeiteinteilung bei einer Seminararbeit finden Sie in Tabelle 3.

---

[5] Welcher Schreibtyp Sie sind, können sie in Kapitel 12 herausfinden.
[6] Vgl. auch Bensberg/Messer 2014, S. 168.

Phase	Zeitpunkt	Arbeitsschritt
Vorbereiten	Vor der Anmeldung	- Thema und Betreuungspersonen suchen - Erste Recherchen zum Thema - Brainstorming - Falls möglich: fachlicher Austausch mit anderen
Informieren	Woche 1	- **Anmeldung** - Input strukturieren - Literaturrecherche
Strukturieren	Woche 2	- Lesen und recherchieren - Erste Gliederung erstellen
Schreibstart	Woche 3	- Schreibbeginn - Lesen
Schreiben	Woche 4 – 5	- Schreiben (Rohfassung)
Schreiben	Woche 6	- Schreiben (Feinschliff)
Prüfen	Woche 7	- Gegenlesen und gegenlesen lassen
Letzte Überarbeitung	Woche 8	- Letzte Änderungen - Druck - **Abgabe**

Tab. 1: Zeiteinteilung acht Wochen – ein Vorschlag
(Eigene Darstellung)

Bei einer Bearbeitungsdauer von insgesamt sechs Monaten (eine typische Frist bei einer Masterarbeit) bietet sich folgende Zeiteinteilung an:

Phase	Zeitpunkt	Arbeitsschritt
Vorbereiten	Vor der Anmeldung	- Thema und Betreuungspersonen suchen - Erste Recherchen zum Thema - Brainstorming - Falls möglich: fachlicher Austausch mit anderen
Informieren	Woche 1	- **Anmeldung** - Input strukturieren - Literaturrecherche
Strukturieren	Woche 2 – 5	- Lesen und recherchieren - Erste Gliederung erstellen
Schreibstart	Woche 6	- Schreibbeginn
Schreiben	Woche 7 – 13	- Schreiben (Rohfassung) - Lesen
Schreiben	Woche 14 – 17	- Schreiben (Rohfassung)
Schreiben	Woche 18 – 22	- Schreiben (Feinschliff)
Prüfen	Woche 23 – 24	- Gegenlesen und gegenlesen lassen
Puffer	Woche 25	- Zeitpuffer - (Letzte Änderungen)
Letzte Überarbeitung	Woche 26	- Letzte Änderungen - Druck - **Abgabe**

Tab. 2: Zeiteinteilung sechs Monate – ein Vorschlag (Eigene Darstellung)

Die Zeit, die Sie zur Bearbeitung einer Seminar- oder Studienarbeit haben, variiert ebenfalls stark von Hochschule zu Hochschule, von Fach zu Fach. Wir gehen hier von einer Bearbeitungsfrist von **sechs Wochen** aus.

Wichtig: Je mehr Erfahrung Sie im wissenschaftlichen Arbeiten haben, desto leichter fallen Ihnen Literaturrecherche, Literaturauswertung und Schreiben. **Planen Sie also gerade zu Beginn des Studiums etwas mehr Zeit für diese Arbeitsschritte ein.** Vielleicht möchten Sie an Infoveranstaltungen Ihrer Hochschulbibliothek (etwa zur Literaturrecherche oder zum Zitieren) belegen? Oder ein Tutorium zum wissenschaftlichen Arbeiten belegen?

Phase	Zeitpunkt	Arbeitsschritt
Informieren/ Strukturieren	Woche 1	- Erste Recherchen zum Thema - Brainstorming - Falls möglich: fachlicher Austausch mit anderen - Input strukturieren - Literaturrecherche
Schreibstart	Woche 2	- Lesen und recherchieren - Erste Gliederung erstellen - Schreibbeginn
Schreiben	Woche 3	- Lesen - Schreiben (Rohfassung)
Schreiben	Woche 4	- Schreiben (Rohfassung)
Schreiben	Woche 5	- Schreiben (Feinschliff) - Korrekturlesen
Letzte Überarbeitung	Woche 6	- Falls möglich: kleiner Puffer - Letzte Änderungen - **Abgabe**

Tab. 3: Zeiteinteilung sechs Wochen
– ein Vorschlag (Eigene Darstellung)

Die Arbeitsschritte im Detail

Gedankensammlung

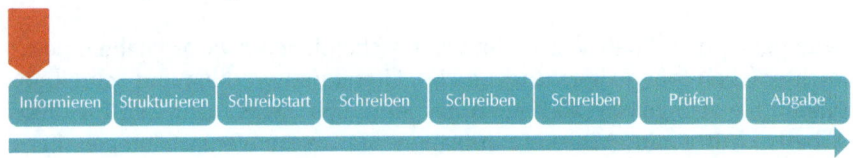

Nutzen Sie eine erste Arbeitsphase **nach der Anmeldung** dazu, Ihre Gedanken zum Thema ganz **unsystematisch** aufzuschreiben und zu sammeln.

Eine **Mindmap** eignet sich hervorragend dafür. Selbst wenn Ihnen zu Beginn Ihres Schreib- und Leseprozesses noch nicht allzu viel einfällt, können Sie die Mindmap immer wieder erweitern und anpassen. So bekommen Sie nach und nach eine klare Struktur und verlieren nicht so leicht den Überblick.

Abb. 1: Erfolgsfaktor Zeitplanung
(OpenClipart-Vectors – Pixabay)

Wer zum Bleistift oder Füller greift, hat den Vorteil, dass Änderungen nicht zum optischen Kuddelmuddel führen – beim Überarbeiten können Sie schließlich auf Radiergummi und Tintenkiller zurückgreifen.

Alternativ können Sie eine digitale[7] Mindmap erstellen oder die einzelnen Punkte auf Klebezetteln notieren, die sich leicht ablösen und neu anordnen lassen. Sollten Sie eine Tafel oder eine große Pinnwand zu Hause haben, können Sie Ihre Mindmap auch darauf erstellen.

---

[7] Online gibt es zahlreiche kostenlose Mindmapping-Tools, z. B. mind-map-online.de, xmind.net oder creately.com. In den gängigen MS-Office-Programmen können Sie über die SmartArt-Funktion auch einfache Mindmaps erstellen.

Beispiel:

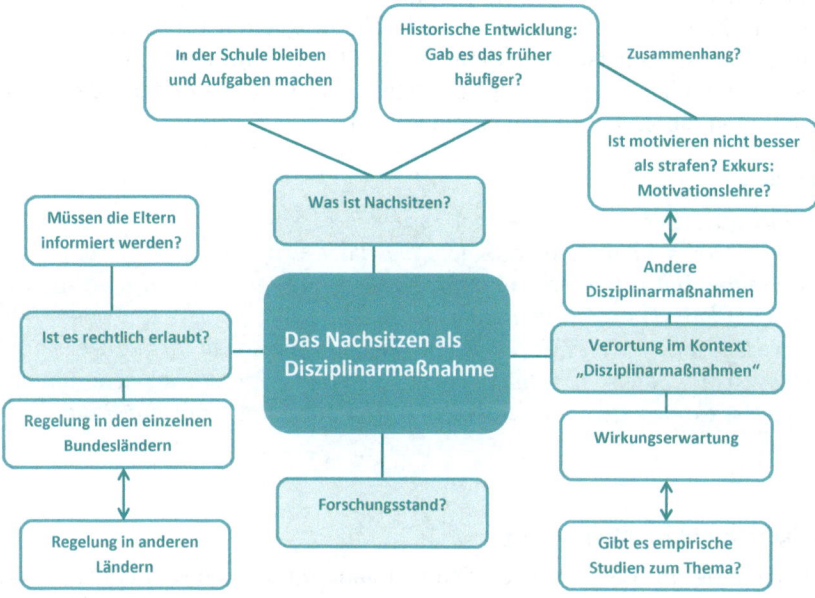

Abb. 2: Mindmap zum Thema „Nachsitzen als Disziplinarmaßnahme" (Eigene Darstellung)

Ein Konzept erstellen

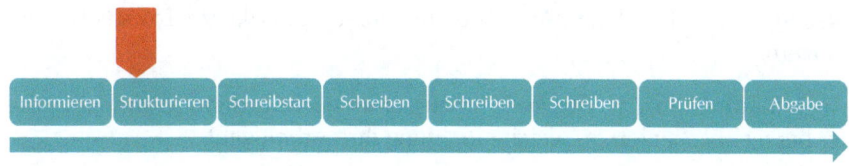

Erste Gliederung

Versuchen Sie sich an einer groben Kapiteleinteilung. Diese muss nicht detailliert sein. Eine gute Gliederung **gelingt nicht im ersten Wurf**. Sie werden feststellen, dass Sie die Gliederung während des Schreibens möglicherweise noch ein- oder zweimal umstellen. Das ist nicht schlimm. Wichtig ist nur, dass Sie die Zielsetzung Ihrer Arbeit nicht aus den Augen verlieren.

Machen Sie sich bewusst, dass Sie ein **relativ kleines Themengebiet** bearbeiten und auch innerhalb dessen nur an einigen Stellen tiefere Analysen vornehmen. Es ist völlig klar, dass Sie nicht alle möglichen Teilfragen gleichermaßen intensiv untersuchen können. Die übrigen Probleme sollten Sie erkennen und mit der Anmerkung versehen, dass Sie sie **aus Zeitgründen nicht im Rahmen dieser Arbeit behandeln** können.

Beispiel:

Sie möchten sich in Ihrer Bachelorarbeit mit dem Thema „Sozialpartnerschaft in Deutschland" beschäftigen. Das lässt sich in etwa 40 Seiten nicht erschöpfend behandeln, daher grenzen Sie Ihr Thema ein und untersuchen im Folgenden: „Die Wahrnehmung der Sozialpartnerschaft in den deutschen Leitmedien seit 1990" oder „Deutsche Sozialpartnerschaft im Energiesektor" oder etwas Ähnliches. Innerhalb dieses Teilgebiets werden Sie wiederum nur einige Aspekte eingehend untersuchen und auf andere nur am Rande verweisen.

Zielgerichtete Kapitelplanung

Schätzen Sie grob ab, welchen Seitenumfang die einzelnen Kapitel haben werden. Es geht nicht darum, bei dieser Schätzung ganz genau zu sein, denn dazu kennen Sie sich in diesem Stadium noch nicht gut genug aus. Die Einschätzung dient vielmehr dazu, dass Sie sich klarmachen, wo Ihre **Schwerpunkte** liegen und welche Themenbereiche Sie eher vernachlässigen können. So verlieren Sie sich nicht so leicht in Details und müssen nicht im Nachhinein viel zu lange Ausführungen kürzen oder kurze Textstücke verlängern.

Auch für Ihr Exposé (?) ist dieser Arbeitsschritt wichtig, denn so kann Ihr Prüfer besser abschätzen, in welche Richtung Ihre Arbeit geht.

Zu jedem Kapitel sollten Sie sich überlegen, welchen Fokus es haben soll und welche wichtigen Stichworte darin vorkommen müssen, bevor Sie beginnen. Wilde Schreibaktionen bei unklarem Konzept bringen in der Regel nichts, da es viel Zeit frisst, den Text umzustellen und neu zu gliedern. Zudem vermeiden Sie durch zielgerichtete Planung Mehrfachnennungen, Wiederholungen und Nebensächlichkeiten.

Absprache mit der Betreuungsperson

| Informieren | Strukturieren | Schreibstart | Schreiben | Schreiben | Schreiben | Prüfen | Abgabe |

Wann, was und wie oft?

Es gibt viele Fragen, die Sie mit Ihrer Gutachterin klären sollten. Die wichtigsten haben wir Ihnen in einer Checkliste in Kapitel 21 zusammengestellt.

Wie oft Sie sich mit Ihrer Gutachterin abstimmen, ist eine Frage der Persönlichkeit. Es gibt Studierende, die während der Arbeitsphase wöchentlich in der Sprechstunde der Betreuungsperson sitzen und Hilfestellung erwarten. Andere sehen die Gutachterin nur zur Anmeldung und Abgabe der Arbeit. Das Ideal liegt irgendwo dazwischen.

Sprechen Sie sich regelmäßig mit Ihrer Dozentin ab, aber leisten Sie auch eigenständige Arbeit. *Ein* Gespräch ist das absolute Minimum: Sie müssen schließlich **zu Beginn** gemeinsam festlegen, welchen Schwerpunkt Ihre Arbeit haben soll.

Falls Sie selbst das Thema wählen, überlegen Sie sich, weshalb Sie sich dafür entschieden haben. Sie müssen damit rechnen, dass die Dozentin fragt, weshalb Sie gerade diese Fragestellung interessiert: etwa, weil es einen aktuellen Anlass gibt (z. B. eine Gesetzesänderung, Neuwahlen, eine neue Erfindung etc.), oder weil es zu diesem Thema noch relativ wenige Publikationen gibt. Begründungen wie „weil Sie bei der Notengebung nicht so streng sind" oder „weil mir nichts Besseres einfiel" sind natürlich nicht angebracht, auch wenn sie möglicherweise zutreffen. ☺

In Ihrer Einleitung müssen Sie ohnehin erklären, warum Sie sich für dieses Thema und diese Fragestellung entschieden haben; insofern leisten Sie hier sinnvolle Vorarbeit.

Auch **während des Arbeitsprozesses** ist es sinnvoll, noch zwei bis drei Mal mit Ihrer Betreuungsperson zu sprechen – am besten dann, wenn Sie größere Etappenziele erreicht haben. **Kurz vor der Abgabe** empfiehlt es sich dann nochmals, über die Ergebnisse Ihrer Arbeit zu sprechen. Wenn Ihre Gutachterin dann noch Änderungen vorschlägt, ist es noch nicht zu spät.

Tipp: Sammeln Sie Ihre Fragen während der Bearbeitung und notieren Sie sie. Den gesammelten Fragenkatalog können Sie beim nächsten Termin mit Ihrer Betreuungsperson besprechen. Machen Sie sich auch während des Gesprächs Notizen, so vergessen Sie nichts Wichtiges.

Exposé

Manche Dozenten verlangen vor der Anmeldung einer Bachelor- oder Masterarbeit ein Exposé zu dem geplanten Vorhaben. Doch selbst wenn Ihre Betreuungsperson nicht explizit danach verlangt, sollten Sie einen Entwurf erstellen, um ein realistisches Bild von Ihrer Arbeit und Ihrer Zeitplanung zu bekommen.

Das Exposé bietet die **Gesprächsgrundlage** für Ihre Gespräche mit dem Erstgutachter. Außerdem ist es überaus hilfreich, dem Betreuer die geplante Arbeit mündlich vorzustellen. Welche Punkte versteht er gut, welche sind erklärungsbedürftig? Was hält er von Ihrer Vorgehensweise? Gibt es Aspekte, die aus seiner Sicht fehlen? Sein Feedback liefert Ihnen wertvolle Tipps für den Schreibprozess.

Was steht in einem Exposé?

- Arbeitstitel
- Kurzbeschreibung
- Grobe Inhaltsübersicht bzw. Kapitelübersicht
- Forschungsfragen
- Stand der Forschung: Warum ist diese Untersuchung notwendig oder sinnvoll?
- Vorgehensweise und ggf. Methode

- (Vorläufige) Literaturliste
- Kritische Überlegung: Welche Probleme könnten sich ergeben?
- Zeitplanung: Wann wollen Sie was erledigt haben?

Es gibt **keine allgemein gültigen Vorgaben**, wie ein Exposé aussehen sollte. Dafür stellen zahlreiche Hochschulen auf ihren Websites Leitfäden zur Verfügung, an denen Sie sich orientieren können.[8] Informieren Sie sich online, ob es auch an Ihrer Hochschule entsprechendes Informationsmaterial gibt.

Als Richtwert gilt: Ein zwei- bis vierseitiges Exposé ist für eine Bachelorarbeit angemessen, für eine Masterarbeit dürfen es rund fünf bis zehn Seiten sein.[9]

Da Sie Ihrem Gutachter ein Exemplar aushändigen, sollte es **übersichtlich** sein und möglichst keine Tippfehler enthalten. Ob ein Exposé ausformuliert oder in Stichpunkten gehalten sein sollte, ist Ansichtssache. Fragen Sie vorab bei Ihrem Prof nach, was er bevorzugt.

Warum diese Zusatzarbeit?

Möglicherweise fragen Sie sich, warum Sie auch noch Zeit in ein Exposé investieren sollen. Schließlich haben Sie mit der Abschlussarbeit genug zu tun.

Das stimmt natürlich, aber ein Exposé ist eine hervorragende Vorarbeit für die Thesis. Wenn Sie bereits beim Verfassen des Exposés merken, dass es inhaltliche Widersprüche, Unklarheiten oder Probleme gibt, können sie rechtzeitig gegensteuern und beispielsweise den Schwerpunkt anders setzen – oder frühzeitig mit dem Gutachter eine Lösung für das Problem finden.

---

[8] Beispielhaft seien hier die Leitfäden der Europa-Universität in Frankfurt/Oder und der Westfälischen Wilhelms-Universität Münster erwähnt: https://www.europa-uni.de/site-kuwi/de/lehrstuhl/vs/politik2/dokumente/leitfaden-expose.pdf; Tag des letzten Zugriffs: 9.1.2024. https://www.uni-muenster.de/imperia/md/content/promotionskolleg_sprachwissenschaft/leitfaden_zum_verfassen_eines_expos__s.pdf. Tag des letzten Zugriffs: 9.1.2024.

[9] Vgl. https://www.hf.uni-koeln.de/data/esootg/File/Expose/Wie%20schreibe%20ich%20ein%20Expose_07.07.2020.pdf. Tag des letzten Zugriffs: 9.1.2024.

Beispiel:

Ich habe in meiner Abschlussarbeit untersucht, wie König Artus im mittelhochdeutschen Roman „Parzival" dargestellt wird. Während ich mein Exposé erstellt habe, stieß ich auf ein echtes Problem: Der Roman basiert auf einer altfranzösischen Vorlage. Die konnte ich nicht außen vor lassen. Ich habe gleich einen Termin bei meiner Erstgutachterin gemacht und mit ihr darüber gesprochen. Gemeinsam haben wir beschlossen, dass ich beide Romane analysieren würde, um Unterschiede und Gemeinsamkeiten herauszuarbeiten. Wäre ich erst später darauf gekommen, dass ich beides untersuchen muss, hätte ich vermutlich ein Problem beim Schreiben bekommen und wäre unter Zeitdruck geraten.

Literaturrecherche, Lesen, Schreiben

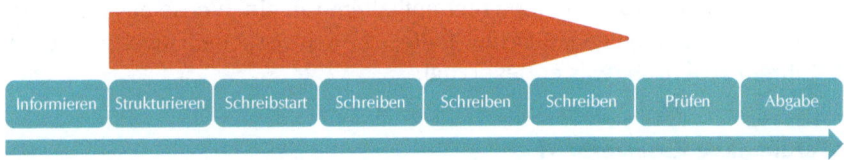

Wie bereits erwähnt, hat jeder Mensch andere Arbeitsgewohnheiten. Grundsätzlich ist es jedoch sinnvoll, ein **ausgewogenes Maß** zwischen Schreiben und Lesen zu finden. Wer zunächst mindestens 20 Aufsätze gelesen haben muss, bevor er mit dem Schreiben anfängt, riskiert, sich zu verzetteln. Wer sofort losschreibt, während er noch das erste Buch zum Thema liest, muss fürchten, sich zu sehr an diese eine Quelle zu halten und noch keinen Überblick über das gesamte Thema zu haben. Welcher Schreibtyp Sie sind und wie Sie Ihren Arbeitsprozess verbessern können, erfahren Sie in Kapitel 12.

Sinnvoll ist es, zunächst die wichtige **Einführungsliteratur**[10] zu lesen und sich dabei **Notizen** zu machen. Wenn Sie die Standardwerke gelesen und einen **Überblick** gewonnen haben, beginnen Sie mit dem **Schreiben**. Lesen und suchen Sie währenddessen weiter speziellere Literatur, z. B. Aufsätze zu einem Detailproblem.

---

[10] Manche Fachleute zum wissenschaftlichen Arbeiten raten davon ab, Einführungsliteratur oder Lehrbücher zu verwenden. (Vgl. beispielsweise Sandberg 2017, S. 75) Ihr Argument: Diese Bücher enthalten nur Grundlageninformationen, die als bekannt vorausgesetzt werden. Doch um einen Überblick über das Thema und über die Forschungsliteratur zu finden, kann es sehr sinnvoll sein, einführende Bücher zu lesen. Nähere Angaben dazu finden Sie in Kapitel 7.

Doch wenn die **Rohfassung Ihrer Arbeit abgeschlossen** ist, sollten Sie die **Recherche einstellen**, um nicht vom Hundertsten ins Tausendste zu kommen. Machen Sie auf jeden Fall immer wieder **Sicherungskopien**. Nichts ist frustrierender, als bereits erledigte Arbeit nochmals machen zu müssen, weil Ihr Text einem technischen Problem zum Opfer gefallen ist.

Puffer für Probleme

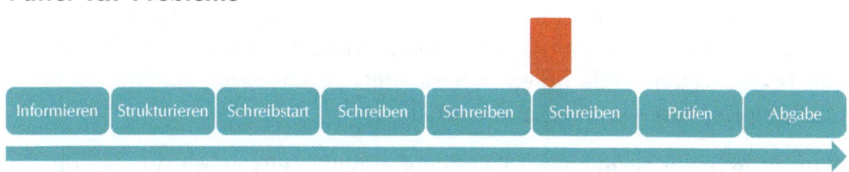

Oft sind für Teilprobleme verschiedene Lösungsansätze denkbar, bei denen nicht von Anfang an klar ist, welcher der beste ist. Planen Sie genug Zeit ein, um notfalls einen zweiten oder dritten Lösungsansatz zu wählen.

Außerdem braucht jeder Mensch Pausen, um danach (noch) besser arbeiten zu können. Auch **unvorhergesehene Ereignisse** können Ihren Arbeitsplan durcheinanderbringen. Wenn Sie ein paar Tage Pufferzeit eingeplant haben, setzen Sie diese Probleme weniger unter Druck.

Einleitung und Fazit

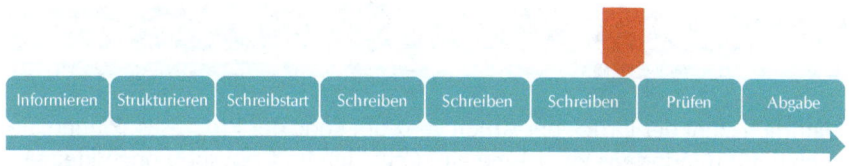

Die meisten Fachleute plädieren dafür, die Einleitung erst zum Schluss zu schreiben, da Sie erst dann einen vollständigen Überblick über Ihre Ergebnisse, den Forschungsstand und die Gliederung haben.[11] Sie könnten aber auch zu Beginn eine erste Rohfassung erstellen, die Sie anschließend überarbeiten. Wählen Sie die Methode, die Ihnen mehr zusagt, machen Sie sich aber stets bewusst, dass Sie Ihre Einleitung höchstwahrscheinlich zum Schluss noch einmal überarbeiten müssen. Ihr Fazit sollten Sie auf jeden Fall erst zum Schluss schreiben, wenn Ihre Ergebnisse gesichert sind.

---

[11] Vgl. beispielsweise Boeglin 2012, S. 184 f.; Theisen 2021, S. 135 f.

Puffer zum Prüfen

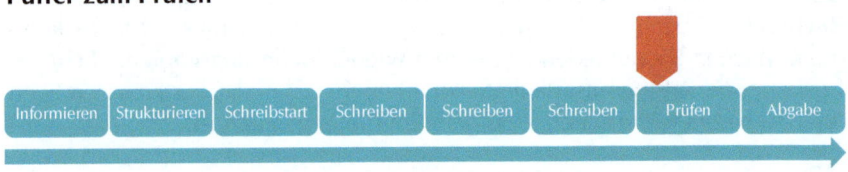

Ihnen werden während des Schreibens sicherlich kleine Ungenauigkeiten und Tippfehler unterlaufen, einige Formulierungen passen nicht ganz, manche Textpassagen wiederholen sich inhaltlich, anderes ist nicht hinreichend präzise formuliert – das ist ganz normal.

Planen Sie daher ausreichend Zeit (wenn möglich **etwa eine Woche**) für die formale und inhaltliche Überprüfung Ihrer Arbeit ein. Je größer Ihr Zeitpuffer, desto besser: Dann kann auch eine Person Ihres Vertrauens Ihre Arbeit **gegenlesen**. Im besten Fall haben Sie eine fachfremde und eine fachlich versierte Gegenleserin, die ihr Augenmerk auf ganz unterschiedliche Aspekte richten.

Drucken

Natürlich steht der Druck der Arbeit ganz am Ende des Prozesses. Planen Sie auch dafür mindestens zwei Tage ein: Oft fallen im Copyshop noch kleinere Fehler auf, oder der Druck- und Bindevorgang dauert länger als erwartet. Es wäre mehr als schade, wenn Sie Ihre Deadline verpassen würden, weil Sie das Dokument zu spät gedruckt haben.

3 Zeitmanagement

*??? Warum dauert eigentlich immer alles länger als geplant?
Wie kann ich meine Zeit so einteilen, dass ich die Motivation nicht verliere?*

Während Ihres Studiums haben Sie sicherlich festgestellt, dass Sie für manche Aufgaben länger brauchen als gedacht: Das Ausformulieren von Ideen geht nicht so schnell von der Hand wie erhofft, die Literaturrecherche erweist sich als komplizierter als erwartet, der rote Faden ist zwar irgendwo in Ihrem Kopf, aber noch nicht im Textdokument zu finden …

Damit sind Sie wahrlich nicht allein. Trotzdem ist es ein großer Stressfaktor, wenn man dem eigenen Zeitplan hinterherhinkt. Stress wiederum frisst unnötige Energiereserven, macht unkonzentriert und sorgt im schlimmsten Fall für eine Schreibblockade. Deshalb ist ein gutes Zeitmanagement bei wissenschaftlichen Arbeiten (vor allem bei der Abschlussarbeit) besonders wichtig.

Es gibt mehrere Zeitmanagement-Techniken, die dabei helfen können, eine **realistische Planung** vorzunehmen. Dadurch können Sie motivierter und strukturierter arbeiten. Und: Ein gutes Zeitmanagement ist nicht nur beim wissenschaftlichen Arbeiten sinnvoll, sondern kann Ihnen auch das Berufsleben erleichtern.

Erstellen Sie für die Zeit Ihrer Examensarbeit in jedem Fall einen **schriftlichen Zeitplan**. To-do-Listen, die man nur in Gedanken aufstellt, verwirft man erwiesenermaßen viel schneller als das, was schriftlich fixiert ist. Außerdem geraten gedankliche To-dos viel leichter in Vergessenheit als schriftlich festgehaltene.

Eine Tages- oder Wochenplan motiviert vor allem dann, wenn man immer wieder etwas abhaken (oder durchstreichen) kann. Unterteilen Sie Ihre To-dos daher am besten in viele kleine **Teilaufgaben**. Beim Durchstreichen sehen Sie, dass Sie Ihrem großen Ziel – der fertigen Thesis oder Seminararbeit – Schritt für Schritt näherkommen.

Grundsätzliches: das Pareto-Prinzip (80-20-Regel)

Viele Menschen denken, dass der Zeitaufwand proportional zum Ergebnis sei, d. h.: Je mehr Zeit sie investieren, desto besser wird auch das Ergebnis. Das ist allerdings falsch. Der italienische Forscher Vilfrido Pareto stellte als Erster eine Wahrscheinlichkeitsregel auf, die besagt, dass man bereits in **kurzer Zeit** die **wichtigsten Aufgaben** erledigen kann und für den Rest dann überproportional viel Zeit aufwendet.

Abb. 3: 80 zu 20 – das Pareto-Prinzip (twinlili – Pixelio.de)

Daraus hat die Zeitmanagement-Forschung das Pareto-Prinzip („80-20-Regel") abgeleitet. Das besagt: Bereits in **20 Prozent der eingesetzten Zeit** können Sie **80 Prozent des gewünschten Ergebnisses** erreichen. Die übrigen 80 Prozent der investierten Zeit und Mühe gehen für die letzten 20 Prozent drauf. Wenn Sie wissen, welche Aufgaben wichtig sind und welche nachrangig, können Sie Ihre To-do-Liste anpassen und schnell Ihre Zwischenziele erreichen.

Das klingt zunächst übertrieben – und natürlich sollte man die Prozentangaben nicht allzu genau nehmen; dennoch hilft es sehr, wenn man sich klarmacht, dass überproportional viel Zeit in Feinschliff bzw. Details fließt. Nutzen Sie dieses Prinzip aus, indem Sie ganz **klare Prioritäten** setzen: Was ist wirklich wichtig? Worauf liegt Ihr Schwerpunkt? Was wollen Sie mit Ihrer Arbeit erreichen?

Das **Wichtige** erledigen Sie dann **zuerst** – und Sie werden feststellen, dass es sehr motivierend ist, wenn man die **Grundlagen** gelegt hat. Überlegen Sie auch, bei welchen Aufgaben Sie viel Zeit vergeuden, obwohl die Ergebnisse eher überschaubar oder unwichtig sind. Schieben Sie diese Aufgaben an das Ende Ihrer Arbeitszeit und erledigen Sie sie nur dann, wenn Ihnen wirklich noch genügend Zeit bleibt.

ALPEN-Technik

Eine gute Zeitmanagement-Methode ist die sogenannte ALPEN-Technik. Sie ist einfach zu handhaben und erfordert nicht zu viel Vorausplanung. Die Bezeichnung „ALPEN" hat in diesem Fall nichts mit dem Bergmassiv zu tun, sondern ist eine Zusammensetzung aus den Anfangsbuchstaben der folgenden Punkte.

A	**Aufgaben aufschreiben, die Sie erledigen müssen**
	Dazu zählen neue Aufgaben, aber auch unerledigte Punkte vom Vortag, Termine und Dinge, die Sie ganz unabhängig von Ihrer (Abschluss-)Arbeit erledigen müssen.
L	**Länge der Aufgaben notieren**
	Veranschlagen Sie etwas mehr Zeit, als Sie erwarten.
P	**Puffer einplanen für unvorhergesehene Aufgaben oder Probleme**
	Planen Sie mindestens 40 Prozent Ihrer gesamten Arbeitszeit als Puffer ein (vgl. Folz 2020, S. 15; Seiwert 2018 o. S.). Vielleicht benötigen Sie auch etwas mehr Zeit für Unvorhergesehenes. Probieren Sie selbst aus, wie Sie mit Ihrer Zeit hinkommen. Dabei helfen Ihnen Erfahrungswerte aus Ihrem Studium.
E	**Entscheiden, in welcher Reihenfolge Sie die Aufgaben erledigen**
	Achten Sie bei der Reihenfolge auf Ihren Biorhythmus: In den Zeiten, in denen Sie besonders leistungsfähig sind, stehen die anspruchsvollen Aufgaben an. Zum Einstieg oder während eines (Mittags-)Tiefs sind leichte Aufgaben zu empfehlen.
	Überlegen Sie auch, ob Sie einzelne To-dos streichen wollen – entweder, weil Sie zu viel auf Ihre Agenda gepackt haben, oder weil die betreffenden Aufgaben doch nicht so wichtig sind.
N	**Nachprüfen, was Sie geschafft haben**
	Am Ende eines Arbeitstags ziehen Sie Bilanz. Punkte, die Sie nicht erledigt haben, kommen auf die To-do-Liste für den nächsten Tag.

Wenn Sie nach einiger Zeit feststellen, dass Sie zwar einiges geschafft haben, aber wichtige Aufgaben immer wieder liegen bleiben, sollten Sie sich Gedanken über Ihre **Prioritätensetzung** machen. Dazu können Sie beispielsweise die sogenannte ABC-Analyse durchführen.

ABC-Analyse

Wie bereits erwähnt, können Sie einen Großteil der Arbeit in einem Bruchteil der Zeit erledigen (Pareto-Prinzip bzw. „80-20-Regel"). Damit Sie nicht unnötig viel Zeit mit dem Feinschliff verbringen, müssen Sie sich immer wieder verdeutlichen, was wichtig ist und was nicht. Dabei helfen folgende Fragen:

- Was muss unbedingt fertig sein, wenn ich die Arbeit abgebe?
- Welche Aufgaben sollte ich dafür angehen?
- Was kann zur Not liegen bleiben?
- Was ist (momentan) relativ unwichtig?

Bei der ABC-Analyse stellen Sie sich genau diese Fragen und erstellen dann eine To-do-Liste mitsamt Gewichtung der Aufgaben.

A steht für **sehr wichtige** Aufgaben, **B** für Dinge, die auch erledigt werden sollten, aber **nicht so dringend** sind wie A-Aufgaben. C-Aufgaben sind die Dinge, die irgendwie irgendwann auch erledigt werden sollten, aber **nicht dringend** sind.

Unser Vorschlag: Reservieren Sie sich nun täglich drei bis vier Stunden für A-Aufgaben (die Sie auf kleine Teilaufgaben herunterbrechen können), eine Stunde für B-Aufgaben und eine halbe bis Dreiviertelstunde für C-Aufgaben.

So kommen Sie voran und erledigen wesentliche Punkte zeitnah. Zugleich haben Sie Zeit für Dinge, die möglicherweise weniger wichtig sind, aber einen guten Ausgleich bilden (z. B. mit einer Kommilitonin beim Kaffee über Ihrer beider Vorgehensweise bei der Masterarbeit reden – und so Arbeit und Vergnügen verbinden).

Beispiel:

A Fragen für das morgige Experteninterview überlegen – 90 Minuten

Interviewfragen logisch strukturieren – 45 Minuten

Informationen über den Experten sammeln – 1 Stunde

B Einführungstext zu Experteninterviews lesen – 1 Stunde

Wegbeschreibung zum Treffpunkt nachschauen – 20 Minuten

Hemd fürs Experteninterview bügeln – 15 Minuten

C Deckblatt für Bachelorarbeit gestalten – 45 Minuten

Die Eisenhower-Methode

Als ein gutes **Zeitmanagement-Prinzip** hat sich auch die Eisenhower-Methode erwiesen: Sie verdankt ihren Namen dem amerikanischen Präsidenten Dwight D. Eisenhower, der sie seinerzeit angewandt hat. Man sortiert seine Aufgaben danach, **wie wichtig und wie dringlich** sie sind. Dadurch entsteht eine Matrix mit vier Feldern.

Tragen Sie Ihre Aufgaben der nächsten Woche (des nächsten Tags etc.) in ein solches Raster ein, das erspart Ihnen wiederholtes Grübeln darüber, was Sie noch alles zu tun haben. Eine Kopiervorlage sowie einen QR-Code zum Download der Matrix finden Sie in Kapitel 23.

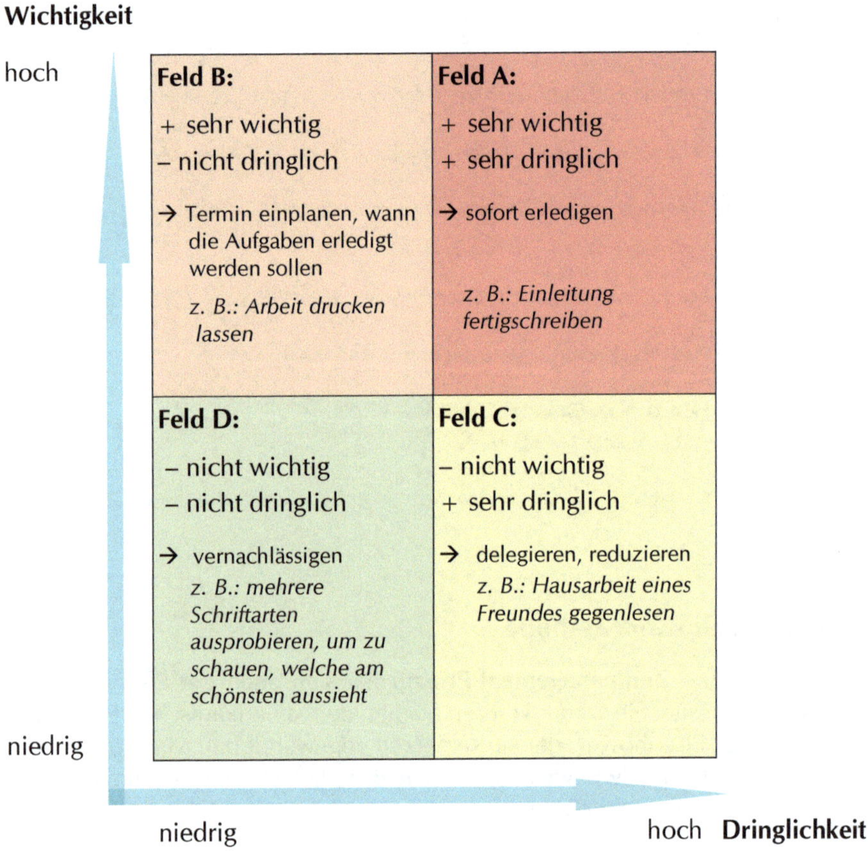

Wichtigkeit

hoch

Feld B:	**Feld A:**
+ sehr wichtig − nicht dringlich → Termin einplanen, wann die Aufgaben erledigt werden sollen z. B.: Arbeit drucken lassen	+ sehr wichtig + sehr dringlich → sofort erledigen z. B.: Einleitung fertigschreiben
Feld D:	**Feld C:**
− nicht wichtig − nicht dringlich → vernachlässigen z. B.: mehrere Schriftarten ausprobieren, um zu schauen, welche am schönsten aussieht	− nicht wichtig + sehr dringlich → delegieren, reduzieren z. B.: Hausarbeit eines Freundes gegenlesen

niedrig

niedrig → hoch **Dringlichkeit**

Abb. 4: Die Eisenhower-Methode (Eigene Darstellung nach Bensberg/Messer 2014, S. 117)

Belohnung ist wichtig

Gerade bei einer Masterarbeit, mit der Sie sich monatelang beschäftigen, ist es wichtig, sich regelmäßig zu belohnen bzw. sich auch Pausen und Ausgleich zu gönnen. Wer die ersten sechs Wochen pausenlos durchackert, fällt danach möglicherweise in ein Loch, aus dem er nur schwer wieder herauskommt.

Schlafen Sie morgens zumindest so lange, dass Sie nicht völlig gerädert sind, und gönnen Sie sich ein (zumindest einigermaßen gemütliches) Frühstück. Das schafft Energie für den Tag. Wer bereits morgens in Hektik verfällt, ist so mit seinem Stress beschäftigt, dass er unnötig viel Energie dafür aufwendet. Auch abends sollten Sie sich etwas Schönes gönnen, um einen Ausgleich zu bekommen.

Mindestens **einen Tag in der Woche** sollten Sie sich **freinehmen**, um Energie zu tanken und sich mit anderen Menschen zu treffen. Niemand sollte während der Prüfungszeit völlig vereinsamen, das tut weder Ihnen noch Ihren Freundschaften gut.

Tipp: Zeitmanagement-Methoden können Ihnen bei Ihrer Examensarbeit sehr helfen, aber in manchen Fällen wird die Zeitplanung selbst zum Zeitfresser. Achten Sie darauf, dass Sie nicht zu viel Zeit mit der Planung verbringen. Mehr als eine halbe Stunde täglich sollten Sie für die Planung nicht veranschlagen.

Zeitfresser erkennen und vermeiden

Viele Studis haben – gerade in der Prüfungszeit – das Gefühl, nur noch zu lernen. Doch die gefühlte 60-Stunden-Woche passt so gar nicht zu den mageren Ergebnissen auf dem Papier bzw. in der Textdatei.

Das kann unter anderem daran liegen, dass sie klassischen Zeitfressern zum Opfer fallen. Diese können **von außen kommen,** (z. B. Telefonklingeln, Chaos auf dem Schreibtisch), aber auch **von innen** (z. B. der Drang, alles auf einmal erledigen zu wollen). Im Folgenden stellen wir Ihnen einige typische Zeitfresser vor und geben Tipps, wie Sie sie umgehen können.

Typischer Zeitfresser 1: Chaos

Viele Studierende verschwenden erstaunlich viel Zeit mit der **Suche** nach Dingen: den bunten Klebezetteln, dem besonders guten Zitat, das sie gerne für Kapitel x verwenden möchten, dem Anmeldebogen für das Prüfungsamt ... Versuchen Sie, **Ordnung bei Ihren Arbeitsmaterialien und am Arbeitsplatz** zu halten.

Abb. 5:
Zeitfressern auf der Spur
(Lupo – Pixelio.de)

Auch bei Ihren Planungen hilft es, strukturiert vorzugehen. Wenn Sie den Überblick haben, vergeuden Sie keine unnötige Zeit mit der Suche nach Dingen oder Informationen. Räumen Sie beispielsweise am Ende jedes Arbeitstags Ihren Schreibtisch auf. Das ist aus mehreren Gründen sinnvoll: Zum einen ist das ein gutes Ritual, um den Arbeitstag zu beenden und sich auf Feierabend einzustellen. Zum anderen sorgt das abendliche Aufräumen dafür, dass Sie den nächsten Tag nicht mit Suchen oder Aufräumen beginnen müssen.

Wer analoge To-do-Listen führt, sollte auch hier auf Ordnung achten. Oft ist die Versuchung groß, „einfach mal schnell" etwas auf einem herumliegenden Stück Papier zu notieren, das im Zettelwust allzu leicht untergeht. Auch Berge von Klebezetteln am Arbeitsplatz sind nicht hilfreich, um den Überblick zu behalten. Und eine Mischung aus Erinnerungen im Handy und diversen To-do-Listen an mehreren Orten sorgt endgültig für Chaos im Kopf.

Suchen Sie sich lieber einen Block oder ein Notizbuch aus, in dem Sie Ihre To-do-Listen notieren. Dann haben Sie sie an einem klar definierten Ort beisammen. Oder nutzen Sie digitale To-do-Listen, die Sie über mehrere Endgeräte abrufen und aktualisieren können.

Typischer Zeitfresser 2: Feinschliff vor Rohfassung

Sie feilen kontinuierlich an Ihrer Thesis oder Studienarbeit – und doch füllen sich die Seiten nur quälend langsam? Dann könnte das möglicherweise daran liegen, dass Sie von Anfang an nach der perfekten Formulierung suchen.

Natürlich soll sich der Text am Ende gut lesen lassen, doch eben erst bei der Abgabe. Am Beginn des Arbeitsprozesses steht die Rohfassung des Texts – und die darf gerne holprig formuliert sein, sie darf Tippfehler und Lücken enthalten. Im Laufe des Schreibprozesses werden kurze Textstellen oder ganze Absätze möglicherweise gekürzt, verschoben, umformuliert, ergänzt oder gestrichen. Dann wäre es ärgerlich, wenn Sie unnötig viel Mühe auf einen Absatz verwendet haben, der letztlich zu einer Fußnote zusammenschrumpft oder gelöscht wird.[12]

Beispiel:

In dieser tehsis wird die frage untersucht, wie die Aufgaben im Haushalt bei heterosexuellen Paaren verteilt sind, ob es geschlechterbedingte (oder genderbedingt?) Unterschiede gibt und inwiefern sich die Geburt eines Kindes auf die vertilung auswirkt. → nach Studien suchen!! Aber achtung: politoisch heißes thema → auf neutralistät achten

Dazu ist auch zu definieren was als hausarbeit gilt. Zählt t.B autoputzen dazu? Steuererklärung? Wie damit umgehen, wenn ansprüche unterschiedlioch sind, wenn z. b. mann findet, dass er super putzt, die frau aber noch mal nachputzt – muss das rein?? These: Frauen machen nach der Geburt mehr als vorher. Zählt carearebit dazu?

Sie sehen: In der Rohfassung sind Rechtschreibfehler, Hinweise zur späteren Überarbeitung und Stichpunkte völlig in Ordnung.

Typischer Zeitfresser 3: „Verlesen"

Zu vielen wissenschaftlichen Fragestellungen gibt es Unmengen an (scheinbar) relevanter Forschungsliteratur. Es würde die Bearbeitungszeit und den Rahmen der Arbeit sprengen, alles durchzulesen. Vielmehr gilt es, klug auszuwählen, welche Quellen wichtig sind und welche nicht. Wenn Sie Bücher oder Aufsätze gefunden haben, die besonders relevant sind, lesen Sie trotzdem nicht Wort für Wort alles durch, sondern:

- Schauen Sie sich das Inhaltsverzeichnis, Zwischenüberschriften oder Abstracts/Zusammenfassungen an. Möglicherweise sind nur einzelne Kapitel oder Absätze für Sie relevant. Den übrigen Text müssen Sie dazu nicht lesen.

- Lesen Sie erst einmal quer. Dabei identifizieren Sie die Passagen, die besonders wichtig sind. Diese können Sie dann noch einmal in Ruhe durcharbeiten.

---

[12] Mehr Informationen zu Zeitfressern und wie man sie vermeidet, finden sie bei Folz 2020, Kapitel 4.

Typischer Zeitfresser 4: Gefälligkeiten

Viele Menschen können nur schlecht **Nein sagen** und übernehmen Aufgaben, für die sie eigentlich keine Zeit haben. Die Gründe sind einleuchtend: Wer möchte schon den Freund hängen lassen, der unbedingt bis morgen jemanden braucht, der seine Abschlussarbeit Korrektur liest? Oder die Partnerin, die sich mehr gemeinsame Zeit wünscht?

Dennoch lohnt es sich darüber nachzudenken, welchen Preis es für Sie hat, wenn Sie Ja sagen und Nein meinen. Was müssen Sie dafür „opfern"? Schlaf, Erholungszeit, Pufferzeit, private Verabredungen ...?[13]

Versuchen Sie, sich vom „automatischen Ja" zu lösen – etwa, indem Sie um Bedenkzeit bitten. Oft fühlen wir uns von unerwarteten Anfragen überrumpelt, haben keine Zeit, um in Ruhe darüber nachzudenken, ob wir die betreffende Aufgabe wirklich übernehmen können. Legen Sie sich vorab eine **Notfallantwort** zurecht, mit der Sie Zeit gewinnen. Üben Sie diese Antwort so lange, bis sie Ihnen gut und schnell über die Lippen kommt.

Denkbar sind Formulierungen wie diese:

- „Ich bin gerade in Eile. Ich gebe dir Bescheid, wenn ich etwas mehr Zeit habe."
- „Mir schwirrt gerade viel im Kopf herum. Ich würde das gerne in einem ruhigeren Moment durchdenken. Ich melde mich dann bei dir."
- „Ich stecke gerade mitten in der Abschlussarbeit und habe dementsprechend viel zu tun. Ich muss erst einmal in Ruhe schauen, ob ich das neben meiner Thesis noch hinbekomme."

Ihre persönliche Notfallantwort können Sie hier eintragen.

Meine Notfallantwort

....
....
....
....
....

---

[13] Vgl. Heister 2023, S. 130.

Während der Bedenkzeit können Sie in sich hineinspüren: Möchten Sie diesen Gefallen tun, oder haben Sie vielleicht nur Angst vor Ablehnung? Wie fühlt es sich an, wenn Sie daran denken, der Bitte nachzukommen? Schlafen Sie ruhig noch einmal darüber.

Beispiel:

Eine Kommilitonin und ich haben vereinbart, gegenseitig unsere Hausarbeiten gegenzulesen. Ich bin ein frühzeitiger Planer und kalkuliere immer viel Zeit zum Prüfen ein. Daher habe ich ihr immer mindestens zwei Wochen Zeit gelassen. Sie kam jedoch meist spontan auf mich zu und brauchte meine Korrektur dann bis zum nächsten Tag.

Das hat mich total frustriert, weil mein Zeitplan dadurch völlig aus dem Takt geriet. Ich wollte aber auch nicht Nein sagen, weil es sich ja um einen gegenseitigen Deal handelte.

Irgendwann habe ich mein Problem angesprochen und seither gibt sie mir frühzeitig Bescheid, wann sie voraussichtlich ihre Korrekturen senden wird. Für diesen Tag plane ich dann einige Stunden zur Korrektur ein und wir sind beide zufrieden. Umgekehrt muss ich Ihr nicht mehr so viel Zeit einräumen. Sie ist viel spontaner als ich und braucht selten mehr als zwei Tage.

Typischer Zeitfresser 5: Nebensächlichkeiten

Erinnern Sie sich noch an das Pareto-Prinzip (80-20-Regel)? Es besagt, dass wir für den letzten Feinschliff einer Aufgabe den Großteil unserer Arbeitszeit aufwenden. Das kann dazu führen, dass wir uns mit Kleinigkeiten derart aufhalten, dass wir in Zeitnot geraten. Wir stürzen uns mit Perfektionswillen in Nebensächlichkeiten und verlieren das große Ganze aus dem Blick.

Sie sind sich nicht sicher, ob Sie unnötig viel Zeit mit spezifischen Arbeitsschritten verbringen? Dann kann es helfen, sich konkrete **Zeitfenster** für einzelne Arbeitsschritte einzuräumen.

Setzen Sie sich eine **Frist**: „Ich suche jetzt eine Viertelstunde lang im Internet nach einem geeigneten Beispiel für Kapitel X." Stellen Sie sich einen Wecker, der nach der entsprechenden Zeitspanne klingelt.

Wenn Sie in der Zwischenzeit kein gutes Beispiel gefunden haben, **hinterfragen** Sie, wie wichtig das Beispiel überhaupt ist. Ist es für Ihre Arbeit wirklich notwendig? Oder nur eine nette Beigabe, die Sie hinzufügen können, wenn Sie noch Zeit haben? Wenn Sie feststellen, dass dieser Punkt doch einigermaßen wichtig ist, verschieben Sie ihn auf einen späteren Zeitpunkt.

Notieren Sie sich auf einem Blatt, was Ihre **übergeordneten Ziele** für diese Woche, für diesen Tag oder für die gesamte (Abschluss-)Arbeit sind. Gleichen Sie diese immer wieder mit Ihren Handlungen ab. Je nachdem, worin Ihre Ziele bestehen, ergeben sich andere Prioritäten bei Ihren Aufgaben.

Beispiel 1:

Ich möchte meine Masterarbeit auf Englisch schreiben, weil ich anschließend in den USA eine Doktorandenstelle anstrebe. Deshalb lege ich großen Wert darauf, den wissenschaftlichen Gepflogenheiten in den USA nachzukommen. Ich lese deshalb noch zwei Aufsätze darüber, wie man englischsprachige Abschlussarbeiten schreibt. Dafür verzichte ich auf zwei Fachtexte, die für meine Fragestellung nicht so wichtig sind.

Eine Freundin schreibt ebenfalls auf Englisch, hat aber keine Auslands-Ambitionen. Sie fokussiert sich daher mehr auf das Fachliche.

Beispiel 2:

Ich möchte unbedingt eine herausragende Bachelorarbeit im Unternehmen schreiben, um bessere Chancen auf die Traineestelle zu haben. Deshalb verwende ich etwas mehr Zeit darauf, die genauen Abläufe im Unternehmen kennenzulernen und zu netzwerken. Im Gegenzug lese ich nicht (wie geplant) das Buch über korrektes Zitieren.

Typischer Zeitfresser 6: Internet und Social Media

Zu den größten Zeitfressern zählt eindeutig das Internet. Dabei rauben vor allem **Social-Media-Aktivitäten** Zeit. Wie schnell wird aus „mal kurz die Mails checken" eine halbe Stunde Lesen, Posten, Teilen.

Eine Studie aus dem Jahr 2021 zeigt: Rund 90 Minuten pro Tag nutzen Menschen in Deutschland soziale Medien[14] – Tendenz steigend.

Wenn nicht gerade eine wichtige Abgabefrist droht, ist das kein Problem. Doch wenn die Deadline für die Thesis oder Seminararbeit immer näher rückt, lohnt es sich, das eigene Medienverhalten kritisch unter die Lupe zu nehmen.

Zugegeben: Wenn man an einem drögen Fachtext sitzt oder eine komplizierte Textpassage ausformulieren soll, ist es überaus verlockend, stattdessen zum Smartphone zu greifen. Hier kann es helfen, das Handy vorübergehend an einem anderen Ort zu lagern. Wer das nicht möchte, kann zumindest den Lautlos-, Nicht-stören- oder Flugmodus einstellen (siehe hierzu auch Kapitel 17 und 18).

Daneben bietet auch der Internetzugang am PC jede Menge Ablenkungsmöglichkeiten. Wem es schwerfällt, das Internet für ein paar Stunden ganz auszuschalten, weil er beispielsweise bestimmte Dienste braucht (z. B. den Online-Bibliothekskatalog zur Literaturrecherche), kann einzelne **Seiten zeitweilig blockieren**. Dazu gibt es viele Programme, Add-ons und Apps für diverse Browser.

Geben Sie die Suchbegriffe „Webseiten blockieren UND xxx" in die Suchmaschine Ihrer Wahl ein. Ersetzen Sie „xxx" durch den Namen Ihres bevorzugten Browsers.

Tipp: Wählen Sie aus den Suchergebnissen dasjenige aus, das am besten zu Ihren Bedürfnissen passt. Die Blocking-Programme sind unterschiedlich streng. Während einzelne einen Neustart des Computers erfordern, um den Zugriff auf eine Seite zu erlauben (z. B. das Freeware-Programm Cold Turkey), lassen sich andere leichter ausschalten (z. B. das Chrome-Add-on BlockSite).

---

[14] Vgl. Statista 2023. Befragt wurden Personen zwischen 16 und 64 Jahren.

SOS-Tipps „Zeitmanagement"

Do:

- Reflektieren Sie, wie Sie bisher mit Ihrer Zeit umgegangen sind. Was können Sie aus bisherigen **Fehlern lernen?**[15]
- **Verzeihen** Sie sich, wenn Sie Ihren Plan auch einmal nicht einhalten. Wir sind alle nur Menschen und haben gelegentlich ein Motivationsloch oder ein Tagestief.
- Versuchen Sie, **Freizeit und Arbeit** möglichst zu **trennen**. Idealerweise ist Ihr Arbeitsplatz in einem abschließbaren Raum. Falls nicht, verbannen Sie die Bücherberge nach Feierabend und an Ihren freien Tagen aus Ihrem Sichtfeld.
- Prüfen Sie regelmäßig, ob Sie genug **Pufferzeit** haben. Falls Sie ständig Ihrem Zeitplan hinterherhinken, kalkulieren Sie mehr Pufferzeit ein.
- Gönnen Sie sich **Abwechslung**: Versuchen Sie, auch während der Arbeitszeit immer wieder die Aufgaben zu wechseln. Nach einer Stunde Lesen eine Stunde Schreiben, dann wiederum eine halbe Stunde Recherchieren usw.

Don't:

- Versuchen Sie nicht, konsequent die gesamte Prüfungszeit **durchzuarbeiten**. Pausen sind nicht nur für Ihr psychisches Gleichgewicht nötig, sondern sie fördern auch die Kreativität. Nach einer Pause arbeiten Sie deutlich besser.
- Arbeiten Sie nicht mehr als acht Stunden täglich. Im Ausnahmefall kann man mal einige Überstunden dranhängen, aber ein „**Powermarathon**" rächt sich oft am Folgetag mit Erschöpfung und Demotivation.

---

[15] Vgl. Schubert-Henning 2007, S. 33.

4 Wie wähle ich ein Thema aus?

Wie finde ich ein Thema?
Was macht ein gutes Thema aus?
Soll ich mich auf ein ausgeschriebenes Thema bewerben oder selbst eines finden?

Selbst gewählt oder ausgeschrieben?

In diesem Kapitel legen wir den Schwerpunkt auf die Themenwahl bei der Abschlussarbeit, weil davon vergleichsweise viel abhängt. Bei Seminar- und Hausarbeiten stellt sich die Wahl des Themas oft leichter dar: entweder, weil das Thema von der Seminarleiterin vorgegeben wird, oder weil ein Referatsthema zur Studienarbeit ausgebaut wird. Falls das bei Ihnen nicht der Fall ist und Sie sich ebenfalls selbst ein Thema suchen müssen (oder dürfen), helfen Ihnen die Tipps zur Themenwahl aber natürlich auch.

Die Auswahl eines geeigneten Themas ist einer der wichtigsten Arbeitsschritte bei der Erstellung der Abschlussarbeit. Von Ihrer Themenwahl hängt schließlich alles Weitere ab. Wenn Sie den Gegenstand Ihrer Arbeit nicht frei wählen möchten, gibt es oft die Möglichkeit, sich auf ein ausgeschriebenes Thema zu bewerben. Beides hat Vor- und Nachteile:

 Pro selbst wählen

Wenn Sie Ihr Thema selbst aussuchen können, wählen Sie etwas aus, das Sie interessiert. Vielleicht **kennen** Sie schon wichtige **Forschungsliteratur** oder haben jemanden in Ihrem **Bekanntenkreis**, der sich in diesem Thema gut auskennt und Ihnen gegebenenfalls Tipps geben kann. Fast ebenso wichtig wie die Suche nach einer geeigneten Problemstellung Ihrer Arbeit ist die Wahl eines passenden Gutachters.

 Kontra selbst wählen

Andererseits fällt es den meisten Studierenden schwer, ein Thema zu finden, das dem Rahmen der Thesis angemessen ist. Denn im Vorhinein lässt sich nur schlecht **abschätzen**, wie viele Seiten das Thema „hergibt", wie die Forschungslage aussieht und ob die Fragestellung gut gewählt ist.

Ein guter Mittelweg

Besprechen Sie sich mit Ihrem Wunschprüfer. Teilen Sie ihm mit, welcher Bereich Sie generell interessiert und erarbeiten Sie gemeinsam eine konkrete Fragestellung. Bei wissenschaftlichen Arbeiten gilt der Grundsatz, dass sie einen **Neuigkeitsgehalt** haben sollten. Das sorgt bei vielen Studierenden für Unsicherheit.

 *Wie soll ich denn etwas Neues zur Forschung beitragen, wenn ich nur wenige Wochen zur Verfügung habe? Und welches Thema ist noch unerforscht?*

Diese und ähnliche **Bedenken** treiben viele Studis um. Tatsächlich klingt das viel gravierender als es letztlich ist. Niemand kann von Ihnen erwarten, dass Sie die Forschung komplett „umkrempeln" oder revolutionäre Ergebnisse produzieren. Stattdessen sollte durch Ihre Arbeit ein **kleiner Wissenszuwachs** entstehen.[16]

Kriterien für eine gute Themenwahl

Ein Thema findet man in den allermeisten Fällen nicht nach kurzem Überlegen oder infolge einer spontanen Eingebung, sondern es ist das **Ergebnis sorgfältiger Recherche**.

Fangen Sie zunächst ganz allgemein an und suchen Sie sich einen oder mehrere interessante **übergeordnete Themenbereiche** (zum Beispiel „Lyrik von Edgar Allen Poe" oder „Der deutsche Thronstreit im 12./13. Jahrhundert"). Notieren Sie sich bei Bedarf mehrere Themenblöcke, die für Sie infrage kommen. Im nächsten Schritt befassen Sie sich konkreter mit den Ideen und grenzen sie systematisch ein. Dabei können Ihnen die folgenden Fragen helfen:

 Was finde ich spannend?

Wählen Sie ein Thema, das Ihnen liegt und das Sie **interessiert**. Sonst lässt die Motivation sehr schnell nach; mehrere Wochen intensiver Beschäftigung mit einem Thema können sehr lang werden.

---

[16] Vgl. Brauner/Vollmer 2008, S. 20.

Sie sollten sich auch Gedanken darüber machen, worüber Sie **auf keinen Fall schreiben** möchten. Wenn Sie beispielsweise gerne Statistiken auswerten, aber ungerne Texte formulieren, sollten Sie das bei Ihrer Themenwahl berücksichtigen.[17]

 Habe ich eher praktische oder theoretische Interessen?

Je nachdem, wie Sie diese Frage für sich beantworten, sollten Sie eine eher **praktisch orientierte** Herangehensweise (also eine Fallstudie oder ein Experiment) wählen oder sich mit einer **theoretischen** Fragestellung auseinandersetzen. Bei einer praxisorientierten Themenstellung können Sie wiederum überlegen, ob Sie bereits vorhandene Datensätze auswerten wollen, oder ob Sie eigene Erhebungen – zum Beispiel in Form von Experteninterviews – durchführen möchten.[18] Mehr Informationen zum Thema Experteninterviews finden Sie in Kapitel 11.

 Habe ich bereits ein Seminar belegt, das mir Anregungen gibt?

Wenn Sie Ihr Thema selbst wählen können, ist es hilfreich, wenn Sie zu diesem Fachbereich bereits ein oder mehrere Seminare belegt haben. Denn dann können Sie besser einschätzen, welche Aspekte interessant sein könnten und wie die Forschungslage ist. Schauen Sie sich Ihre Notizen an und überlegen Sie, ob die Dozentin möglicherweise eine **offene Fragestellung** angesprochen hat. Vielleicht kennen Sie sogar schon wichtige **Publikationen** oder Institutionen.

 Kann ich eine Seminararbeit ausbauen?

Gibt es eine Seminararbeit, die Sie zur Bachelor- oder Masterarbeit ausbauen könnten? Das wäre eine enorme Arbeitserleichterung, da Sie dann bereits wichtige Fachleute und Publikationen kennen und weniger Zeit mit der Recherche verbringen müssten. Natürlich ist das Thema dann **auszuweiten** (denn eine Fragestellung, die sich in 20 Seiten abhandeln lässt, ist für 40 Seiten oder mehr zu eng gefasst). Auch Ihr Wunschdozent muss dem zustimmen. Doch wenn beides abgeklärt ist, handelt es sich dabei um die geschickteste Vorgehensweise bei der Themenfindung.

---

[17] Vgl. Bensberg 2013, S. 19.
[18] Vgl. Bensberg 2013, S. 36.

Will ich in der Wissenschaft bleiben oder nicht?

Wenn Sie diese Frage bejahen, sollten Sie sich für ein Thema entscheiden, das Sie zu einem späteren Zeitpunkt (in einer Masterarbeit oder Dissertation) ausbauen können. Das erspart Ihnen in Zukunft eine Menge Mühe. Gerade dann ist es wichtig, dass Sie das Thema einigermaßen interessiert.

Beispiel:

Sie wählen das Thema „Reisanbau in China – Veränderungen im 20. Jahrhundert" für Ihre Bachelorarbeit. So können Sie in Ihrer Masterarbeit den Reisanbau in Indien, Japan sowie Indonesien untersuchen und mit dem in China vergleichen.

 Welches Berufsfeld interessiert mich?

Wenn es möglich ist, suchen Sie sich ein Thema, das für Ihren Wunschberuf interessant sein könnte. Vielleicht können Sie Ihre Thesis sogar in einem Unternehmen schreiben. Prüfen Sie diese Möglichkeit: Im Internet finden Sie viele Ausschreibungen für unternehmensgebundene Abschlussarbeiten.[19] Bei einer firmengebundenen Abschlussarbeit gibt es allerdings einige Besonderheiten zu beachten, über die man sich im Vorhinein bewusst sein sollte. Nähere Informationen dazu finden Sie im Exkurs am Anschluss an dieses Kapitel.

Beispiel:

Sie planen, später bei einer Wirtschaftsprüfungsgesellschaft zu arbeiten. Daher wählen Sie das Thema „Accounting Fraud – Bilanzfälschungen in deutschen Mittelstands-Unternehmen seit 2000". Alternativ bewerben Sie sich bei einer Wirtschaftsprüfungsgesellschaft auf das ausgeschriebene Thema „Kriminell oder Kavaliersdelikt? – Strafrechtliche Konsequenzen von Accounting Fraud in Deutschland".

---

[19] Beispielsweise bei den Plattformen Connecticum.de oder Studis-online.de:
URL: https://www.connecticum.de/Abschlussarbeiten/Jobboerse/Bachelor-Master.
URL: https://www.studis-online.de/Karriere/abschlussarbeit-im-unternehmen.php.
Tag des letzten Zugriffs jeweils: 9.1.2024.

Möchte ich spezielle Kompetenzen demonstrieren, die für meinen Job wichtig sein könnten?

Falls Sie bereits wissen, in welcher Branche Sie später einmal arbeiten möchten, fragen Sie sich (und andere): Welche Skills sind in Ihrem Traumjob gefragt? Interkulturelle Kompetenz, Kommunikationstalent, Praxisorientierung, mathematische, analytische, technische oder sprachliche Fähigkeiten? Möglicherweise können Sie Ihr Thema so wählen, dass darin eine oder mehrere der gewünschten Kompetenzen zum Ausdruck kommen.

Beispiel:

Sie möchten später in der Marktforschung arbeiten; dort werden Sie viel mit statistischen Auswertungsprogrammen zu tun haben. Sie erfahren, dass Unternehmen X diverse Maßnahmen eingeführt hat, um die Beschäftigten zu binden.

Da Sie Kontakt zur Geschäftsführung herstellen können, wählen Sie als Thema Ihrer Master-Thesis: „Welche Auswirkungen haben die neuen Benefits der Firma X auf die Personalzufriedenheit und Bewerberzahlen des Unternehmens?" Dabei werten Sie statistische Daten mit dem Programm SPSS aus.

Sie können in Ihrer Bewerbung darauf verweisen, dass Sie mit diesem Programm gearbeitet haben und werten Ihr Profil dadurch auf.

 Brauche ich umfangreiche Betreuung?

Neben der Frage, ob Sie generell viel Feedback brauchen, sollten Sie auch bei der Themenwahl bedenken: Je experimenteller Ihr Forschungsdesign ist, desto öfter sollten sie mit dem Gutachter sprechen. Diese Frage ist entscheidend bei der Auswahl Ihrer Betreuungsperson.

Beispiel:

Der vielbeschäftigte Professor, der nebenbei ein Forschungsprojekt leitet, kann sich sicherlich nicht so intensiv mit Ihnen auseinandersetzen, wie Sie sich das wünschen. Auch eine Dozentin, die demnächst ein Forschungssemester beginnt, ist möglicherweise in Gedanken bereits weit weg.

Welchen Prüfer finde ich sympathisch?

Unabhängig von Ihrem Thema müssen Sie auch mit Ihrer Betreuungsperson gut zurechtkommen. Denn das spannendste Thema bringt Ihnen nichts, wenn Sie Angst haben, in die Sprechstunde des betreuenden Dozenten zu gehen.

Eng damit verbunden ist auch die Frage: Welches Themengebiet kommt für Ihren Gutachter infrage? Kennen Sie seine Schwerpunktthemen? Hat er eine eigene Website, auf der seine Publikationen aufgelistet sind? Oder ist bekannt, welche Arbeiten er bereits betreut hat? Möglicherweise finden Sie hier Anregungen für Ihre Thesis.

Vom groben Thema zur Forschungsfrage

Wenn Sie sich für einen Themenkreis entschieden haben, sich aber noch keine konkrete Fragestellung herauskristallisiert hat, gönnen Sie sich einige „Stöbertage" in der Bibliothek. Lesen Sie (möglichst aktuelle) **Einführungsliteratur und Lexikonartikel**. Einführungs- oder **Handbücher** liefern einen Überblick über die verschiedenen Facetten und den Forschungsstand zu den einzelnen Teilgebieten.

Abb. 6: Beim Stöbern finden Sie Anregungen
(Rainer Sturm – Pixelio.de)

Auch eine möglichst aktuelle **Bibliografie zu dem übergeordneten Thema** kann Ihnen wertvolle Hinweise geben, welche Unterthemen noch nicht hinreichend untersucht sind. Möglicherweise entdecken Sie einen Aufsatz- oder Buchtitel, der Ihnen interessant erscheint und den Sie als Ausgangspunkt für eine eigene Fragestellung wählen können.

Um Anregungen zu bekommen, lohnt sich auch eine Recherche in Onlineportalen, auf denen Hausarbeiten veröffentlicht oder verkauft werden. Bei der Vielzahl der wissenschaftlichen Arbeiten werden Sie sicherlich die ein oder andere Fragestellung interessant finden.

Sprechen Sie auch mit Kommilitonen, Tutorinnen und wissenschaftlichen Hilfskräften, ob diese eine interessante Idee haben.

Überlegen Sie, was Sie interessiert und was noch **nicht allzu „abgegrast"** ist. Manche Themengebiete sind nahezu auserforscht. Dann müssen Sie schon sehr genau überlegen, inwiefern Sie mit Ihrer Thesis einen (kleinen) Forschungsbeitrag leisten können – etwa, indem Sie einen Bezug zu aktuellen Geschehnissen herstellen oder indem Sie die gängige Forschungsmeinung infrage stellen. Falls Ihnen die Suche nach offenen Fragen zu aufwendig oder zu unsicher ist, wählen Sie besser eine Forschungsfrage zu einem weniger erforschten Teilgebiet.

Aber auch wenn es **nahezu keine Forschungsliteratur** zu Ihrem Wunschthema gibt, sollten Sie sich **genau überlegen**, ob sich die Fragestellung wirklich für eine Examensarbeit anbietet.

Das kann in Einzelfällen gut funktionieren, vor allem, wenn es sich um eine praxisnahe Arbeit handelt. Doch es könnte sich auch herausstellen, dass die Fragestellung zu eng gefasst ist, um die geplante Seitenzahl zu füllen, dass Ihnen die theoretischen Grundlagen fehlen, um mit Teilproblemen klarzukommen, dass Sie an einen Punkt gelangen, an dem Sie nicht weiterkommen oder an dem Ihr Konzept plötzlich nicht mehr funktioniert. Gehen Sie im Vorhinein in sich und sprechen Sie mit Ihrem Prüfer – erst dann sollten Sie eine endgültige Entscheidung treffen.

Vor allem Studierende aus den Wirtschafts-, Rechts-, Gesellschafts- und Sozialwissenschaften können sich von den **Medien, kulturellen Trends** und dem **tagespolitischen Geschehen** inspirieren lassen. Ihrer Kreativität sind keine Grenzen gesetzt.

Beispiele:

Sie interessieren sich für internationale Politik. Den Krieg zwischen Russland und der Ukraine nehmen Sie als Ausgangspunkt, um die Wirksamkeit und Grenzen wirtschaftlicher Sanktionen zu analysieren.

Das Titelthema eines großen deutschen Wochenmagazins über den Zusammenhang von körperlicher und geistiger Aktivität inspiriert Sie. Sie überlegen, ob es für die Gedächtnisleistung einen Unterschied macht, welche Sportart Menschen betreiben. Sie suchen sich 30 Probanden, die zuvor keinen Sport gemacht haben, nun aber dreimal pro Woche entweder tanzen, Rad fahren oder schwimmen sollen. Anschließend lassen Sie sie regelmäßig Konzentrationsübungen machen.

Sie nehmen den Equal Pay Day (Aktionstag für Entgeltgleichheit zwischen Frauen und Männern) zum Anlass, die Lohnunterschiede zwischen den Geschlechtern im Hinblick auf eine besondere Berufsgruppe zu untersuchen.

Der Fachkräftemangel prägt zahlreiche Branchen, auch den Bildungssektor. Sie erfahren, wie schlecht es um die Personalsituation in der örtlichen Kita steht. Deshalb lautet ihre Fragestellung, wie Kindertagesstätten in Zeiten des Fachkräftemangels Mitarbeiterinnen gewinnen und binden können.

Das Gerichtsurteil gegen Sam Bankman-Fried (Gründer der Krypto-Börse FTX) inspiriert Sie dazu, sich in Ihrer Thesis mit den Risiken von Kryptowährungen auseinanderzusetzen.

Nachdem Sie einen ganzen Abend mit intensivem Chatten verbracht haben, beschließen Sie, in Ihrer Thesis den Einfluss von WhatsApp, X und TikTok auf das Kommunikationsverhalten Jugendlicher zu analysieren.

Behalten Sie dabei auch das im Blick, **was Sie nicht untersuchen wollen**. Das hilft Ihnen dabei, das Thema nicht ausufern zu lassen. Grundsätzlich gilt nämlich: Behandeln Sie lieber eine eng gefasste Themenstellung intensiv, anstatt eine weit gefasste nur oberflächlich zu untersuchen.

Eine Themenstellung können Sie auf ganz unterschiedliche Art angehen. Sie können etwas beschreiben, eine Sachlage kritisch bewerten, ein Phänomen erklären, etwas gestalten und gegebenenfalls Prognosen wagen.[20] Einige Formulierungsbeispiele für die diversen Eingrenzungsarten haben wir für Sie in der folgenden Tabelle aufgeführt.

---

[20] Vgl. Brauner/Vollmer 2008, S. 93 f.

Art der Themenstellung	Formulierungsbeispiel
Beschreiben	*Die Darstellung des …* *Das Bild des …* *Die Gestaltung des …*
Werten	*Vor- und Nachteile des …* *… – Chance oder Risiko?* *Bewertung des …*
Erklären	*Eine Analyse des …* *Eine Untersuchung des …*
Gestalten	*Entwurf des …* *Skizze des …*
Prognostizieren	*Die Entwicklung des …* *Trends bei …* *… – eine Prognose*

Tab. 4: Themeneingrenzung – Formulierungsbeispiele (Eigene Darstellung)

Nachdem Sie sich für einen Untersuchungsgegenstand entschieden haben, müssen Sie die Themenstellung im Laufe des Arbeitsprozesses eingrenzen und anschließend zu einer **konkreten Forschungsfrage** finden.

Gehen Sie davon aus, dass Sie die Eingrenzung Ihres Themas erst dann sinnvoll vornehmen können, wenn Sie sich bereits ein wenig in die generelle Thematik **eingearbeitet** haben.

Es gibt zahlreiche Arten, wie Sie ein Thema eingrenzen können.

Sie können ein Thema auf einen **Teilaspekt reduzieren**, indem Sie **„das Phänomen X am Beispiel von Y"** untersuchen.

Beispiel:

Sie möchten das Thema „Europäische Integration" untersuchen. Das ist allerdings viel zu umfangreich. Daher wählen Sie das Beispiel „Energiemarkt" und formulieren Ihr Thema folgendermaßen „Zwischen Intergouvernementalismus und Supranationalismus – der europäische Integrationsprozess am Beispiel der Energiepolitik".

 Sie können eine **Hypothese** anhand einer Fallstudie oder einer statistischen Auswertung **belegen oder widerlegen**.

Beispiel:

Sie möchten sich mit dem Ansehen der Deutschen Bahn beschäftigen. Dazu prüfen Sie folgende Hypothese: „Die Warnstreiks der Lokführergewerkschaft GDL haben in den letzten fünf Jahren dazu geführt, dass der Ruf der Bahn schlechter geworden ist." Dazu werten Sie bereits vorhandene Statistiken aus. Ihre Arbeit betiteln Sie so: „Hat das Ansehen der Deutschen Bahn unter den Warnstreiks der Lokführergewerkschaft GDL gelitten? Eine Auswertung statistischer Analysen aus den Jahren 2019 bis 2024".

 Sie können zwei oder mehrere **Teilaspekte** miteinander **vergleichen**.

Beispiel:

*Dazu können Sie beispielsweise einen Sachverhalt **zu verschiedenen Zeitpunkten** untersuchen, etwa das Demokratievertrauen in Deutschland vor und nach den Corona-Lockdowns im Jahr 2020.*

Alternativ können Sie einen Aspekt in verschiedenen Regionen bzw. an verschiedenen Orten analysieren, etwa die Auswirkungen des Bürgergelds in West- und Ostdeutschland.

*Oder Sie vergleichen **mehrere** Aspekte eines Sachverhalts, etwa: Dimensionen der Globalisierung: wirtschaftlich – politisch – kulturell.*

 Sie können einen umstrittenen Sachverhalt **kritisch bewerten**, indem Sie eine Frage formulieren.

4 Wie wähle ich ein Thema aus? 55

Beispiel:

1. „Gentechnisch veränderte Lebensmittel – Chance oder Risiko?"[21]

2. „Welche Folgen hatte die Einführung der Lean-Management-Prinzipien in Beispielunternehmen X?"

 Gegebenenfalls können Sie – falls das in Ihrem Themenbereich noch nicht existiert – einen **kritischen, wertenden Überblick** über Lösungsvorschläge eines Problems bieten.

Beispiel:

„Die Auswirkungen der Coronapandemie auf das deutsche Bildungssystem – ein kritischer Forschungsbericht"

Sobald Sie Ihr Thema gefunden und eingegrenzt haben, können Sie mit einer ausführlichen Gedankensammlung und mit der Recherche beginnen und sich überlegen, wie Ihre Forschungsfrage lauten soll. Mit der Forschungsfrage konkretisieren Sie das Thema.

Beispiel:

Ihr Thema ist: „Die Entstehungszeit der Höhlenmalereien von Lascaux". Ihre Forschungsfrage könnte nun beispielsweise lauten: „Was spricht dafür, dass die Höhlenmalereien in der Zeit des Magdalénien entstanden, was spricht für die Entstehung im Périgordien?"

---

[21] Gleichwohl müssen Sie bei umstrittenen Themen aufpassen, dass Sie Ihre wissenschaftliche Distanz wahren und nicht zu einseitig argumentieren. Unproblematisch sind hingegen „neutrale" Fragestellungen, wie das zweite Beispiel veranschaulicht.

Eine gute Forschungsfrage erkennt man an folgenden Kriterien:[22]

- Sie ist als W-Frage formuliert: Wer? Was? Warum? Wie? Wozu?
- Sie ist in sich widerspruchsfrei.
- Sie ist objektiv, enthält also keine vorgefassten Annahmen.
- Sie ist für die Forschung relevant („Wie ist das Wetter dienstags?" wäre zum Beispiel nicht relevant).
- Sie ist konkret formuliert.
- Sie ist beantwortbar im Rahmen der Untersuchung (und mit Ihrem Vorwissen).

Negativbeispiel:

Ihre Forschungsfrage lautet: „Wie bewerten Lehrkräfte Instagram?" Das ist an sich schon ziemlich weit gefasst und wenig präzise. Wenn Sie sich nun aber in Ihrer Untersuchung lediglich auf zwei oder drei Experteninterviews stützen, können Sie die Forschungsfrage nicht beantworten, weil Ihre Ergebnisse überhaupt nicht repräsentativ sind.

Tipp: Bevor Sie sich in die Arbeit stürzen, sollten Sie die konkrete Fragestellung mit Ihrer Betreuungsperson besprechen. Es wäre ausgesprochen ärgerlich, wenn sie Ihnen nach drei Wochen intensiver Recherche mitteilte, dass sie diese Fragestellung nicht gut findet oder gar nicht akzeptiert. Sprechen Sie lieber einmal zu häufig mit Ihrer Gutachterin als einmal zu wenig.

---

[22] Vgl. Samac/Prenner/Schwetz 2014, S. 55 f.

SOS-Tipps „Wie wähle ich ein Thema aus?"

Do:

- Wählen Sie ein Thema, das Sie im vorgegebenen Zeitraum gut bearbeiten können. Es ist besser, ein **klar eingegrenztes Thema** intensiv zu bearbeiten, als eine zu weit gefasste Fragestellung nur oberflächlich zu behandeln.

- Wenn Sie sich nicht **zwischen mehreren Themen entscheiden** können, überlegen Sie sich Kriterien, die für eine gute Themenwahl sprechen (zum Beispiel: Aktualität, Relevanz, macht Spaß etc.). Vergeben Sie Punkte für die einzelnen Kriterien und prüfen Sie anschließend, welcher Ihrer Themenvorschläge insgesamt die meisten Punkte erhält.[23] Dann haben Sie Ihr Thema gefunden.

- Probleme, die Ihr Thema nur am Rande betreffen, sollten Sie erwähnen und mit dem **Hinweis** versehen, dass es **im Rahmen der Arbeit nicht möglich** ist, den entsprechenden Aspekt näher zu beleuchten.

- **Diskutieren Sie Ihren Themenvorschlag** mit Ihren Kommilitoninnen und vor allem mit Ihrer Betreuungsperson. Lässt sich das Thema in der vorgegebenen Zeit angemessen bearbeiten? Sollten noch andere Aspekte berücksichtigt werden?

---

[23] Vgl. Hug/Poscheschnik 2020, S. 70.

Don't:

- Wählen Sie keinesfalls ein Thema, nur weil es bereits **viel Literatur** dazu gibt. Es ist zwar angenehm, sich auf vorhandene Forschungsergebnisse zu stützen, aber dann ist es umso schwieriger, noch ein nicht völlig auserforschtes Teilgebiet zu finden. Verwechseln Sie nicht **Menge und Qualität** vorhandener Literatur miteinander: Ein gutes Grundlagenbuch ist oft mehr wert als drei mittelmäßige.

- Wählen Sie nicht nur deshalb ein Thema, weil **Ihre Betreuungsperson sich gar nicht oder besonders gut darin auskennt**. Denn in beiden Fällen können sich Nachteile für Sie ergeben:

  Vielleicht denken Sie: „Wenn der Dozent nicht viel zum Thema weiß, merkt er auch nicht, wenn etwas falsch oder lückenhaft ist." Doch dann kann er Sie nicht gut betreuen und nimmt Ihre Arbeit womöglich gar nicht an.

  Wenn er selbst zu diesem Thema publiziert hat, könnten Sie versucht sein, einfach etwas von seinem Wissen abzuschöpfen und seine Thesen „nachzubeten". Doch das zeugt nicht von Eigenständigkeit. Außerdem kann es sein, dass ein Experte eine gewisse „Betriebsblindheit" bekommt und völlig falsche Expertenmaßstäbe an Ihre Arbeit anlegt.

- **Verlieren Sie nicht den Mut**, wenn Sie nicht sofort die perfekte Sekundärliteratur zu Ihrem Thema finden. Machen Sie sich klar, dass es eine wichtige **Eigenleistung** ist, **aus der verfügbaren Literatur eine eigene Themenstellung** zu entwickeln.

- Möglicherweise werden Sie im Laufe Ihrer Recherche feststellen, dass Sie Ihr Thema **nicht wie ursprünglich geplant** formulieren können. Das ist auch ein wichtiger Erkenntnisfortschritt und zeigt, dass Sie die Forschungslage und den Themenbereich gut überblicken.[24]

---

[24] Vgl. Brauner/Vollmer 2008, S. 32.

Exkurs: Die Abschlussarbeit im Unternehmen schreiben

Bislang sind wir davon ausgegangen, dass sie Ihre Abschlussarbeit rein hochschulintern verfassen. Wir haben lediglich am Rande darauf verwiesen, dass Sie Ihre Thesis auch in einem Unternehmen schreiben können. In diesem Exkurs möchten wir diese Möglichkeit etwas näher beleuchten, um Ihnen die Entscheidung für oder gegen eine firmengebundene Arbeit zu erleichtern.[25]

Die firmengebundene Abschlussarbeit unterscheidet sich in einigen wesentlichen Punkten von der „reinen Hochschul-Thesis":

Die Thesis hat **zwei Adressaten:** zum einen die Hochschule – in Form von Prüfungskommission und Gutachterinnen –, zum anderen das Unternehmen, das sich von der Arbeit einen gewissen Nutzen verspricht. Die Ansprüche der zwei Adressaten sind möglicherweise unterschiedlich. Das erfordert intensive Kommunikation mit beiden Seiten.

Das wirkt sich auf die **Zeitplanung** aus: Sie sind stärker von anderen abhängig – etwa von bestimmten Abläufen im Betrieb oder von Gesprächspartnern, die Ihnen als Experten zur Seite stehen. Zugleich müssen Sie einkalkulieren, dass das Unternehmen die Arbeit vor der Abgabe ebenfalls lesen (und ggf. überarbeitet haben) möchte. Sie benötigen dafür einen Extra-Zeitpuffer.

Bei einer unternehmensinternen Arbeit gibt es eine besonders starke **Verknüpfung zwischen Theorie und Praxis**. Der Transfer von theoretischen Inhalten auf eine praktische Fragestellung ist zentraler Bestandteil der Arbeit.

Besonderes Fingerspitzengefühl ist bei der **Auswertung firmeninterner Daten** erforderlich: Interne Dokumente enthalten möglicherweise vertrauliche Informationen über das Unternehmen oder Geschäftspartner. Klären Sie in jedem Fall ab, ob interne Quellen vertraulich zu behandeln sind oder nicht.

---

[25] Dieser Exkurs bietet nur einen groben Überblick über das Thema – sozusagen als Denkanstoß für die Frage: „Soll ich eine firmengebundene Arbeit schreiben oder nicht?" Wer sich für eine Arbeit mit Praxispartner entscheidet, findet in dem Buch „Wissenschaftliches Arbeiten im dualen Studium" von Andrea Klein (Klein 2018) viele weitere Tipps und Infos.

Wenn bestimmte Informationen nicht für die Öffentlichkeit bestimmt sind, aber trotzdem in Ihre Arbeit einfließen müssen, haben Sie drei Optionen (die nicht immer gleichermaßen passen und unbedingt mit dem Praxispartner abzusprechen sind):

- Sie verfremden den Inhalt.
- Sie anonymisieren den Inhalt.
- Sie versehen Ihre Abschlussarbeit mit einem Sperrvermerk[26], der besagt, dass die Arbeit nur von den Gutachtern und dem Prüfungsausschuss gelesen werden darf. Bitte schauen Sie vorab in Ihrer Prüfungsordnung nach, ob Sperrklauseln vom Prüfungsamt genehmigt werden müssen.

Firmengebundene Abschlussarbeit: ja oder nein?

Wenn Sie bislang **keine Erfahrung in dem entsprechenden Unternehmen** gesammelt haben, sollten Sie **genau überlegen**, ob eine Thesis mit Praxispartner für Sie infrage kommt.

Denn, um eine gute unternehmensgebundene Bachelor- oder Masterarbeit zu schreiben, sollten Sie

- sich mit den Abläufen im Unternehmen auskennen,
- die marktinternen, politischen und gesetzlichen Rahmenbedingungen kennen, innerhalb derer das Unternehmen agiert,
- zentrale Probleme, Herausforderungen und wichtige Themen für den Betrieb benennen können,
- wissen, woher Sie bestimmte Informationen beziehen können,
- ggf. Einblick in vertrauliche Dokumente erhalten,
- oder zumindest wissen, welche Informationen öffentlich und welche vertraulich sind.

All das innerhalb der kurzen Bearbeitungszeit neben der eigentlichen Thesis noch zu schaffen, ist herausfordernd. Das soll Sie nicht pauschal von einer

---

[26] Ein Muster für einen Sperrvermerk finden Sie in Kapitel 22.

firmengebundenen Abschlussarbeit abhalten. Sie müssen sich nur bewusst machen, was auf Sie zukommt.

Tipp: Je mehr **Erfahrung** Firma und Gutachter mit firmengebundenen Abschlussarbeiten haben, **desto besser**. Denn dann können beide Seiten eher abschätzen, welche Erwartungen die jeweils andere hat. Wenn der Betrieb bereits öfter mit der Hochschule kooperiert hat, haben sich möglicherweise Abläufe etabliert, die Sie übernehmen können.

Zugleich gibt es auch sehr gute Gründe für eine Abschlussarbeit mit Praxispartner.

- Die **Themenfindung** ist möglicherweise leichter als bei der hochschulinternen Thesis, denn oft sind die Fragestellungen vorgegeben oder leichter herzuleiten. Falls es vonseiten der Firma keine Themenvorgabe gibt, können Ihnen die folgenden Überlegungen helfen:
    o Was läuft im Unternehmen nicht wie gewünscht?
    o Wo sind die Gewinnmargen geringer als nötig?
    o Welche Prozesse wirken unnötig kompliziert?
    o Wie häufig tritt ein bestimmtes Problem auf, und wie wichtig ist es, das Problem zu lösen?
    o Welche Veränderungen stehen in nächster Zeit im Unternehmen an? Wie könnte Ihre Arbeit dazu beitragen, den Veränderungsprozess zu erleichtern?
    o Welche Veränderungen gab es in jüngster Vergangenheit (politische Rahmenbedingungen, Personalpolitik etc.), die noch nicht auf allen Ebenen „angekommen sind"?

- Wer sich mit „grauer Theorie" schwertut, wird durch den praktischen Nutzen einer firmengebundenen Abschlussarbeit eher **motiviert**. Denn die Arbeit trägt dazu bei, ein firmeninternes Problem zu lösen oder die Firma anderweitig voranzubringen.

- Außerdem kann eine firmengebundene Thesis der **Türöffner** für einen späteren Einstieg ins Unternehmen sein – oder zumindest ein Bonuspunkt für die Bewerbung bei Firmen, die Absolventen mit Praxiserfahrung suchen.

In jedem Fall ist es vorteilhaft, wenn Sie bereits Erfahrungen in dem betreffenden Betrieb (oder einer Firma aus der gleichen Branche) gesammelt haben, weil Sie dann bereits über wichtiges Hintergrundwissen verfügen, das Ihnen die Arbeit erleichtert.

Vielleicht möchten Sie vorab mit dem Gutachter Ihrer Wahl ein offenes Gespräch darüber führen, welche Erfahrungen er mit firmengebundenen Arbeiten gemacht hat? Erkundigen Sie sich auch, ob der Prof Ihnen Kontakte vermitteln kann, die eine firmengebundene Thesis verfasst haben. Von deren Erfahrungen können Sie nur profitieren.

5 Literaturrecherche

*Wo und wie finde ich gute Literatur?
Was kann ich tun, wenn ich zu viel
oder zu wenig Literatur finde?*

Literatur im Internet finden

 Wikipedia

Um sich einen ersten Überblick über ihre Thematik zu verschaffen, konsultieren viele Studis zunächst einmal Wikipedia. Das ist völlig in Ordnung, solange Sie sich bewusst machen, dass es sich bei der Online-Enzyklopädie **nicht um eine wissenschaftliche Quelle** handelt, sondern um ein Projekt, an dem viele Laien mitarbeiten und das Fehler enthalten kann. Gute Wikipedia-Artikel enthalten aber **Verweise auf seriöse Quellen** wie Einführungsliteratur oder nützliche Weblinks. Diese Quellenverweise können hilfreich sein.

 Suchmaschinen

Sowohl die **Bücher-** als auch die **Scholar-Suche von Google**[27] können zu guten Ergebnissen führen, wenn die entsprechenden Publikationen digitalisiert und verfügbar sind.

Von der **klassischen Suchmaschinensuche** (Google, Ecosia, Bing etc.) ist eher abzuraten, da sie zu viele unwissenschaftliche und unqualifizierte Treffer liefert. Außerdem greifen Suchmaschinen nur auf einen kleinen Teil der verfügbaren Informationen zurück.[28]

---

[27] URL: https://books.google.de/. Tag des letzten Zugriffs: 30.11.2023.
URL: https://scholar.google.de/. Tag des letzten Zugriffs: 30.11.2023.
[28] Vgl. Franke et al. 2014, S. 22.

Wenn Sie dennoch klassische Suchmaschinen zur Literaturrecherche nutzen möchten, greifen Sie zu **Metasuchmaschinen** (z. B. MetaGer[29], eTools[30] oder Metacrawler[31]), die Ihre Suchanfrage an mehrere Suchmaschinen weiterleiten und die Ergebnisse nach eigenen Kriterien aufbereiten. Da bei einer Metasuche verschiedene Datenbanken abgefragt werden, erhalten Sie möglicherweise gezieltere Ergebnisse.

Weitaus empfehlenswerter sind Suchmaschinen, die sich auf bestimmte Fachgebiete, auf wissenschaftliche Dokumente allgemein oder auf wissenschaftliche Open-Access-Publikationen (?) spezialisiert haben. Dazu zählen beispielsweise:

- BASE (Bielefeld Academic Search Engine)[32]
- OAIster[33]
- Open Research Library[34]
- Scinapse[35]
- WorldWideScience.org[36]
- Dandelon[37]
- Sciencegate[38]
- edoc Server[39]
- Internet Archive[40]

Abb. 7: Nutzen Sie wissenschaftliche Suchmaschinen statt Google und Co. (Mohamed Hassan – Pixabay)

---

[29] URL: https://metager.de. Tag des letzten Zugriffs: 30.11.2023.
[30] URL: https://www.etools.ch. Tag des letzten Zugriffs: 30.11.2023.
[31] URL: http://metacrawler.de. Tag des letzten Zugriffs: 30.11.2023.
[32] URL: https://www.base-search.net. Tag des letzten Zugriffs: 30.11.2023.
[33] URL: https://on.worldcat.org/discovery. Tag des letzten Zugriffs: 14.12.2023.
[34] URL: https://openresearchlibrary.org. Tag des letzten Zugriffs: 14.12.2023.
[35] URL: https://www.scinapse.io. Tag des letzten Zugriffs: 14.12.2023.
[36] URL: https://worldwidescience.org. Tag des letzten Zugriffs: 14.12.2023.
[37] URL: https://www.dandelon.com. Tag des letzten Zugriffs: 14.12.2023.
[38] URL: https://sciencegate.ch. Tag des letzten Zugriffs: 14.12.2023.
[39] URL: https://edoc.hu-berlin.de. Tag des letzten Zugriffs: 14.12.2023.
[40] URL: https://archive.org. Tag des letzten Zugriffs: 14.12.2023.

Hochschulbibliotheken

Sämtliche Hochschulbibliotheken haben eigene Suchdatenbanken, die Ihnen beim Auffinden von Literatur helfen. Geben Sie verschiedene Schlagwörter zu Ihrem Thema ein, nutzen Sie die **erweiterte Suchfunktion** und – falls die Möglichkeit besteht – die Suchfunktion „**Ähnliche Titel**". Erstellen Sie sich eine Liste mit Suchbegriffen, die Sie systematisch eingeben.

 Verbundkataloge

Keine Bibliothek hat alle verfügbaren Bücher im Bestand, das wäre logistisch gar nicht möglich. Daher gibt es in Deutschland – wie auch in anderen Ländern – sogenannte Bibliotheksverbünde.

Das heißt: Bibliotheken stellen ihre Kataloge gebündelt ins Netz und bieten eine gemeinsame Fernleihe an. Dadurch vergrößert sich die Auswahl an geeigneter Literatur beträchtlich.

Die Metasuchmaschine **Karlsruher Virtueller Katalog (KVK)**[41] umfasst deutsche, österreichische, schweizerische sowie zahlreiche weitere Verbundkataloge und kann Ihnen daher bei der Suche nützlich sein.

Schritt 1: Wählen Sie die Kataloge aus, die Ihnen zusagen. Möchten Sie nur nach Publikationen in deutschen Bibliotheken suchen oder in internationalen Büchereien? Sollen auch digitale Medien gesucht werden oder nur gedruckte Bücher? Möchten Sie Onlineshops in Ihre Suche einbinden?

---

[41] URL: https://kvk.bibliothek.kit.edu. Tag des letzten Zugriffs: 30.11.2023.

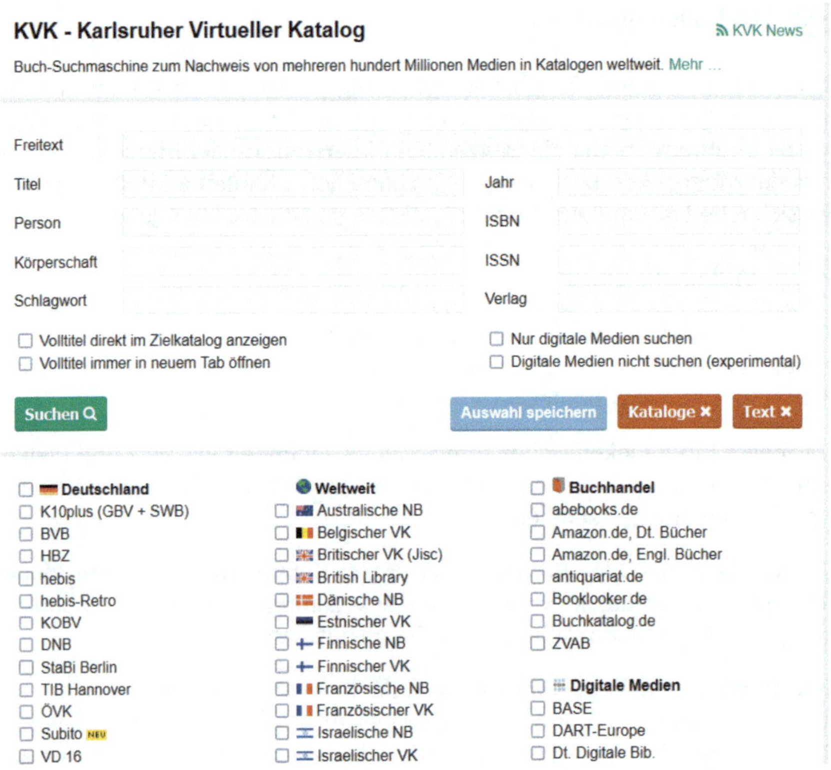

KVK - Karlsruher Virtueller Katalog

Buch-Suchmaschine zum Nachweis von mehreren hundert Millionen Medien in Katalogen weltweit. Mehr ...

🔊 KVK News

Freitext		Jahr	
Titel			
Person		ISBN	
Körperschaft		ISSN	
Schlagwort		Verlag	

☐ Volltitel direkt im Zielkatalog anzeigen
☐ Volltitel immer in neuem Tab öffnen

☐ Nur digitale Medien suchen
☐ Digitale Medien nicht suchen (experimental)

[Suchen 🔍]   [Auswahl speichern] [Kataloge ✖] [Text ✖]

☐ 🇩🇪 **Deutschland**
☐ K10plus (GBV + SWB)
☐ BVB
☐ HBZ
☐ hebis
☐ hebis-Retro
☐ KOBV
☐ DNB
☐ StaBi Berlin
☐ TIB Hannover
☐ ÖVK
☐ Subito NEU
☐ VD 16

☐ 🌐 **Weltweit**
☐ 🇦🇺 Australische NB
☐ 🇧🇪 Belgischer VK
☐ 🇬🇧 Britischer VK (Jisc)
☐ 🇬🇧 British Library
☐ 🇩🇰 Dänische NB
☐ 🇪🇪 Estnischer VK
☐ 🇫🇮 Finnische NB
☐ 🇫🇮 Finnischer VK
☐ 🇫🇷 Französische NB
☐ 🇫🇷 Französischer VK
☐ 🇮🇱 Israelische NB
☐ 🇮🇱 Israelischer VK

☐ 📚 **Buchhandel**
☐ abebooks.de
☐ Amazon.de, Dt. Bücher
☐ Amazon.de, Engl. Bücher
☐ antiquariat.de
☐ Booklooker.de
☐ Buchkatalog.de
☐ ZVAB

☐ 💻 **Digitale Medien**
☐ BASE
☐ DART-Europe
☐ Dt. Digitale Bib.

Abb. 8: Suchmaske des KVK – Ausschnitt
(Screenshot von kvk.bibliothek.kit.edu)

Schritt 2: Wenn Sie Ihre Auswahl getroffen haben, werden Ihnen die Treffer nach Katalogen geordnet angezeigt.

Klicken Sie dann auf den Titel, der Ihnen passend erscheint. In der Volltitelanzeige werden Ihnen zahlreiche Informationen zu dem Buch geliefert, u. a.:

- Schlagwörter
- bibliografische Angaben (Autor, Titel, Untertitel, Erscheinungsjahr, Verlag etc.)
- Inhaltsverzeichnis
- Klappentext

Dadurch können Sie recht schnell erkennen, ob das Buch für Sie interessant ist. Sie können nachschauen, welche Bibliotheken das Buch im Bestand haben und ob Sie das Buch per Fernleihe bestellen oder kopieren lassen können.

Außerdem werden sogenannte „bibtip"-Titel angezeigt; also Bücher, die ein ähnliches Thema haben und für Sie ebenfalls interessant sein könnten. So können Sie wiederum systematisch nach weiteren Treffern suchen.

Abb. 9: Volltitelanzeige im KVK (Screenshot der Suchanfrage nach „Studi-SOS" auf kvk.bibliothek.kit.edu)

 Fachdatenbanken

Außerdem gibt es zahlreiche fachübergreifende oder fachspezifische Onlinedatenbanken, in denen Sie wichtige Publikationen finden. Welche geeigneten Datenbanken es zu Ihrem Themengebiet gibt, und ob Sie darauf Zugriff haben, erfahren Sie in der Regel auf der Website Ihrer Bibliothek.

Über Ihren Bibliotheksaccount können Sie sich in die entsprechenden Datenbanken einloggen. Falls Ihre Hochschulbibliothek kein Verzeichnis verfügbarer Datenbanken hat, können Sie auch die Website des Datenbank-Informationssystems (DBIS) konsultieren, das von der Universitätsbibliothek Regensburg entwickelt wurde.[42]

---

[42] URL: https://dbis.ur.de/dbinfo/fachliste.php?lett=l. Tag des letzten Zugriffs: 30.11.2023.

(Zeitschriften-)Datenbank JSTOR

Das digitale fächerübergreifende Archiv JSTOR umfasst mehr als zwölf Millionen Zeitschriftenartikel, Bücher, Bilder und andere Quellen.[43] Sie können sich die lizenzierten Aufsätze und Buchkapitel als PDF-Datei anschauen und herunterladen. Da JSTOR mit sehr vielen deutschen Hochschulbibliotheken kooperiert, können Sie sich mit Ihrer Bibliothekskennung einloggen und haben dann kostenfreien Zugriff auf Artikel aus über 2 800 wissenschaftlichen Zeitschriften (Stand: Dezember 2023). Davon ausgenommen sind allerdings oft die Jahrgänge aus den vergangenen zwei bis fünf Jahren.

 Elektronische Zeitschriftenbibliothek (EZB)

Dieser gemeinschaftliche Dienst von über 600 Bibliotheken erweist sich als äußerst hilfreich für die Suche nach Aufsätzen aus Fachzeitschriften. Die EZB umfasst 114 673 Titel zu allen Fachgebieten. 78 097 Fachzeitschriften sind im Volltext frei zugänglich (Stand: Dezember 2023). Die Hochschulbibliotheken, die daran beteiligt sind, bieten ihren Benutzern zusätzlich den Zugriff auf die Volltexte der abonnierten E-Journals.[44]

 **Tipp:** Hintergrundinformationen zu diesen und weiteren Datenbanken finden Sie in unserer Checkliste „Wo finde ich gute Literatur?" (Kapitel 21) aufgelistet. Darin erhalten Sie einen schnellen Überblick über folgende Punkte: Für wen eignet sich die Datenbank? Was enthält sie im Einzelnen? Wer hat darauf Zugriff? Wie lautet die URL (mitsamt QR-Code)?

---

[43] URL: https://www.jstor.org. Tag des letzten Zugriffs: 30.11.2023.
[44] URL: http://ezb.ur.de/ezeit. Tag des letzten Zugriffs: 30.11.2023.

Onlinerecherche – aber richtig!

Verwenden Sie **logische Operatoren** (?): „ODER", „UND" und „NICHT" beziehungsweise „–".[45] Mit **„UND"** verbinden Sie zwei Schlagwörter miteinander und filtern so unerwünschte Treffer aus, die nur einen der beiden Suchbegriffe enthalten.

Beispiel:

Wenn Sie das Thema „Kindersoldaten in Sierra Leone" bearbeiten, können Sie online in Ihrem Bibliothekskatalog oder in Suchmaschinen folgende Termini eingeben: „Kindersoldat UND Sierra Leone" – dadurch finden Sie nur Treffer, die beide gesuchten Ausdrücke enthalten, und vermeiden unpassende Treffer (z. B. über die religiöse Zusammensetzung der Bevölkerung in Sierra Leone).

Gibt es mehrere Synonyme für einen gesuchten Ausdruck oder mehrere Teilaspekte des Gesuchten, können Sie beide gleichzeitig mit dem logischen Operator **„ODER"** suchen.

Beispiel:

Erforschen Sie die Stadtentwicklung Hamburgs seit den 1950er Jahren, können Sie beispielsweise „Gentrifizierung ODER Urbanisierung ODER Stadtentwicklung UND Hamburg" eingeben – das erspart Ihnen mehrere Suchläufe.

Wenn Sie dagegen etwas ausschließen möchten, können Sie das mit dem Operator **„NICHT"** tun, was allerdings nicht bei allen Datenbanken und Suchmaschinen funktioniert und oft durch ein **Minuszeichen** ersetzt werden muss.

Beispiel:

Sie möchten über das Zeus-Heiligtum Olympia in Griechenland schreiben. Doch wenn Sie nach „Olympia" suchen, finden Sie viel zu viele Treffer, die

---

[45] Bzw. „OR", „AND", „AND NOT". (Vgl. Niedermair 2010, S. 110 ff.; Voss 2020, S. 90 f.).

die Olympischen Spiele der Neuzeit betreffen. Um das auszuschließen, verwenden Sie den logischen Operator „–". Sie tippen ein: „Olympia – Spiele" und finden deutlich weniger unpassende Treffer.

Verwenden Sie Platzhalter: Ein Stern (*), die sogenannte Trunkierung (?), ersetzt eine beliebige Anzahl an Buchstaben. Das ist hilfreich, weil Sie so nach mehreren Wortformen desselben Stamms suchen können.

Beispiel:
Wenn Sie nach Büchern zum wissenschaftlichen Arbeiten suchen, geben Sie „wissenschaftlich Arbeit*" ein. Sie finden Titel mit allen möglichen Flexionsformen: „Wissenschaftliches Arbeiten", „Die wissenschaftliche Arbeit" usw.*

Ich erhalte zu viele Treffer.   **Gefunden:** 1.299.352 Treffer

Wenn Sie zu viele (und zu unspezifische) Einträge zu einem Thema finden,

- präzisieren Sie das gesuchte Schlagwort.
- setzen Sie das Schlagwort in Anführungszeichen.
- verknüpfen Sie zwei sinnvolle Schlagwörter durch die Operatoren (?) „UND" oder „NICHT" beziehungsweise „–", das filtert zahlreiche unpassende Treffer aus.
- kombinieren Sie mehrere Suchbegriffe in unterschiedlicher Konstellation miteinander.
- nutzen Sie den Filter „Erscheinungsjahr". Je aktueller Ihr Thema, desto neuer sollte auch Ihre Literatur sein. Wenn Sie zum Beispiel Literatur der letzten 20 Jahre suchen, können Sie bei den meisten Datenbanken „> 2005" eingeben.

Ich erhalte zu wenige Treffer.   **Gefunden:** 0 Treffer

Wenn Sie zu wenige Titel zu einem Thema finden,

- versuchen Sie, Synonyme, verwandte Wörter oder Überbegriffe für den gewählten Suchausdruck zu finden. Die Verknüpfung mit dem Operator (?) „ODER" kann Ihnen helfen.
- versuchen Sie, auch andere grammatikalische Formen des Schlagwortes zu suchen, indem Sie die Trunkierung (?) mit einem * anwenden.
- verzichten Sie auf Artikel und gegebenenfalls auf Präpositionen.
- gehen Sie systematisch vor: Falls Sie bereits eine gute Literaturquelle gefunden haben, können Sie diese zum Ausgangspunkt Ihrer weiteren Recherche machen. Die meisten Hochschulbibliotheken nennen bei den Suchtreffern eine Reihe von Schlagwörtern, die den entsprechenden Titel beschreiben. Suchen Sie daraufhin nach diesen Schlagwörtern.

    Beispiel:

    Sie suchen nach Literatur zum Thema „Good Governance". In Ihrem Bibliothekskatalog finden Sie ein gleichlautendes Buch von Nicole Maldonado Pyschny. Darunter finden Sie folgende Schlagwörter: „Entwicklungszusammenarbeit", „Menschenrecht", „Souveränität", „Weltbank", Diese Schlagwörter können Sie zum Ausgangspunkt für eine neuerliche Suche machen.[46]

- Noch einfacher wird es, wenn Sie die Option **„Ähnliche Titel"** auswählen können – eine Funktion, die ebenfalls bei vielen Bibliothekskatalogen angeboten wird.

---

[46] Die Schlagwörter entstammen dem Bibliothekskatalog HEIDI der Universitätsbibliothek Heidelberg. Suche am 30.11.2023.

Literaturrecherche jenseits des Internets

 Lexika und Fachwörterbücher

Lexika haben den großen Vorteil, dass sie auf kleinem Raum viele verdichtete Informationen bieten und meist eine Bibliografie am Ende jedes Eintrags aufweisen. Sie bekommen also nicht nur die wichtigsten Informationen zu einem Thema geliefert, sondern auch Angaben zu Sekundärliteratur (?). Auch bei Fachwörterbüchern findet sich oft eine kurze Bibliografie am Ende der Einträge.

 Literaturverzeichnisse

Die vermutlich ergiebigste Quelle für Informationen bieten Literaturverzeichnisse in Büchern (vor allem in Dissertationen) oder Aufsätzen zu Ihrem Thema. Vor allem **jüngere Publikationen** sind in diesem Zusammenhang hilfreich, weil sie auch neueste Forschungsbeiträge berücksichtigen, die in den (älteren) Standardwerken noch nicht verzeichnet sind.

In der Regel findet man Literatur nach dem **Schneeballprinzip** (?):

Abb. 10:
Vom einen zum anderen – das Schneeballsystem
(MR – Fotolia.com)

Haben Sie erst einmal ein oder zwei Bücher oder Aufsätze gefunden, finden Sie in dem jeweiligen Literaturverzeichnis weitere nützliche Titel für Ihre Arbeit. Dadurch häuft sich schnell eine Vielzahl an potenziell interessanten Quellen an – wie ein Schneeball, der rollend immer größer wird. In den meisten Publikationen finden Sie zudem Ausführungen über den Forschungsstand und Grundlagenliteratur. Daran können Sie sich ebenfalls orientieren.[47]

---

[47] Kombinieren Sie das Schneeballsystem am besten mit einer systematischen Katalogsuche. (Vgl. Sandberg 2017, S. 71 f.).

Pro

Der Vorteil dieser Methode liegt auf der Hand: Sie müssen nicht mühsam selbst alle möglichen Datenbanken und Onlinekataloge durchsuchen. Außerdem können Sie davon ausgehen, dass die Publikationen seriös und wichtig genug sind, um von anderen zurate gezogen zu werden.

 Contra

Allerdings sollten Sie sich nicht nur auf die Literaturlisten anderer verlassen. Denn zum einen finden Sie dadurch nur die Literatur, die zeitlich *vor* dieser Publikation abgefasst wurde, zum anderen unterwerfen Sie sich der Vorauswahl der Autorin, deren Werk Sie gerade lesen.

 Fazit

Prüfen Sie daher zusätzlich in den **aktuellen Jahrgängen der wichtigsten Fachzeitschriften**, ob Sie neue Forschungsbeiträge finden. Nicht allzu benutzerfreundlich, aber umfassend informiert die **Deutsche Nationalbibliothek** über Neuerscheinungen.[48] Falls Sie eine Expertin auf Ihrem Gebiet namentlich kennen, prüfen Sie, ob diese etwas zu Ihrem Thema geschrieben hat.

Wie komme ich an Literatur heran?

Sie können in Ihrer Hochschulbibliothek die **Literatur ausleihen**, den Präsenzbestand in den Räumen der Bücherei **lesen**, oder Bücher per **Fernleihe** bestellen. Sie können die Literatur dann wie gewohnt dort abholen. An manchen Hochschulen liegen Bücher und Zeitschriftenartikel in digitalisierter Form vor – dann können Sie die Titel einfach **herunterladen**.

Auch die **Deutsche Nationalbibliothek** bietet an, gegen ein Entgelt Artikel aus Zeitschriften oder Teile aus Büchern zu kopieren und den Suchenden zuzuschicken. Gleiches gilt für den **Dokumentenlieferdienst Subito**, der Zeitschriftenauszüge per E-Mail, Fax oder Post verschickt.[49] Für ältere Bücher ist auch das **Zentrale Verzeichnis Antiquarischer Bücher (ZVAB)** eine gute Fundstelle. Und natürlich besteht immer die Möglichkeit, wichtige Bücher im Buchhandel oder online zu kaufen.

---

[48] URL: https://www.dnb.de/DE/Professionell/Metadatendienste/Metadaten/Nationalbibliografie/nationalbibliografie.html. Tag des letzten Zugriffs: 30.11.2023.

[49] URL: https://search.subito-doc.de/vufind. Tag des letzten Zugriffs: 30.11.2023.

SOS-Tipps „Literaturrecherche"

Do:

- Suchen Sie bei Eigennamen nach **fremdsprachlichen Schreibvarianten** (z. B.: Tschaikowski/Tchaikovski/Čajkovskij).

- Suchen Sie auch dann nach mehreren Varianten, wenn ein Wort von der **Rechtschreibreform betroffen** war.

- Sortieren Sie Ihre Literatur in **verschiedene Kategorien**, z. B.: „Muss ich lesen" – „Muss ich nicht unbedingt lesen" – „Bearbeite ich derzeit" – „Habe ich schon gelesen". Das schafft Ordnung in der Wohnung und im Kopf.[50]

- Wenn möglich: **Bestellen Sie Bücher gleich** bei Ihrer Bibliothek, wenn Sie sie im Onlinekatalog gefunden haben. Sonst riskieren Sie, dass ein anderer das Buch vor Ihnen ausleiht und Sie es womöglich erst in ein paar Wochen lesen können.

- Ihre Arbeit wird letztlich von der Betreuungsperson bewertet und sollte deren Vorstellungen entsprechen. Prüfen Sie daher auf jeden Fall, ob sie **etwas zu Ihrem Thema publiziert hat**.

- Fragen Sie Kommilitoninnen, die sich mit diesem Thema beschäftigt haben, aber auch Ihre Betreuungsperson nach weiteren **Literaturtipps**.

- Da nicht jede Bibliothek alle Bücher zu allen Themen haben kann, gibt es sogenannte **Sondersammelgebiete**, d. h.: Einzelne Bibliotheken haben sich auf ein Fachgebiet spezialisiert. Welche Bücherei besonders viele Bücher zu Ihrem Fachbereich hat, erfahren Sie im WEB BibliotheksInformationsSystem (WEBIS).[51]

---

[50] Vgl. Boeglin 2012, S. 88.
[51] URL: http://wikis.sub.uni-hamburg.de/webis/index.php/Webis_-_Sammelschwerpunkte_an_deutschen_Bibliotheken. Tag des letzten Zugriffs: 30.11.2023.

- Suchen Sie auch bei Amazon nach Büchern zu Ihrem Thema. Die Angaben „Kunden, die diesen Artikel angesehen haben, haben auch angesehen" und „Verwandte Produkte zu diesem Artikel" enthalten eventuell weitere interessante Titel.

- Beachten Sie, welcher Teil des Bestands in Ihrer Bibliothek digitalisiert ist. Viele Bibliotheken haben sogenannte „gespaltene Kataloge", d. h., ein Teil der Bücher ist elektronisch erfasst und findet sich im Onlinekatalog; ältere Publikationen sind aber (noch) nicht im digitalen Katalog zu finden. Je nach Studienrichtung und Thema kann es ratsam sein, zusätzlich zum Onlinekatalog auch im alten Zettelkatalog oder Mikrofiche-Katalog nach brauchbarer Literatur zu suchen.[52]

Don't:

- Wenn Sie interessante Titel gefunden haben: Vergessen Sie nicht, zumindest Titel, Autor und Erscheinungsjahr der **Treffer zu notieren** oder abzuspeichern. Es ist überaus lästig, zweimal nach der gleichen Literatur zu suchen, weil man weiß: „Da war doch irgendwas. Aber wie hieß dieser Aufsatz doch gleich? Und in welcher Zeitschrift war er abgedruckt?"

- **Verzetteln** Sie sich nicht allzu sehr bei der Recherche. Zu vielen Themen gibt es eine Unzahl an Forschungsbeiträgen. Das kann dazu führen, dass Sie vom Hundertsten ins Tausendste kommen. Setzen Sie sich daher **klare Zeitlimits** für Ihre Recherche, damit Sie nicht zu viel Arbeitszeit mit der Suche nach Literatur verbrauchen, die Ihnen für das Schreiben fehlt.

- Vergessen Sie nicht, sich die Leihfristen Ihrer ausgeliehenen Literatur zu notieren und die **Bücher fristgerecht zurückzugeben** – alles andere kann sehr teuer werden.

- Verschwenden Sie keine unnötige Zeit, indem Sie alle möglichen Fachzeitschriften nach **Zufallstreffern** durchblättern, sondern suchen Sie (wie in diesem Kapitel beschrieben) mit Strategie.

---

[52] Vgl. Niederhauser 2019, S. 35.

6 Literaturauswahl

??? *Wie kann ich aus der verfügbaren Literatur „die richtige" auswählen? Wie viele Quellen muss ich heranziehen?*

Woran erkenne ich, welche Quellen ergiebig sind?

Wenn Sie wissenschaftliche Literatur gefunden haben, müssen Sie sie natürlich noch lesen und auswählen, was für Sie sinnvoll ist. Das kann sich als sehr langwierige und anstrengende Arbeit erweisen. Versuchen Sie daher, möglichst effizient (?) vorzugehen, indem Sie sich erst einmal einen **Überblick** über die Sekundärliteratur (?) verschaffen, die Sie gekauft, kopiert, heruntergeladen oder ausgeliehen haben.

Nach einem **ersten Überfliegen** können Sie auch entscheiden, ob Sie den entsprechenden Text überhaupt lesen möchten – und wenn ja, ob Sie das zu Beginn Ihrer Arbeit oder eher gegen Ende tun möchten, wenn Sie sich besser in Ihrem Thema auskennen.

Screening-Methoden

Querlesen
- Klappentext
- Inhaltsverzeichnis
- Überschriften
- Grafiken
- Marginalien
- Literaturverzeichnis

Querlesen

Lesen Sie Sekundärtexte **nicht gleich von Anfang bis Ende** Wort für Wort durch. Oft merken Sie schon beim Überfliegen der Überschriften, der Grafiken, der Marginalien (?), des Klappentexts und des Inhaltsverzeichnisses, ob es sich lohnt, diese Publikation genauer zu studieren. Wenn ja, sollten Sie sie auch gut durcharbeiten. Wenn nicht, verschwenden Sie nicht unnötig Zeit damit.[53]

---

[53] Tipps zum effektiveren Lesen finden Sie in Kapitel 7.

Slalomtechnik

Auch mit der Slalomtechnik können Sie schnell den groben Inhalt eines Texts erfassen: Nehmen Sie sich einen Stift (oder Ihren Finger) und fahren Sie damit in **Kurven über den Text**. Folgen Sie mit den Augen der Linie und erfassen Sie nur die Wörter entlang dieser Linie. Sie werden feststellen, dass Sie erstaunlich viel vom Text mitbekommen. Anhand der gelesenen Ausführungen können Sie sich ein Bild davon machen, ob es sich lohnt, diesen Text genauer zu studieren oder nicht.

Rezensionen

Hilfreich sind auch Rezensionen von Büchern oder Aufsätzen in **Fachzeitschriften** oder speziellen **Rezensionsportalen** wie r:k:m[54], Sehepunkte[55], recensio.net[56] oder literaturkritik.de[57].

In einer guten Besprechung finden sich Angaben zum Aufbau der rezensierten Arbeit, den wissenschaftlichen Wert und begründete Kritik (oder Empfehlung). Dadurch bekommen Sie einen schnellen und guten Überblick über das besprochene Werk und können entscheiden, ob es Ihnen nützt oder nicht.

---

[54] URL: https://www.rkm-journal.de. Tag des letzten Zugriffs: 30.11.2023.
[55] URL: http://www.sehepunkte.de. Tag des letzten Zugriffs: 30.11.2023.
[56] URL: https://www.recensio.net. Tag des letzten Zugriffs: 30.11.2023.
[57] URL: https://literaturkritik.de. Tag des letzten Zugriffs: 30.11.2023.

Wegweiser im Text

Auch **„Richtungswörter"**[58] sind hilfreich beim Lesen. Dabei handelt es sich um Konnektoren (?), die das Geschriebene sinnvoll strukturieren. Sie können daran den Aufbau des Texts nachvollziehen:

Abb. 11: Wegweiser finden Sie auch im Text. (Uwe Wagschal – Pixelio.de)

- **Aufzählung**: Wo ein „erstens" steht, wird sicher auch ein „zweitens" folgen. Sie können sich sicher sein: Die Information, die hinter diesem „zweitens" steht, ist wichtig. Gleiches gilt für Konnektoren wie „außerdem, darüber hinaus, schließlich" etc.

- Oft schließt eine Argumentationskette mit dem wichtigsten Punkt ab. Die **Betonung** markieren Autorinnen dann mit „deshalb", „vor allen Dingen", „auf diese Weise", „besonders" und ähnlichen Richtungsweisern.

- Konkrete **Beispiele** werden – das ist keine Überraschung – meistens mit Wendungen wie „zum Beispiel" oder „beispielsweise" eingeleitet. Aber auch Formulierungen wie „konkret" oder „Anwendung", „angewendet", „in der Praxis" lassen auf Fallbeispiele schließen.

- **Begründungen** einer These finden sich oft in Zusammenhang mit Wendungen wie „weil", „da", „der Grund dafür", „denn", „das liegt daran, dass" etc.

- **Einschränkung**: Möglicherweise nennt der Verfasser auch Argumente, die gegen seine These oder Interpretation sprechen. Achten Sie auf Wörter wie „andererseits", „allerdings", „dennoch", „trotzdem" etc.

---

[58] Peirick 2015, S. 63.

Was darf ich überhaupt als Quelle benutzen?

Vermeiden Sie populärwissenschaftliche Literatur[59] ebenso wie Handbücher für Praktiker, sondern konzentrieren Sie sich auf Texte, die sich an ein Fachpublikum richten.[60]

Sie erkennen am **äußeren Erscheinungsbild** einer Publikation, ob sie wissenschaftlichen Anspruch erhebt oder nicht: Fehlen Fußnoten oder Kurzbelege (?) im Text gänzlich und weist der Text kein Inhalts- oder Literaturverzeichnis auf, sollten Sie ihm mit einer gewissen Skepsis begegnen.

Auch allzu viele aufdringliche Werbebotschaften können ein Hinweis darauf sein, dass es sich um eine unseriöse Quelle handelt. Allerdings finanzieren sich viele Onlineangebote vor allem durch Werbung. Selbst auf der Website des Duden und in Onlineausgaben seriöser Zeitungen ploppen regelmäßig Werbebanner auf. Allzu verlässlich ist dieser Indikator dementsprechend nicht.

Wenn **kein Autor** genannt wird (bei Internetquellen oder Zeitungsartikeln öfter der Fall), sollten Sie den Text nur dann zurate ziehen, wenn er **durch eine renommierte Institution gestützt** wird.

Beispiel:

Es ist legitim, wenn Sie sich auf die Pressemitteilung über eine E-Zigaretten-Studie des Deutschen Krebsforschungszentrums (DKFZ) berufen, die auf der Website des DKFZ (ohne Nennung eines Autors oder Studienleiters) veröffentlicht wurde. Die Ausführungen eines unbekannten Autors auf einer privaten Website über die Vorteile der elektronischen Zigaretten sollten Sie hingegen außen vor lassen.

---

[59] Damit ist Literatur gemeint, die ein wissenschaftliches Thema anschaulich, aber stark vereinfacht für ein Laienpublikum aufbereitet, z. B. psychologische Ratgeber.
[60] Vgl. Sandberg 2017, S. 74. Das gilt natürlich nicht, wenn Sie beispielsweise eine Mediendiskursanalyse vornehmen.

Wie viele Quellen brauche ich?

Natürlich hängt die Menge der gelesenen Quellen wesentlich von Ihrem Thema ab. Grob kann man jedoch sagen, dass für eine Bachelorarbeit 20 bis 30 relevante Quellen, also eine Mischung aus Aufsätzen und Büchern, völlig ausreicht.[61] Bei einer Masterarbeit kommen – je nach geforderter Seitenzahl – noch etwa 10 bis 20 dazu. Doch natürlich kann die Anzahl der Quellen bei praxisorientierten Arbeiten oder bei unerforschten Themengebieten wesentlich geringer sein. Bedenken Sie, dass die **Relevanz** der Literatur der **Maßstab** für Ihre Auswahl sein sollte. Eine Checkliste für Ihr Literaturverzeichnis finden Sie in Kapitel 21.

Abb. 12: Sie müssen nicht jede Publikation zum Thema kennen (Eigenes Foto)

Wenn es nur zehn relevante Quellen gibt, müssen Sie nicht um jeden Preis zwanzig weitere, irrelevante Aufsätze lesen. Ebenso wenig sollten Sie Ihre zitierten Quellen „anhäufen" und möglichst viele Publikationen mindestens einmal zitieren, um ein imposantes Literaturverzeichnis zu bekommen.

Beispiel:

Sie studieren Landschaftsarchitektur und erarbeiten in Ihrer Thesis ein Gestaltungskonzept für einen öffentlichen Platz. Dabei ist es vor allem wichtig, dass Ihr Konzept schlüssig und ansprechend ist, die Bedürfnisse der Nutzer einbezogen und rechtliche Rahmenbedingungen beachtet werden. Sekundärliteratur brauchen Sie in dem Fall kaum. Sie könnten möglicherweise Bücher über Pflanzen- oder Materialkunde heranziehen oder einen Aufsatz über Mobilitätskonzepte in der betreffenden Stadt lesen. Doch der Schwerpunkt Ihrer Arbeit liegt in der kreativen Gestaltung.

---

[61] Vgl. Brauner/Vollmer 2008, S. 25.

SOS-Tipps „Literaturauswahl"

Do:

- Stellen Sie bei verwendeten Büchern sicher, dass Sie die jeweils **aktuellste Auflage** vorliegen haben.

- Prüfen Sie außerdem, welche Bücher und Aufsätze **in der Sekundärliteratur** (?) immer wieder **als wichtig bezeichnet** werden, und lesen Sie diese.

- Falls Ihre **Betreuungsperson etwas zu Ihrem Thema veröffentlicht** hat, sollten Sie die Publikation **systematisch durchgehen**, auf Schwerpunkte, Vorlieben und Abneigungen achten. Gleiches gilt (ein wenig abgeschwächt) auch für die Zweitgutachterin.[62]

- **Zeigen Sie Ihrer Betreuungsperson eine Literaturliste** und bitten Sie sie um Anmerkungen.

- Beachten Sie **Öffnungszeiten** und **Benutzungsordnung** Ihrer **Bibliothek.** Schauen Sie vor dem geplanten Bibliotheksbesuch auf deren Website nach, ob sie geöffnet hat. Denn jenseits der klassischen Feiertage können auch ein Betriebsausflug oder Umbau für geschlossene Türen sorgen.

Don't:

- Gehen Sie **nie unkritisch** an einen Text heran. Auch andere Menschen können Fehler machen oder eine fragwürdige Position vertreten. Das gilt für wissenschaftliche Texte genauso wie für alles andere. Schalten Sie also während des Lesens nicht den eigenen Kopf aus.

- Bedenken Sie weiterhin den **kulturellen Hintergrund** der Quellen: Beispielsweise sind deutsche Studien aus den Jahren 1933 bis 1945 anders zu bewerten als aus dem Jahr 2015.

---

[62] Vgl. Brauner/Vollmer 2008, S. 34 f.

7 Richtig lesen

??? *Muss ich alle Texte ganz lesen?*
Wie kann ich richtig exzerpieren?
Ich schweife beim Lesen dauernd ab,
was kann ich dagegen tun?

Zielgerichtet lesen[63]

Je nachdem, welche Zielsetzung Sie beim Lesen haben, können Sie unterschiedliche Techniken anwenden, um effektiv (?) und effizient (?) zu arbeiten. In manchen Fällen kann ein einfaches Überfliegen ausreichend sein, in anderen ist es ratsam, den Text Stück für Stück oder mit einem speziellen Blickwinkel zu durchforsten.

Überlegen Sie sich zuerst, **aus welchem Grund** Sie den Text lesen möchten, bevor Sie sich für eine Lesetechnik entscheiden. Sie können ganz unterschiedliche Motivationen haben, warum Sie gerade diese Veröffentlichung lesen. Für eine Abschlussarbeit könnten das zum Beispiel folgende sein:

- Ich will herausfinden, ob der **Text** für meine Arbeit **relevant** ist.
- Ich will mir einen **Überblick** über das **Thema** verschaffen.
- Ich will mich am **Aufbau** der Publikation für meine eigene Arbeit **orientieren**.
- Ich suche Informationen zu einem **speziellen (Teil-)Thema**.
- Ich will den Text **grundlegend nachvollziehen** und verstehen, weil er für meine Arbeit wichtig ist.

---

[63] Sehr empfehlenswert ist das Buch „Fachtexte lesen – verstehen – wiedergeben" von Ulrike Lange (Lange 2018), an dem wir uns in diesem Kapitel orientieren.

Ich will herausfinden, ob der Text für meine Arbeit relevant ist.

Wie bereits in Kapitel 6 dargelegt, ist es in diesem Fall sinnvoll, den Text erst einmal durchzublättern, das **Inhaltsverzeichnis** und die **Überschriften** zu studieren, den **Klappentext** zu lesen, **Abbildungen** und **Marginalien** (?) zu sondieren und sich einen Überblick zu verschaffen. Den Text Wort für Wort zu lesen, um dann festzustellen, dass er Ihnen gar nichts bringt, ist Zeitverschwendung.

Ich will mir einen Überblick über das Thema verschaffen.

Vor allem zu **Beginn** des Arbeitsprozesses ist es schwer, **das Wichtige von Unwichtigem zu unterscheiden**, weil der Überblick über das Thema fehlt. Erst mit der Zeit und nach der Lektüre einiger Bücher und Aufsätze können Sie einschätzen, was unmittelbar zu Ihrem Thema gehört und was nicht.

Abb. 13: Einfach durchblättern (Eigenes Foto)

Es ist wenig sinnvoll, Ihre Lesephase mit einem Spezialaufsatz zu einer Detailfragestellung zu beginnen. Gönnen Sie sich stattdessen eine zeitlich begrenzte **Einlesephase**, in der Sie **Grundlagentexte** „mittelschnell" durchlesen, also weder die Publikationen im Rekordtempo überfliegen, noch detailversessen Wort für Wort nachvollziehen.

In dieser Phase kann es nützlich sein, auch Einführungsbücher, Lexikonartikel, Lehrbücher oder entsprechende Wikipedia-Einträge (aber bitte im Bewusstsein der Unwissenschaftlichkeit dieser Quelle) zu lesen.

Markieren Sie in dieser Phase noch nichts, und exzerpieren (?) Sie auch nicht wild drauflos, sondern nehmen Sie erst einmal nur die Informationen zur Kenntnis und stellen Sie gegebenenfalls ein Cluster oder eine Mindmap zusammen, um die Teilbereiche Ihres Themas grob zu **strukturieren**. Sie können und sollten die Texte, die Ihnen hilfreich erscheinen und die wissenschaftlichen Ansprüchen genügen, in einem zweiten Schritt nochmals gründlich durchlesen.

Abb. 14: Markieren Sie wichtige Textstellen (Andreas Stix – Pixelio.de)

Ich will mich am Aufbau der Publikation für meine eigene Arbeit orientieren.

Möglicherweise wählen Sie einen Text auch nur deshalb aus, weil Sie sich einen **strukturellen Nutzen** davon versprechen. Sie möchten sich zum Beispiel am Aufbau orientieren, suchen gute Formulierungen für die Überleitung von X zu Y, oder Sie möchten die Argumentationsstruktur nachvollziehen. Dann können Sie folgendermaßen vorgehen:

Machen Sie sich klar, was Sie sich vom Lesen versprechen. Wenn Sie möchten, notieren Sie Ihr Leseziel auf einem Zettel, den Sie im Blick behalten (so schweifen Sie nicht ab). Lesen Sie den Text (oder die Passagen, die Ihnen interessant erscheinen) dann gründlich durch. Markieren Sie wichtige Ausdrücke und/oder machen Sie Notizen.

Falls Sie mehrere Aspekte untersuchen möchten, arbeiten Sie mit **verschiedenen Symbolen oder Farben**. Zum Beispiel könnten Sie Fachbegriffe, die Sie gerne in Ihrer Arbeit verwenden möchten, rot anstreichen. Versatzstücke einer gelungenen Argumentation markieren Sie grün.

Ich suche Informationen zu einem speziellen (Teil-)Thema.

In diesem Fall müssen Sie nicht den ganzen Text detailliert durchgehen, sondern **selektiv** die Textteile sondieren, die für Ihre Fragestellung interessant sind. Die anderen Passagen können Sie überfliegen oder ganz weglassen. Dazu ist es natürlich notwendig, dass Sie **wissen, wonach Sie suchen**.

Um nicht ständig zwischen Überfliegen und intensivem Lesen hin- und herspringen zu müssen, können Sie den Text **einmal schnell überfliegen** und die Passagen (zum Beispiel mit Klebezetteln) **markieren**, die Sie für relevant halten. Diese lesen Sie dann im **zweiten Durchgang** intensiv und langsam durch. Dabei dürfen Sie Wichtiges unterstreichen, markieren und Notizen am Rand oder auf ein gesondertes Blatt machen.

Abb. 15: Verzetteln Sie sich nicht. (Eigenes Foto)

Gehen Sie **sparsam mit Markierungen** um. Wenn 80 Prozent des Aufsatzes oder des Buchs markiert und mit Klebezetteln versehen sind, bringt Ihnen das nicht allzu viel. Wenn es sich um einen digitalen Text handelt, können Sie auch elektronisch nach speziellen Ausdrücken suchen und sie anschließend für den zweiten Durchgang markieren.

Ich will den Text grundlegend nachvollziehen und verstehen, weil er für meine Arbeit wichtig ist.

Wenn Sie einen **Grundlagentext** vor sich haben, der für Ihre Arbeit sehr wichtig ist, müssen Sie ihn gründlich durchlesen. Doch mit langsamem und **intensivem Lesen** ist es nicht getan. Schlagen Sie unbekannte Begriffe nach, markieren oder unterstreichen Sie wichtige Passagen, machen Sie sich **Notizen** am Rand und/oder **exzerpieren** (?) Sie den Text. Sinnvollerweise schließen Sie diese Lesephase mit einer **Rekapitulation** ab: Was waren die Hauptaussagen des Autors? Woran macht er seine Argumente fest? Wie einleuchtend erscheint Ihnen das Gelesene? Haben Sie Fragen? Wenn ja, welche? Gibt es Passagen, die Ihnen kritisch oder problematisch erscheinen?

Tipp: Neigen Sie dazu, in einem Text nahezu alles anzustreichen? Schreiben Sie die Frage, die Sie an den Text haben, auf einen Zettel oder eine Karteikarte und breiten Sie sie vor sich aus, damit Sie die Frage beim Lesen vor Augen haben. Das lenkt den Blick immer wieder aufs Wesentliche.

In jedem Fall wichtig: die nötige Distanz wahren

Sie sollten einen Text **nie unkritisch** angehen. Stellen Sie sich beim Lesen daher immer wieder folgende Fragen:

- Was weiß ich schon darüber?
- Wie argumentiert die Autorin?
- In welchem zeitlichen und lokalen Kontext ist der Text erschienen?
- Wo muss ich das im Gesamtkontext der Forschungsliteratur einordnen?
- Was sagen andere Autorinnen dazu?

Abb. 16: Gehen Sie stets kritisch mit Texten um! (Thorben Wengert – Pixelio.de)

- Kann ich dem zustimmen?
- Gibt es Widersprüche im Text?
- Welche Schlagwörter tauchen immer wieder auf?
- Welche Meinung hat der Verfasser von X?
- Wie erklärt der Autor Sachverhalt Y?

Peter Elbow, ein amerikanischer Schreibdidaktiker, schlägt vor, einen Text – oder die interessanten Stellen des Texts – zweimal unter verschiedenen Vorzeichen zu lesen: Beim ersten Mal sollten Sie davon ausgehen, dass alles, was der Autor sagt, richtig und zuverlässig ist („**believing game**"). Beim zweiten Mal sollten Sie hingegen alles anzweifeln, was im Text steht („**doubting game**").

Durch diesen zweifachen Durchgang stellen Sie sicher, dass Ihnen sowohl interessante als auch kritikwürdige Aspekte auffallen und Sie sich nicht auf eine (unbewusst) vorgefertigte Meinung versteifen. Das ist besonders dann wichtig, wenn Sie einen Grundlagentext vor sich haben oder Sekundärliteratur (?) nach speziellen Informationen zu Teilfragen durchforsten.[64]

Richtig Notizen machen

Wenn Sie mit einem Text auch nach längerer Pause gut arbeiten wollen, reicht es nicht aus, wichtige Stellen anzustreichen. Machen Sie sich am Rand **Notizen**, weshalb Sie die betreffende Stelle unterstrichen haben. Ihre Notizen müssen sich aber nicht auf eine Inhaltsangabe beschränken. Sie können auch Ihre **Gefühle** zur Textpassage notieren oder die **Funktion** des Unterstrichenen beschreiben. Wenn Ihnen ein Zitat besonders gelungen scheint, können Sie auch das notieren. Verwenden Sie **verschiedene Schriftfarben** für die einzelnen Notizfunktionen.

Abb. 17: Verwenden Sie verschiedene Farben (Lupo – Pixelio.de)

---

[64] Vgl. Lange 2018, S. 88.

Beispiel:

Das Mittelalter als Epoche dauerte (etwa) von <u>500 bis 1500 nach Christus</u>. In diesen 1 000 Jahren entstanden ganz und gar unterschiedliche Texte: Bibel- und Legendendichtung, Wissenschaftsliteratur, Rechtstexte, Romane, Lieder, Kochbücher, <u>Heldenepen</u>, Lehrgedichte, Fastnachts- und Passionsspiele und vieles mehr. <u>Daher ist es schwierig, einen umfassenden Überblick über die mittelalterliche Literatur im deutschen Sprachgebiet zu geben, ohne dabei dramatisch zu kürzen, zu generalisieren und auch Wichtiges auszulassen.</u>

Gerade zu Beginn des Mittelalters wurde lediglich in <u>Klöstern die Kunst des Lesens und Schreibens gepflegt</u>. Der weitaus größte Teil der Bevölkerung konnte nicht lesen – auch nicht die Adligen. Im Alltag sprachen die Menschen die Volkssprache: Zwischen 750 und 1050 war das Althochdeutsch, anschließend Mittelhochdeutsch und ab 1350 Frühneuhochdeutsch.

MA: 500 – 1500 n. Chr.

D. h.? Definition?

Evtl. gut für Einleitung

Aha!

Hinleitung zu den nächsten Absätzen

Wenn Sie beim Markieren mit unterschiedlichen Symbolen oder Farben arbeiten, sollten Sie **notieren, welche Farbe und welches Symbol wofür** steht. Sonst ist die Gefahr groß, dass Sie beim Schreiben nicht mehr wissen, was Sie sich beim Markieren gedacht haben.

Richtig exzerpieren

Gerade bei sehr wichtigen Texten kann es hilfreich sein, Exzerpte (?) anzufertigen. Sie können dazu entweder einzelne Sätze oder Passagen wörtlich abschreiben oder umschreiben.

Das **wörtliche Abschreiben** hat den Vorteil, dass Sie später (beim Formulieren Ihrer Arbeit) den Wortlaut vorliegen haben und direkte Zitate problemlos einfügen können. Das geht bei komplexen Originaltexten leichter als umschreibendes Exzerpieren, da Sie sich keine Umformulierungen oder Zusammenfassungen überlegen müssen. Vor allem bei Texten, die Ihnen elektronisch vorliegen, ist „Copy and Paste" eine unkomplizierte Methode.

Der Nachteil besteht jedoch darin, dass Sie sich gedanklich nicht näher mit dem Text auseinandersetzen. Außerdem kann es sein, dass wichtige Gedankengänge über den Text verteilt sind und gelegentlich der Kontext fehlt, sodass Sie entweder ellenlange Passagen abschreiben müssen, oder später nicht mehr recht wissen, was Ihnen das Zitat eigentlich sagen sollte. Exzerpieren Sie daher nur **sehr wichtige Stellen** im Wortlaut.

Abb. 18: Fassen Sie wichtige Informationen in eigenen Worten zusammen. (sassi – Pixelio.de)

Das **indirekte Exzerpieren** dauert länger als das reine Abschreiben, ist langfristig jedoch sinnvoller.

Indem Sie die Informationen der Sekundärliteratur (?) in eigene Worte fassen, machen Sie sich Gedanken darüber, ziehen nur die Information aus dem Text, die für Sie wichtig ist und üben nebenbei das wissenschaftliche Formulieren. Natürlich kann das aber auch Unsicherheit hervorrufen. Ist das, was Sie zusammenfassen, tatsächlich das, was der Autor meinte?

Achten Sie auf jeden Fall darauf, dass Sie **wörtliche Zitate** als solche **markieren**. Wenn Sie ihre Arbeit später ausformulieren, sind Sie sonst möglicherweise unsicher, ob eine Formulierung von Ihnen stammt, oder ob es sich um ein Originalzitat handelt. Sie müssen nachschlagen, haben das Buch womöglich längst abgegeben, machen sich erneut auf den Weg zur Bibliothek und investieren unnötig viel Zeit und Mühe in einen Arbeitsschritt, den Sie hätten vermeiden können.

Tipp: Fassen Sie niemals ganze Bücher zusammen, sondern notieren Sie lediglich die aussagekräftigsten Passagen. Stichpunkte reichen in der Regel aus. Gerade bei diesem Arbeitsschritt verzetteln sich viele Studierende.

Schreibberaterin Ulrike Lange schlägt ein einheitliches **Exzerpiersystem** vor, das Sie auf jeden Text anwenden können und das dadurch sehr übersichtlich ist.[65] In leicht modifizierter Form möchten wir es Ihnen ebenfalls ans Herz legen.[66] Sie erstellen dabei eine **Tabelle** mit drei Spalten:

„Absatz/Seite" – „Inhalt" – „Eigene Gedanken". Fügen Sie außerdem je eine Zeile für Literaturangaben (Autorname, Jahr, Signatur) und eine Zeile zur allgemeinen Bewertung des Texts ein. Diese Tabelle können Sie dann entweder am PC ausfüllen oder ausdrucken und die entsprechenden Infos per Hand eintragen. Wenn Sie das für jeden Text machen, erhalten Sie am Ende einen vollständigen und übersichtlichen Überblick über Ihre Sekundärliteratur (?).

Literaturangabe: Schnitter 2021; „Depression und Jahreszeit"		
Signatur: 2021 C 12345		
Absatz/Seite	**Inhalt**	**Eigene Gedanken**
1 (252)	Selbstmordrate steigt im November an; „Winterblues"	In allen Bevölkerungsschichten? Und wie siehts im Januar aus?
2 (252)	An Weihnachten besonders viele tote Alte → vereinsamt	Was könnte man dagegen machen?
...	...	...
Allgemeine Infos zum Buch:		
brauchbar, aber ein bisschen oberflächlich; Hauptaussage „Winter = alles blöd, mehr Depression; Frühling = alles besser" mit wenig neuen Argumenten belegt; Kap. 3 und 4 gründlich gelesen, Rest überflogen		

Tab. 5: Exzerpiersystem (Eigene Darstellung mit fiktivem Beispiel nach Lange 2018, S. 52)

---

[65] Vgl. Lange 2018, S. 50 ff.
[66] In Kapitel 23 finden Sie eine Kopiervorlage sowie einen Link zur Onlineversion, die Sie ausdrucken können.

Das Drumherum: optimale Lesebedingungen

Wir alle kennen das Phänomen: Vor uns liegt ein Text, den wir bereits zum dritten Mal gelesen haben. Aber was drinsteht, wissen wir immer noch nicht. Wir sind **abgelenkt**. Das kann verschiedene Gründe haben: Müdigkeit, Demotivation, geistige Beschäftigung mit einem anderen Problem u. v. m.

Konzentrationsschwierigkeiten?

Halten Sie beim Lesen selbst immer wieder inne und fragen Sie sich selbst, was Sie gelesen haben. So können Sie prüfen, ob Sie (noch) konzentriert bei der Sache sind, oder ob Sie gedanklich längst in anderen Sphären weilen.

Abb. 19: Macht Sie das Lesen müde? (Eigenes Foto)

Wenn Sie beim Lesen merken, dass Sie gar nichts mitbekommen, gönnen Sie sich eine **Pause**. Denn egal, ob Sie schon zu lange lesen und sich deshalb schwer konzentrieren können, oder ob Sie dauernd an etwas anderes denken – in keinem Fall ist ein Erzwingen-Wollen hilfreich.

Überlegen Sie sich dann, warum Sie von dem Text nichts mitbekommen, und ergreifen Sie entsprechende Gegenmaßnahmen.

Weshalb schweifen Ihre Gedanken ab?

 Textpassage unverständlich?

Falls die Textstelle unverständlich ist, versuchen Sie, das Gelesene in **eigenen Worten** zusammenzufassen und fragen Sie sich: Ist der betreffende Abschnitt wichtig? Oder können Sie diesen Teil einfach abhaken?

Falls der Abschnitt wichtige Informationen beinhaltet, schlagen Sie unklare Wörter im **Wörterbuch** nach, **sprechen** Sie mit Kommilitonen oder Ihrer Betreuungsperson über die Textstelle oder markieren Sie die betreffende Passage, um sie ein **andermal** erneut zu lesen – vielleicht lösen sich Ihre Probleme, wenn Sie etwas besser in Ihr Thema eingearbeitet sind oder wenn Sie eine bessere Tagesform haben.

Laaaaangweilig?

Auch Ihre **Einstellung zum Lesen** bzw. zum konkreten Text beeinflusst Ihre Effizienz. Konzentrieren Sie sich also stärker auf die positiven Aspekte, als dauernd zu denken: „Ist das laaaaaaangweilig!"

Setzen Sie sich eine **Frist**, bis wohin oder bis wann Sie weiterlesen. Fassen Sie für sich immer wieder kurz zusammen, was Sie gelesen haben. Schreiben Sie sich kleine Notizen an den Rand oder auf ein gesondertes Papier. Anschließend können Sie sich mit etwas Schönem **belohnen**.

 Zum Weiterdenken inspiriert?

Wenn Sie deshalb abgeschweift sind, weil Sie das Gelesene zum Weiterdenken angeregt hat, lassen Sie Ihren **Gedanken freien Lauf**! **Notieren** Sie Ihre Einfälle dazu. Das ist ein sehr produktiver Prozess, den Sie keinesfalls unterbrechen sollten.

 Innerlich abgelenkt?

Falls Sie andere Gedanken beschäftigen, **notieren Sie sie und verstauen Sie die Notizen anschließend**. Alternativ können Sie sich immer wieder ein **Stoppschild** vorstellen und zu sich selbst Stopp sagen, wenn Sie abschweifen. Wenn Sie der Gedanke an unerledigte, schwierige Aufgaben hemmt oder demotiviert, sollten Sie diese unangenehme Arbeit sofort erledigen. Das Gefühl, eine wichtige Hürde genommen zu haben, motiviert sehr. Weitere Tipps gegen Ablenkung finden Sie in den Kapiteln 17 und 18.

 Äußerlich abgelenkt?

Sind Sie durch Umwelteinflüsse (Lärm, Hunger, Müdigkeit, Internet etc.) abgelenkt, sollten Sie versuchen, die **Störquellen zu eliminieren**. Essen Sie etwas, verwenden Sie Ohrstöpsel, schalten Sie den PC aus, lüften Sie regelmäßig und schalten Sie das Licht an. Lesen Sie (vor allem komplexe) Fachliteratur dann, wenn Sie **wach** und **aufnahmefähig** sind. Als leichte Aufwachübung ist schwierige Fachlektüre kaum geeignet.

SOS-Tipps „Richtig lesen"

Do:

- Fingerübung fürs Überfliegen: Fahren Sie beim Lesen mit dem **Finger** (oder einem Stift) **am Text entlang**, dadurch springen Sie seltener im Text zurück.

- Stellen Sie beim Lesen immer wieder die Frage an den Text: **Inwiefern hilfst du mir bei der Lösung meines Problems?** Das hilft, sich auf das Wesentliche zu fokussieren.

- Konzentrationstechnik beim Lesen: Überlegen Sie sich **pro Absatz** eine **Überschrift** mit der jeweiligen Kernbotschaft. Dadurch hat Ihr Gehirn keine Chance, sich auf etwas anderes zu fokussieren als den Text. Außerdem kann Ihnen diese Kurzzusammenfassung auch für die Strukturierung Ihrer eigenen Arbeit helfen.

- Wenn Sie bei kopierten Texten Notizen machen möchten, können Sie den **Zoom beim Kopieren** so einstellen, dass der Text kleiner und der Rand größer wird.

Don't:

- **Nicht subvokalisieren:** Langsame Leser sprechen die Worte beim Lesen lautlos mit (= subvokalisieren), das kostet jedoch Zeit. Versuchen Sie, möglichst nur mit den Augen über den Text zu fliegen. Sie müssen nicht jedes Wort Buchstabe für Buchstabe lesen, um den **Gesamtzusammenhang** zu verstehen.

- Schlagen Sie auch bei **fremdsprachigen** Texten **nicht jedes unbekannte Wort** nach. Vertrauen Sie darauf, dass Sie den übergeordneten Zusammenhang ohne ständiges Nachschlagen im Wörterbuch verstehen. Nur wichtige Passagen sollten Sie intensiver beackern.

- Lassen Sie sich **nicht frustrieren**, wenn Sie letztlich viel mehr Literatur gelesen haben, als Sie verwenden (können). Das ist normal und gehört zum wissenschaftlichen Arbeiten dazu.

8 Literatur ordnen – ein Metasystem

> ??? *In meinem Zimmer türmen sich Bücherberge und Kopienstapel und ich habe den Überblick verloren. Wie kann ich dagegen vorgehen?*

Viele Studis kennen die Situation: Man hat ein Thema für eine wissenschaftliche Arbeit gefunden, macht sich an die Literaturrecherche, stößt auf **Unmengen Aufsätze und Bücher**, leiht sich einen Teil davon aus, liest, streicht an, klebt Haftzettel an zentrale Stellen und versucht, den **Überblick** zu behalten. Und beim Schreiben fällt einem dann ein: „Dazu gab es doch einen interessanten Ansatzpunkt von irgendeinem Forscher – aber wer war das doch gleich? Und wo stand das?" Die Suche nach der Information ist im besten Fall langwierig, im schlechtesten auch noch ergebnislos.

Um das Problem zu umgehen, hilft es, von Anfang an ein **Metasystem** zur Literaturbearbeitung einzuführen. Das erfordert ein gewisses Maß an **Disziplin und Organisationsgeschick**, hilft aber sehr.

Wie Ihr persönliches Metasystem aussieht, ist natürlich Ihnen überlassen und letztlich **Geschmackssache**. Wir zeigen Ihnen im Folgenden einige zentrale Bausteine eines Literatur-Verwaltungssystems auf, die Sie nach Belieben ausprobieren, kombinieren, reduzieren oder verändern können. Sie sollten mehrere Varianten ausprobieren, um Ihr persönliches Lieblingssystem zu finden, mit dem Sie fortan gut und strukturiert arbeiten können.

Baustein 1 – Literatur recherchieren: doppelte Suche vermeiden

Damit Sie nicht zweimal nach den gleichen Schlagwörtern suchen, ist es hilfreich, eine Liste anzulegen, in der Sie notieren, wann Sie in welchen Katalogen nach welchen Ausdrücken gesucht haben (z. B.: 19.10. Recherche bei Geobase, Schlagwort „Sedimentation"). Auch ein Screenshot, den Sie mit einem aussagekräftigen Namen versehen, kann Ihnen helfen.

Baustein 2 – Literatur benennen: bibliografische Daten erfassen

Damit Sie während des Arbeitsprozesses immer wissen bzw. nachschlagen können, welche Literatur Sie bereits ausgeliehen, kopiert oder gekauft haben, ist es hilfreich, das aufzuschreiben. Notieren Sie sich in einer Liste oder auf Karteikärtchen die bibliografischen Daten (mindestens Autorin, Titel, Erscheinungsjahr, gerne auch mehr) der zurate gezogenen Literatur. Sie können das entweder ausführlich tun – wie im Literaturverzeichnis – oder in Kurzform.

Beispiel für einen ausführlichen Beleg:

Müller, Matthias: Die SPD und die Vertriebenenverbände 1949–1977. Eintracht, Entfremdung, Zwietracht (Politik und Geschichte 8). Berlin, Münster, Lit Verlag 2012.

→ *Bibliothekssignatur: 2012 A 89782*

Beispiel für einen Kurzbeleg:

Müller 2012, SPD & Vertriebenenverbände – 2012 A 89782

Baustein 3 – Informationen aus dem Text verarbeiten

Viele Studis nutzen Klebezettel, um wichtige Passagen in ausgeliehenen Büchern hervorzuheben, und streichen in kopierten Texten oder gekauften Büchern das Wichtigste an. Ob Sie das ebenfalls so machen, oder ob Sie anders vorgehen möchten, ist Ihnen überlassen. Sie können zum Beispiel auch einen Ordner für jedes Kapitel Ihrer Seminar- bzw. Abschlussarbeit anschaffen und diesen mit Kopien oder Exzerpten (?), Karteikarten und Schaubildern füllen. Oder Sie hängen eine Wäscheleine auf, an der Sie Karteikarten mit den wichtigsten Infos befestigen. Ihrer Kreativität sind keine Grenzen gesetzt.

Baustein 4 – Bearbeitungsstand festhalten

Um immer den Überblick zu behalten, was Sie bereits gelesen haben und was wichtig ist, können Sie Listen oder Karteikästen mit folgenden Rubriken einrichten: „schon gelesen", „muss ich noch lesen", „kann ich eventuell noch lesen, wenn Zeit bleibt", „unbrauchbar". Sie können aber natürlich auch Bücher- und Kopienstapel türmen, die Sie bereits gelesen haben oder noch bearbeiten möchten.

Alternativ können Sie verschiedene Kartons und Boxen für die einzelnen Bearbeitungsstände wählen, in die Sie Ihre Materialien legen, oder mit Klebezetteln auf dem jeweiligen Deckblatt oder Buchumschlag notieren, was Sie mit der Publikation vorhaben.

Abb. 20: Bücherstapel mit System – auch eine Sortier-Möglichkeit (Eigenes Foto)

Ein Metasystem, das sich in der Praxis bewährt hat, weil es die vier Bausteine in einer Datei integriert, finden Sie auf der folgenden Seite. Wenn Sie es übernehmen möchten, finden Sie in Kapitel 23 eine Kopiervorlage sowie einen QR-Code zum Download.

Wenn Sie anstatt digitaler lieber „handfeste" Dokumente haben, können Sie Ihre Ausführungen auch **ausdrucken**, an eine **Pinnwand** heften, auf dem Boden oder einem Tisch **auslegen** und nach Belieben sortieren oder **aufhängen**. So kombinieren Sie die haptischen Vorteile von analoger Literaturverwaltung (gute Sichtbarkeit; Erkennbarkeit, was schon geleistet wurde; Anfassbarkeit) mit den Vorteilen der elektronischen Literaturverwaltung (schnelleres Schreiben; Stichwortsuche; Schrift meist besser lesbar; Umstellen und Kopieren leicht möglich).

Baustein 1: Literaturrecherche

Datum	Name des Katalogs/ der Datenbank	Schlagwort	Zwischenzeitlich abgebrochen (wenn ja, wo?)?
20.1.24	HEIDI (Bibliothekskatalog)	Ostverträge	Trefferliste: Seiten 1-5 durchgeschaut, 6-9 fehlen noch
....			

Baustein 2, 3 und 4: ausgeliehene Literatur, wichtige Passagen und Bearbeitungsstand[67]

● **Name der Publikation:**

Thorsten Mustermann 2022 – D. Ostverträge im Spiegel d. Zeit (Signatur: 2022 B 725)

Stand der Bearbeitung:

gelesen

Wichtige Passagen/Notizen:

Kap. 1: guter Forschungsstand
S. 34: kontroverse These zu X
S. 75: widerlegt Position von Y mit guten Argumenten

---

[67] Zur Bedeutung der Farben: Rot steht für „sehr wichtig, unbedingt lesen", gelb für „sollte ich lesen", grün für „kann ich lesen, wenn noch Zeit bleibt". Falls noch unklar ist, inwiefern das Buch oder der Aufsatz relevant ist, können Sie die Publikation mit einem Fragezeichen markieren. Statt Farben können Sie auch beliebige andere Symbole verwenden.

🟡 **Name der Publikation:**

Rafke 2023 – Ostverträge aus Ostsicht (Aufsatz in Signatur: WS/M4 2 C 14568, S. 219 – 246)

Stand der Bearbeitung:

bis S. 234 gelesen

Wichtige Passagen/Notizen:

siehe Anmerkungen im Text

🟢 **Name der Publikation:**

...

Stand der Bearbeitung:

...

wichtige Passagen/Notizen:

...

❓ **Name der Publikation:**

...

Stand der Bearbeitung:

...

Wichtige Passagen/Notizen:

...

SOS-Tipps „Literatur ordnen – ein Metasystem"

Do:

- Beachten Sie beim Aufbau Ihres Metasystems, wie groß Ihr Projekt ist, und passen Sie Ihr System daran an: Je umfangreicher Ihre Arbeit ist, desto besser muss das System dafür ausgelegt sein, mehr Informationen aufzunehmen.

- Notieren Sie in Ihrem Metasystem auch, **nach welchen Prinzipien** Sie es aufbauen. Wenn Sie zwischenzeitlich eine Pause einlegen, kann es sein, dass Sie anschließend nicht mehr genau wissen, wie Sie dabei vorgegangen sind.

- Je **früher im Studium** Sie ein System für sich suchen, desto leichter wird es Ihnen bei Ihrer Abschlussarbeit fallen, entspannt und strukturiert mit Ihrer Sekundärliteratur (?) umzugehen. Testen Sie also möglichst frühzeitig aus, was zu Ihnen passt.

- Wenn Sie noch mitten im Studium sind, oder zumindest noch einige wissenschaftliche Arbeiten vor sich haben, können Sie überlegen, sich eine **Literaturverwaltungs-Software** anzuschaffen. Da man sich in die Programme immer ein wenig einarbeiten muss, sollen Sie etwas Zeit dafür einkalkulieren.

Don't:

- **Wechseln** Sie nicht während eines Projekts das Metasystem. Sie können natürlich bei verschiedenen Arbeiten verschiedene Systeme ausprobieren, aber ein Wechsel mitten im Arbeitsprozess sorgt für Chaos.

- Versuchen Sie nicht, **gleichzeitig** alle verschiedenen Systeme auszuprobieren. Suchen Sie einen individuellen Weg, wie Sie mit Ihrer Literatur umgehen möchten, ohne täglich mehrere Stunden nur mit der Literaturverwaltung zu verbringen.

9 Der Aufbau der Arbeit

??? Brauche ich einen Anhang?
Welche Seiten werden gezählt?
Welche Infos müssen aufs Deckblatt?
Was muss in der Einleitung stehen?
Was im Schlussteil?

Es gibt Teile einer wissenschaftlichen Arbeit, die je nach Hochschule und Institut an unterschiedlichen Stellen eingebunden werden: Das betrifft unter anderem den Anhang, die eidesstattliche/ehrenwörtliche Erklärung (?) und das Abbildungsverzeichnis. Fragen Sie daher bei Ihrer Betreuungsperson nach, welche Reihenfolge sie bevorzugt.[68]

Seitenzahlen

Ihr **Deckblatt erhält keine Seitenzahl** – das ist allgemein anerkannt. Ob bereits das **Inhaltsverzeichnis** paginiert werden sollte, ist hingegen umstritten: Falls Ihre Betreuungsperson keine spezifischen Vorgaben macht, empfiehlt es sich, dem Inhaltsverzeichnis eine **gesonderte Zählung** (römische Ziffern oder Buchstaben) zu geben und die (arabische) **Seitenzählung mit dem eigentlichen Text** zu beginnen und bis zu den Verzeichnissen (Literaturverzeichnis und ggf. Abbildungsverzeichnis, Tabellenverzeichnis, Abkürzungsverzeichnis, Formelverzeichnis) durchzuhalten. Falls Sie einen Anhang haben, können Sie dort wiederum auf eine andere Art der Seitenzählung (z. B. kleine römische Ziffern) zurückgreifen.[69]

---

[68] Ein Beispiel: Matthias Karmasin und Rainer Ribing schlagen vor, die ehrenwörtliche Erklärung direkt hinter das Deckblatt einzubinden, während Manuel René Theisen diese am Ende der Arbeit verortet. (Vgl. Karmasin/Ribing 2019, S. 56; Theisen 2021, S. 221 ff.).

[69] In dieser Hinsicht widersprechen sich die Leitfäden zum wissenschaftlichen Arbeiten. Wenn Sie keine konkreten Vorgaben von Ihrer Gutachterin oder vonseiten Ihrer Hochschule bekommen, dürfen Sie Ihren eigenen Vorlieben folgen.

Deckblatt

Bestandteile:
- Name und Anschrift
- Matrikelnummer
- Semester
- Hochschule
- Gutachter
- Bachelor-/Masterarbeit: Titel
- Abgabedatum

Bitten Sie Ihre Dozentin um ein **Musterdeckblatt**, an dem Sie sich orientieren können. Falls es keines gibt, sind Sie in der formalen Gestaltung recht frei. Allerdings gibt es einige inhaltliche Bestandteile, auf die Sie nicht verzichten dürfen. Dazu zählen Ihr Name und Ihre Anschrift, Ihre Matrikelnummer und Ihr Fachsemester, Name der Hochschule, der Fakultät, des Instituts und ggf. des Seminars, Name der Gutachterinnen (inklusive akademischem Titel), der Titel Ihrer Arbeit sowie die Kennzeichnung als Bachelor-/Masterarbeit und das Abgabedatum. Ein Muster finden Sie in Kapitel 22.

Der Titel Ihrer Arbeit

Was den Titel Ihrer Arbeit betrifft, sollten Sie vorsichtig sein: Einerseits sollte der Titel **Lust machen, die Arbeit zu lesen**, andererseits sollte er **nicht zu blumig oder gar reißerisch** sein. Lieber ein trockener, präziser Titel als ein irreführender. Einige Beispiele mögen das illustrieren.

So bitte nicht:

(Haupttitel)[70] Krankenhäuser endlich wieder sicher!
(Untertitel) Wie das Medikament „Ceftarolinfosamil" multiresistenten Keimen den Garaus macht

Dieser Titel ist reißerisch und eignet sich bestenfalls für eine Boulevard-Zeitung (oder einen schlecht geschriebenen Werbetext), nicht aber für eine wissenschaftliche Arbeit. Außerdem wird nicht klar, wie der Verfasser an die Arbeit herangeht: Handelt es sich um eine empirische (?) Erhebung oder eine theoretische Analyse?

---

[70] Die Worte „Haupttitel" und „Untertitel" sollten Sie natürlich nicht verwenden. Wir haben diese Angaben hier lediglich zur besseren Übersicht eingefügt.

So bitte auch nicht:

(Haupttitel) Demokratische Verbesserung der Erfordernisse infolge des Regierungswechsels im Anschluss an die Große Koalition
(Untertitel) Eine demokratietheoretische Analyse

Hier stellt sich die Frage, ob der Verfasser selbst genau weiß, was er eigentlich meint. Welche Erfordernisse sind gemeint? Wie kann man ein Erfordernis verbessern? Und was hat die Große Koalition und der darauffolgende Regierungswechsel damit zu tun? Auch die Erklärung, dass es sich um eine demokratietheoretische Analyse handle (was genau ist damit gemeint?), hilft hier nicht weiter.

So ist es richtig:

(Haupttitel) Grenzgänge: Wie Reisen das Selbstbild des Menschen prägen
(Untertitel) Eine empirische Befragungsstudie am Beispiel 75 ehemaliger DDR-Bürger

Hier wird deutlich, wie die Arbeit aufgebaut ist (empirisch [?]; Stichprobengröße: 75 Personen), gleichzeitig motiviert das vorangestellte doppeldeutige Wort „Grenzgänge" zum Lesen.

(Haupttitel) Vertrauen ist gut, Bewertungen sind besser
(Untertitel) Das Reputationssystem von Kleinanzeigen – eine empirische Analyse von 300 Bewertungskommentaren

Hier wird im Haupttitel mit einem Sprichwort gespielt. Das weckt Interesse. Gleichzeitig macht der Untertitel deutlich, worum es in der Arbeit geht.

Aber Ihre Arbeit kann selbstverständlich ganz ohne Wortspielerei auskommen, solange Sie konkret und verständlich benennen, was Sie untersuchen.

Völlig in Ordnung:

(Haupttitel) Vor- und Nachteile des Bildungs- und Teilhabepakets

(Untertitel) Eine SWOT-gestützte Analyse

Was steht in der Einleitung?

 Einleitender Satz

Zu einer guten wissenschaftlichen Arbeit gehört auch ein wohlformulierter Einstieg. Natürlich ist eine wissenschaftliche Arbeit kein Roman, der den Leser fesseln muss, aber ein schöner erster Satz macht auch bei einer wissenschaftlichen Arbeit Lust auf mehr. Dazu eignen sich besonders prägnante Zitate aus der Forschungsliteratur. Aber auch die Erklärung, warum Ihr Thema wichtig ist, kann einen guten Einstieg bilden.

Beispiel:

Spielen ist Lernen. Was in der Entwicklungspsychologie längst bekannt ist (vgl. etwa Spitzer/Herschkowitz 2019), wird zunehmend in der Erwachsenenbildung berücksichtigt: Diverse Fortbildungsanbieter reichern Workshops und Onlinekurse durch spielerische Elemente an, um den Lernerfolg zu erhöhen. Doch wie groß ist der Lerneffekt, wenn Seminare gamifiziert werden? Die Meinungen darüber gehen auseinander (vgl. etwa Autorinnen X, Y und Z). Daher lohnt es sich, die bestehenden Studien zusammenzutragen und auszuwerten, welchen Nutzen und welche Grenzen die Gamifizierung von Fortbildungen hat.

Ein abschreckendes Gegenbeispiel:

Meine Bachelorarbeit behandelt das Thema Fugenkomposition im 16. Jahrhundert.

 Forschungsfrage

Selbst wenn Sie Ihr Thema bereits durch Ihren Titel kenntlich machen, müssen Sie es präzisieren und in einer Forschungsfrage bündeln. Diese Forschungsfrage nennen Sie in Ihrer Einleitung und kommen im Schluss darauf zurück, um sie zu beantworten.

Beispiel:

Ist die Wahl des Wechselkurssystems von Bedeutung? Wenige Fragen der internationalen Währungspolitik haben so viele Diskussionen ausgelöst und zu so wenig Übereinstimmung geführt.

Verortung des Themas

Falls Sie nicht im ersten Satz betonen, wie wichtig Ihr Thema ist, müssen Sie das auf jeden Fall innerhalb der Einleitung deutlich machen. Erläutern Sie, in welchem **übergeordneten Zusammenhang** Ihr Thema steht, auf welcher **Theorie** Ihre Ausführungen beruhen, ob es sich um ein **altes oder ein junges Forschungsgebiet** handelt.

Beispiel:

Der Begriff „Europäisches Währungssystem" vermittelt den Eindruck umfassender Abstimmungsprozesse und eines bewussten Konstruktionsplans. Ein historischer Rückblick zeigt indes, dass bei der Entstehung monetärer Vereinbarungen zwischen Staaten neben rationalen Überlegungen stets auch andere Einflüsse eine Rolle spielten. Aufbauend auf der Geschichte der internationalen Währungssysteme wird in dieser Arbeit dargestellt, wie es zur Einführung des Euro in Deutschland, Malta, Estland und Kroatien kam. Zugleich wird die Zukunft der europäischen Einheitswährung diskutiert.

 Forschungsstand

In der Regel gibt es zu Ihrem Thema bereits Sekundärliteratur (?), die Sie kennen müssen und im Hauptteil der Arbeit zitieren sollten. Skizzieren Sie in der Einleitung die Forschungsgeschichte und nennen Sie die **wichtigsten Arbeiten** und **gegebenenfalls konkurrierende Forschungsrichtungen**. Welche Lösungen bietet die bisherige Forschung an? Wie sind diese zu bewerten?

Beispiel:

Mit seinem Eigenschaftenansatz schuf der australische Ökonom Kelvin John Lancaster (1924–1999) bereits 1966 die formalen Voraussetzungen, um die Bedingungen zunehmender Produktvielfalt zu analysieren. In den ersten Jahren nach seiner Veröffentlichung wurde dem Eigenschaftenansatz großes Forschungsinteresse zuteil, bald geriet er jedoch in Vergessenheit. Im Rahmen der Forschungen zur Messung und Erklärung des technischen Wandels (empirische Innovationsökonomik) erlebt der Ansatz in jüngster Zeit eine Renaissance.

Methodik

Wenn Sie empirisch (?) arbeiten, benennen Sie auch Ihr Instrumentarium, also Ihre Methode(n) sowie **Umfang und Repräsentativität** Ihrer Datenbasis. Diskutieren Sie kritisch die **Vor- und Nachteile** dieser Methode.

Beispiel:

Zum Thema „Ist Südafrika ein demokratischer Staat?" vergleichen Sie die Daten von Freedom House mit denen des Bertelsmann-Transformations-Indexes und des Demokratieindexes. Sie erläutern dazu, wie die einzelnen Indices zu ihren Daten kommen, wo strukturelle Stärken und Schwächen der Erhebungen liegen und inwiefern Sie durch Ihren Vergleich eine ideologische Voreingenommenheit vermeiden möchten.

 Vorgehensweise

Skizzieren Sie, wie Ihre Arbeit aufgebaut ist, zählen Sie chronologisch die Gliederungspunkte auf und erläutern Sie, welche **Funktion** und welchen **Schwerpunkt** die einzelnen Kapitel haben, ohne die Untersuchungsergebnisse vorwegzunehmen.

Beispiel:

Kapitel 1 liefert einen historischen Überblick über die Migrationsgeschichte irischer Einwanderer nach New York. In Kapitel 2 stehen die Gründe für Emigration aus Irland im 19. Jahrhundert im Fokus, wobei besonders die ökonomische Ausgangssituation Beachtung findet. Darauf aufbauend widmet sich Kapitel 3 der Frage, warum gerade die USA als Einwanderungsland so beliebt waren. [...]

 Definitionen?

Klären Sie gleich zu Beginn Ihrer Arbeit unklare Fachbegriffe: Wenn es sich nur um eine **kurze Definition** handelt, können Sie das gleich in der **Einleitung** tun. Wenn Sie aber eine **ganze Reihe** von Bezeichnungen erst klären müssen oder eine kontroverse Diskussion nachvollziehen, tun Sie das in einem **gesonderten Kapitel**, das sich an Ihre Einleitung anschließt.[71]

---

[71] Burchert und Sohr meinen hingegen, ein sogenanntes Basiskapitel mit allen wichtigen Definitionen und einer Dokumentation des Forschungsstands sei ein obligatorischer Bestandteil des Hauptteils. (Vgl. Burchert/Sohr 2008, S. 78).

Beispiel:

Unter Mobbing versteht man eine spezifische Gewalt- bzw. Aggressionsform, die sich durch folgende Merkmale auszeichnet: Es liegt eine zielgerichtete verbale, nonverbale oder körperliche Schädigungshaltung vor, die Schikane erfolgt wiederholt und über einen längeren Zeitraum und es gibt ein Ungleichgewicht der Kräfte zwischen Täter und Opfer.

Was steht im Hauptteil?

Jede Arbeit ist unterschiedlich, aber es gibt inhaltliche Elemente, die in (nahezu) jeder Arbeit zu finden sind. Dazu zählen folgende:

 Analyse

Sie erklären **Sachverhalte**, zählen die zentralen Teilaspekte Ihres Themas auf, stellen deren **Voraussetzungen** dar, vergleichen und strukturieren. Sie **verweisen** am Rande auf weitere Probleme oder Fragestellungen, die Sie in diesem Rahmen nicht weiter beleuchten können. In empirisch (?) ausgerichteten Arbeiten führen Sie zudem **Experimente oder Fallstudien** durch. Sie beschreiben und interpretieren weiterhin Ihre **Befunde**.[72]

 Bewertung

Sie stellen kontroverse Meinungen kritisch dar und kommen zu eigenen Schlussfolgerungen. Sie räumen ein, dass **neues Wissen prinzipiell strittig** ist und neue Forschungsarbeiten zu anderen Ergebnissen führen könnten. Sie hinterfragen auch Ihre eigenen Ausführungen immer wieder kritisch.

 Beispiele

Sie geben für Ihre Argumente[73] Beispiele und erörtern Probleme, die sich eventuell ergeben.

---

[72] Vgl. Kropp 2022, S. 80.
[73] Detaillierte Informationen zur „Schlüsselkompetenz Argumentation" finden Sie in dem gleichnamigen Buch von Herrmann et al. 2012.

Treffende Überschriften

Ihre Überschriften nehmen Bezug auf den Inhalt, sind verständlich und nicht metasprachlich formuliert. Metasprachliche Formulierungen wären z. B.: „Überleitung", „Hauptteil", „Argument 1" etc.[74]

Da Überschriften in wissenschaftlichen Arbeiten nicht als ganze Sätze formuliert sein sollten, enden sie nicht mit einem Satzzeichen. Formulieren Sie Ihre Überschriften außerdem möglichst ohne Verben.[75]

Beispiel:

Sie untersuchen den Einfluss der gotischen Stilelemente auf Antoni Gaudís Kirche „La Sagrada Família". Ihre Gliederung bauen Sie so auf, dass Sie in einem ersten Schritt die Prinzipien gotischer Kirchenbaukunst vorstellen und in einem zweiten Schritt die betreffenden Elemente bei Gaudí analysieren. Ihre Gliederung gestalten Sie wie folgt:

 So bitte nicht:

1 Einleitung

2 Erster Teil der Untersuchung

2.1 Wie ist die Geschichte?

2.2 Merkmale

2.2.1 Merkmal 1

2.2.2 Merkmal 2

…

 So ist es richtig:

1 Einleitung

2 Was ist Gotik?

2.1 Historische Einordnung des Baustils

2.2 Gotische Stilelemente

2.2.1 Diaphane Wände

2.2.2 Maßwerk

…

---

[74] Siehe hierzu: o. V. 2017, S. 15.
[75] Vgl. Sandberg 2017, S. 93.

Was steht im Schlussteil?

 Resümee

Fassen Sie noch einmal in wenigen Sätzen zusammen, was Sie untersucht haben, wie Sie dabei vorgegangen sind und welche Methoden Sie verwendet haben.

Beispiel:

Ausgehend von der Frage, welchen Stellenwert das Fremde in dem Roman „Buddenbrooks" hat, problematisierte das erste Kapitel die Begriffe des „Fremden", der „Entfremdung" und des „Vertrauten". Anhand einer textanalytischen Untersuchung wurde im Folgenden der Stellenwert des Fremden für die einzelnen Generationen der Buddenbrooks untersucht: Im zweiten Kapitel stand das Verhältnis der Figuren der ersten Generation zu Ausländern und ausländischen Sitten im Fokus [...].

 Ergebnis und Ausblick

Stellen Sie dar, zu welchem Ergebnis Sie gekommen sind. Sagen Sie deutlich, ob und wie Sie Ihre Forschungsfrage beantworten konnten. Es ist völlig in Ordnung, wenn Sie keine perfekte Lösung gefunden haben. Erwähnen Sie auch, wenn es zur endgültigen Lösung oder Erforschung eines Problems noch weiterer Untersuchungen bedarf. Falls Sie eine Statistik mit kleiner Fallzahl auswerten oder falls Ihre Arbeit auf den Befragungen einzelner Personen beruht, geben Sie im Schlussteil auch an, dass die Ergebnisse nur eingeschränkte Gültigkeit haben, weil die Anzahl der befragten Personen nicht repräsentativ ist.[76]

Beispiel:

Die Frage, ob die englische Sprache einen großen Einfluss auf die Wortbildung im Deutschen hat, kann man bezüglich der Substantivkomposition bejahen, doch für die Derivation zeigen sich differenziertere Ergebnisse. Daher sind weitere Studien zu diesem Thema dringend erforderlich. [...]

---

[76] Vgl. Sandberg 2017, S. 103.

Letzter Satz

Auch ein abrundender letzter Satz ist ein wichtiges Element einer wissenschaftlichen Arbeit. Das kann ein prägnantes Zitat aus der Forschung sein oder auch eine nett formulierte Zusammenfassung Ihres Ergebnisses. Bedenken Sie: Der letzte Satz ist das, was der Prüfer schlussendlich noch „im Ohr hat", bevor er sich an die Benotung macht.

Beispiel:

„So hat der Beweis für das Higgs-Boson-Teilchen uns tatsächlich der Erkenntnis nähergebracht, was die Welt im Innersten zusammenhält."

Literaturverzeichnis

Das Literaturverzeichnis steht **nach dem eigentlichen Text**. Es enthält die vollständigen Angaben zur verwendeten Literatur. Dabei dürfen Sie nur die Quellen aufzählen, die Sie zuvor im Text (direkt oder indirekt) zitiert haben, auch wenn Sie möglicherweise mehr Literatur gelesen haben.

Anhang

In einen Anhang gehören ergänzende Materialien, die aber nicht so zentral für das Verständnis Ihrer Arbeit sind, dass man ohne sie nicht auskommt. Oft finden sich Fragebogen, Gesprächsprotokolle oder unveröffentlichte Firmendokumente in einem Anhang, aber auch tabellarische oder grafische Auswertungen, wenn sie zu zahlreich für den eigentlichen Textteil sind.

Ehrenwörtliche Erklärung bzw. eidesstattliche Erklärung

Die ehrenwörtliche Erklärung (auch eidesstattliche Erklärung oder eidesstattliche Versicherung) ist ein unverzichtbarer Teil jeder wissenschaftlichen Arbeit, da Sie darin bekräftigen, Ihre Arbeit **eigenständig und rechtskonform** verfasst zu haben. Sie findet sich auf einem gesonderten Blatt, das entweder hinter dem Deckblatt platziert wird, oder als letzte Seite eingebunden ist.

Nahezu jede Hochschule hat eigene **Vorlagen** für eine eidesstattliche Erklärung, die Sie auf der Website herunterladen oder im Sekretariat erfragen können. Sollte das nicht der Fall sein, finden Sie in Kapitel 22 eine Vorlage, die Sie übernehmen können (Datum und Unterschrift bitte nicht vergessen).

SOS-Tipps „Der Aufbau der Arbeit"

Do:

- Machen Sie den roten Faden innerhalb Ihres Hauptteils deutlich, indem Sie **Konnektoren** (?) benutzen, etwa: *weil, insofern, weiterhin, im Gegensatz dazu, erstens, zweitens etc.*
- **Zitieren** Sie **in allen Teilen Ihrer Arbeit** Ihre Sekundärliteratur (?).
- Wenn Sie **Begriffsklärungen** vornehmen, ziehen Sie auch **Synonymwörterbücher und Lexika** zurate.
- **Einleitung** und **Schluss** sollten **unabhängig** voneinander verständlich sein. Setzen Sie in der Einleitung nichts voraus, was Sie erst im Hauptteil untersuchen werden.
- Wenn es jemanden gibt, der Sie bei Ihrer Arbeit maßgeblich unterstützt hat, dürfen Sie das auch gerne in einer **Danksagung** (etwa am Anfang oder am Ende der Arbeit) deutlich machen. Diese wird natürlich nicht bewertet. Stilistisch unterscheidet sie sich vom Rest der Arbeit, weil sie nicht wissenschaftlich-sachlich, sondern persönlich gehalten ist. Sie sollte insgesamt nicht mehr als eine Seite umfassen.

Ein Beispiel: „An dieser Stelle möchte ich all jenen danken, die durch ihre fachliche und persönliche Unterstützung zum Gelingen dieser Masterarbeit beigetragen haben. Allen voran gilt mein Dank Prüferin X, die mir bei fachlichen Problemen wertvolle Hinweise gegeben und mich auch moralisch unterstützt hat. Ohne die Expertise meiner Interviewpartner A, B, C und D wäre diese Arbeit nicht möglich gewesen. Auch ihnen danke ich herzlich. Weiterhin danke ich meiner Familie, die mich immer unterstützt hat."

Don't:

- Schreiben Sie nicht das Wort **„Hauptteil"** über Ihren Hauptteil, verwenden Sie stattdessen inhaltlich bedeutsame Überschriften

- Schreiben Sie keinesfalls **„Ende"** oder **„Fertig"** unter Ihre Arbeit.

- Falls Sie einen **Exkurs** (?) machen wollen, gehört dieser **nicht in den Anhang**, sondern in den Textteil Ihrer Arbeit. In diesem Ratgeber haben wir das anders gehandhabt; allerdings unterscheiden sich Ratgeber und Abschlussarbeiten deutlich voneinander.

- **Verkünsteln** Sie sich nicht beim **Layout**.
  Schriftarten wie *Brush Script*, *Lucida Calligraphy* oder *Old English Text MT* mögen Ihnen zwar unter Umständen gefallen, sind aber nicht empfehlenswert für eine wissenschaftliche Arbeit. Wählen Sie lieber eine klassische Schriftart (Times New Roman, Arial oder Calibri). Auch mit **Hervorhebungen** sollten Sie **sparsam** umgehen: Zu viele Fettungen, Kursivierungen und Unterstreichungen sorgen für einen unruhigen Gesamteindruck.[77]

---

[77] Vgl. Sandberg 2017, S. 83.

10 Gliederung: Tipps für einen gelungenen Aufbau

Wie gestalte ich eine gute Gliederung? Gibt es grundsätzliche Vorgaben, an denen ich mich orientieren kann? Woran erkenne ich einen roten Faden?

Bevor Sie mit dem Schreiben beginnen, müssen Sie eine (grobe) Vorstellung davon haben, wie die Arbeit aufgebaut sein sollte. Dabei können Ihnen eine Mindmap, ein Cluster oder eine Skizze helfen.

Notieren Sie, welche Haupt- und Unterpunkte es zu Ihrem Thema gibt und wie diese miteinander verknüpft sind. Daraus ergibt sich ein **erster Gliederungsentwurf**, den Sie während des Schreibens sicherlich noch einige Male **umstellen** werden, wenn Sie tiefere Zusammenhänge erkennen und gegebenenfalls Ihren Schwerpunkt verschieben.

Ganz grundsätzlich sollte Ihre Gliederung **logisch** aufgebaut sein und dem Schema „Einleitung – Hauptteil – Schluss" folgen. Auch innerhalb der einzelnen Teile sollte der rote Faden der Untersuchung nachvollziehbar sein. Im Folgenden finden Sie generelle Leitprinzipien, aber auch konkrete Tipps für verschiedene „Problemstellungstypen".

Besonderes Gewicht legen die meisten Gutachterinnen auf das **Inhaltsverzeichnis** sowie auf **Einleitung und Fazit**, denn sie werden – im Gegensatz zum Hauptteil – gelesen und nicht nur überflogen.

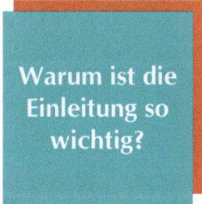
Warum ist die Einleitung so wichtig?

Der Einleitung kommt besondere Bedeutung zu, denn sie soll den Leser darauf einstimmen, was nun folgt: Wie lautet die Fragestellung? Wie gehen Sie vor? Welche Methode wenden Sie an? Wo liegt Ihr Schwerpunkt? Dadurch bekommt der Leser einen guten Überblick über Ihre Thesis bzw. Studienarbeit, auch wenn Sie die Ergebnisse noch nicht vorwegnehmen.

Am Inhaltsverzeichnis wiederum zeigen sich Ihr roter Faden und der logische Aufbau Ihrer Arbeit am deutlichsten. **Vermeiden** Sie daher auf jeden Fall **Nachlässigkeiten** in diesen Teilen.[78]

Gerüst einer Gliederung

Eine Gliederung kann numerisch (durch Ziffern gekennzeichnet), alphabetisch (durch Buchstaben gekennzeichnet) oder alphanumerisch (gemischt) gegliedert sein. Welche Variante Sie bevorzugen, ist Ihnen bzw. den Vorgaben Ihrer Betreuungsperson/Ihres Instituts/Ihrer Hochschule überlassen.

Numerische Gliederungsform	Alphabetische Gliederungsform
1 xxxxxxxxxx	A xxxxxxxxx
1.1 xxxxxx	a xxxxxxxxx
1.2 xxxxxxxx	b xxxxxxxxxxx
1.2.1 xxxxxxx	aa xxxxxxxxxx
1.2.2 xxxxxxx	bb xxxxxxxxxx

Tab. 6: Numerische und alphabetische Gliederungsformen (Eigene Darstellung)

In unserer Tabelle folgen die einzelnen Unterpunkte außerdem dem **Abstufungsprinzip**: Je nach Stellung in der Gliederungshierarchie sind die einzelnen Punkte **eingerückt**. Alternativ können Sie dem **Linienprinzip** folgen und die einzelnen Unterpunkte **ohne Einrückung** direkt untereinander schreiben. Auch das ist Geschmackssache.[79]

---

[78] Das heißt natürlich nicht, dass Ihre Sorgfalt an dieser Stelle aufhören sollte: Vermeiden Sie möglichst auch Nachlässigkeiten im Hauptteil.
[79] Vgl. Burchert/Sohr 2008, S. 80 ff.

Was macht eine gute Gliederung aus?

Eine perfekte Gliederung gelingt nicht im ersten Wurf. Sie werden sicher mehrere Anläufe brauchen und Kapitel streichen, kürzen, verschieben, umbenennen – das ist ganz normal. Dennoch können Sie sich bereits beim ersten Versuch einer Gliederung an den **folgenden Qualitätskriterien** orientieren. Eine gute Gliederung zeichnet sich durch folgende Eigenschaften aus:

 Logischer Aufbau

Die Arbeit hat eine Einleitung, einen Hauptteil und einen Schluss. Ein roter Faden ist in allen Teilen erkennbar. Der Hauptteil sollte mehr Platz einnehmen als Einleitung und Fazit.

 Übersichtlichkeit

Achten Sie bei Ihrer Gliederung inhaltlich und formal darauf, dass auf den ersten Blick deutlich wird, was wo steht.

 Geeigneter Schwerpunkt

Natürlich sollte sich der **Schwerpunkt** auch in der Gliederung niederschlagen, das Hauptkapitel sollte folglich den größten Raum einnehmen. Dieser Schwerpunkt sollte zum Titel der Arbeit passen.

Beispiel:
Wenn Ihre Masterarbeit heißt „Die Rolle von Mephisto in Goethes Faust" erwarten Ihre Leser, dass sich die Arbeit schwerpunktmäßig mit dieser Figur auseinandersetzt. Wenn Sie Kapitel 1 der Darstellung Gottes, Kapitel 2 der Hauptfigur Faust und erst Kapitel 3 Mephisto widmen und alle Kapitel womöglich gleich lang sind, ist der Leser verwirrt – und Sie haben den Titel unglücklich gewählt.

 Relevanz

Punkte einer Gliederungsebene (beispielsweise Kapitel 2.1 und 2.2) müssen inhaltlich einen vergleichbaren Rang haben und zum gleichen Überpunkt passen. Die Teilkapitel sollten sich inhaltlich nicht zu sehr überschneiden, sonst wiederholen Sie sich zu oft. Dazu ein Beispiel, wie man es nicht machen sollte:

Beispiel:

Sie untersuchen Auswirkungen des Mindestlohns in Deutschland. Kapitel 2 lautet „Entlassungen infolge des Mindestlohns". Sie unterteilen es in „2.1 Entlassung einzelner Mitarbeiter", 2.2 „Entlassung mehrerer Mitarbeiter" und 2.3 „Reduzierung der Arbeitszeit".

Punkt 2.1 und 2.2 überschneiden sich zu sehr, um daraus zwei gesonderte Unterkapitel zu machen. 2.3 ist wichtig, passt aber nicht so recht zu der übergeordneten Kapitelüberschrift.

 Sinnvolle Untergliederung

Eine Unterteilung eines Kapitels in mehrere Unterkapitel ist nur dann sinnvoll, wenn es **mindestens 2 Unterkapitel** gibt. Wer also Kapitel 1 untergliedern möchte, muss es mindestens in 1.1 und 1.2 unterteilen. Allerdings sollte es pro Kapitel auch nicht zu viele Unterpunkte geben. Als **Maximum** gelten **neun Unterpunkte**.

 **Tipp:** Einige Merkmale guter Gliederungen werden zwar immer wieder in der einschlägigen Literatur genannt, hängen aber wesentlich von Ihrem Thema ab. Falls Ihr Thema den folgenden Kriterien[80] nicht eklatant widerspricht, sollten Sie auch diese beherzigen.

 Nicht zu viele Ebenen

Generell sollte Ihre Arbeit **nicht mehr als vier Ebenen** umfassen. Je nach Thema kann eine tiefere Untergliederung dennoch sinnvoll sein. Sprechen Sie mit Ihrer Betreuungsperson darüber, ob sie beispielsweise die Untergliederung in die Punkte 1.1.1.1.1 und 1.1.1.1.2 akzeptiert oder nicht.

---

[80] So zum Beispiel bei Karmasin/Ribing 2019, S. 61 ff.; Kohler-Gehrig 2022, S. 56 ff.

Sinnvolle Kapitellänge

Wenn Sie ein Kapitel in mehrere Unterkapitel einteilen, sollten **maximal zwei Gliederungspunkte eine Seite** einnehmen. Ein Unterkapitel sollte also nicht nur wenige Zeilen umfassen.

 Ausgewogenheit

Die Einteilung von Punkten in Unterpunkte sollte halbwegs einheitlich sein. Beispielsweise sollte Kapitel 1 nicht **zwölf Unterkapitel** aufweisen, während Kapitel 2 **gar nicht untergliedert** ist.

Ein Gliederungspunkt der **untersten Stufe** sollte **nicht umfassender** sein als der Gliederungspunkt einer **höheren** Ebene. Punkt 1.2.3 sollte also nicht mehr Seiten umfassen als Punkt 1.2 oder 2.1.

 **Tipp:** Oft ist es empfehlenswert, im Gesamtaufbau (aber auch innerhalb der einzelnen Kapitel) vom Allgemeinen zum Speziellen überzugehen.

An Mustern orientieren

Jenseits dieser generellen Tipps gibt es Muster, die in wissenschaftlichen Texten immer wieder auftauchen und an denen Sie sich beim Aufbau Ihrer eigenen Arbeit orientieren können.

Einleitung

Folgendes Schema hat sich für die Einleitung bewährt: Beginnen Sie die Einleitung mit einem netten **Einstieg**. Das kann ein Zitat oder eine Sentenz sein, aber auch ein Satz darüber, warum Ihr Thema wichtig ist. Der erste Satz sollte jedenfalls Lust auf mehr machen.

Dann benennen Sie Ihr Thema und Ihre **Forschungsfrage** (stellen ggf. eine These auf) und erläutern, weshalb diese Fragestellung wissenschaftlich **relevant** ist. Daran anschließend diskutieren Sie den **Forschungsstand** und beschreiben den **Aufbau** der Arbeit.

Hauptteil

Wenn Ihr Thema praxisrelevant ist, kann es hilfreich sein, einen **Theorieteil** an den Anfang der Arbeit (nach der Einleitung) zu setzen, um die Basis für das Folgende zu legen. Gleiches gilt für ein **Definitionenkapitel**.

Wie Sie Ihre Arbeit sonst gliedern können, hängt davon ab, wie Ihr Thema gestaltet ist:

Phänomene vergleichen

Wenn Sie zwei **Sachverhalte miteinander vergleichen**, ist es oft sinnvoll, beide zunächst **einzeln** vorzustellen und dann den **Vergleich** zu ziehen (Blockgliederung).

Beispiel:

Sie möchten untersuchen, inwiefern sich die Homeoffice-Regelungen in Deutschland durch die Pandemie verändert haben. Dazu beleuchten Sie zunächst die Regelungen im Jahr 2019 und skizzieren dann die „Nach-Corona-Situation" im Jahr 2023. Abschließend fassen Sie die Ergebnisse in einem abschließenden Kapitel des Hauptteils pointiert zusammen.

Alternativ können Sie die einzelnen **Teilaspekte jeweils gegenüberstellen** und einen **Vergleich** zwischen diesen anstellen (alternierende Gliederung). Nehmen wir noch einmal das gleiche Beispiel zum Niedriglohnsektor:

Beispiel:

Sie möchten untersuchen, welche Auswirkungen die Einführung des Bürgergeldes auf die Arbeitsmoral hatte. Deshalb analysieren sie die Situation kurz vor der Umstellung von Hartz IV auf Bürgergeld (2022) und ein Jahr danach (2024).

Nach der Einleitung beleuchten Sie, wie viele Personen jeweils 2022 und 2024 ausschließlich Sozialleistungen erhielten. Dann ziehen Sie einen Vergleich. Das darauffolgende Kapitel thematisiert die Frage, wie viele Erwerbstätige 2022 „aufstockend" Sozialleistungen erhielten, und warum das so war. Das Gleiche spielen Sie für 2024 durch und ziehen anschließend wieder einen Vergleich. So gehen Sie Aspekt für Aspekt durch und ziehen letztlich ein übergeordnetes Fazit.

Ein Phänomen, das sich wandelt

Wenn Sie **Veränderungen eines einzelnen Sachverhalts** analysieren möchten kann es sinnvoll sein, chronologisch vorzugehen.

Beispiel:

Sie untersuchen Unterrichtsmodelle der vergangenen fünf Jahrzehnte in Deutschland. Dabei können Sie die einzelnen Phasen gut anhand der Dekaden nachvollziehen, in denen Frontalunterricht, interaktivem Unterricht und anderen Formen je eine unterschiedliche Bedeutung zukam.

Komplexes Phänomen aus vergleichbaren Einzelteilen

Wenn Sie **einen Sachverhalt** untersuchen, der aus **mehreren (ähnlichen) Einzelteilen** besteht, können Sie jedem Teil ein Kapitel widmen und diese immer ähnlich aufbauen.

Beispiel:

Ihr Thema lautet „Der Künstlertypus im Frühwerk Thomas Manns". Daher widmen Sie den wichtigsten Büchern aus dieser Schaffensperiode ein Kapitel. Kapitel 2.1 widmet sich „Tonio Kröger", Kapitel 2.2 den „Buddenbrooks" usw. Jedes dieser Kapitel untergliedern Sie in die Unterpunkte „Merkmale des Künstlertypus", „Stellenwert des Künstlerischen", „Bewertung des Künstlerischen durch den Erzähler" usw. Das bietet auf Anhieb Orientierung.

Komplexes Phänomen aus verschiedenen Einzelteilen

Wenn Ihr Thema in mehrere **unterschiedliche Teilfragen** unterteilt werden kann, ist es hilfreich, diesen Teilen jeweils ein eigenes (individuell aufgebautes) Kapitel zu widmen. Am Schluss können Sie die Teilergebnisse im Fazit zusammentragen.

Beispiel:

Die „Auswirkungen der verstärkten Flüchtlingsströme auf Deutschland" ist Ihr (sehr weit gefasstes) Thema. Sie untersuchen dabei politische Folgen, wirtschaftliche Konsequenzen und gesellschaftlich-kulturelle Auswirkungen. Jeder dieser drei Teilbereiche sollte ein eigenes, individuell aufgebautes Kapitel umfassen.

Problemanalyse

Wenn Sie ein Problem analysieren wollen, sollten Sie zunächst den Forschungsgegenstand mit seinen Symptomen vorstellen und definieren. Anschließend beleuchten Sie die Ursachen und darauf aufbauend die Folgen, die aus dem Problem resultieren. In einem abschließenden (Schwerpunkt-) Kapitel diskutieren Sie mögliche Lösungsansätze.

Beispiel:

Ihr Thema lautet „Umweltverschmutzung durch Heißgetränkekapseln". Zunächst nennen Sie belastbare Zahlen, inwiefern Kaffee- und Teekapseln zur Umweltverschmutzung beitragen. Anschließend nennen Sie Gründe für den Kapsel-Boom der letzten Jahre und weshalb das für die Umwelt schädlich ist. Im Anschluss daran stellen Sie Lösungsmöglichkeiten vor (umweltfreundlichere Kapseln, stärkere Bewusstmachung der Umweltproblematik etc.).

Empirische Analyse

Wenn Sie etwas empirisch (?) erforschen wollen, also zum Beispiel einen **Versuch** anstellen, bietet sich folgende Vorgehensweise an: Nach der Einleitung folgt ein Kapitel zum theoretischen Hintergrund. Anschließend beschreiben Sie Ihren Versuchsaufbau, in einem weiteren Kapitel stellen Sie Ihre Ergebnisse vor. Diese diskutieren Sie daraufhin und fassen in einem Fazit die zentralen Erkenntnisse zusammen.

Beispiel:

Sie möchten erforschen, ob es einen Zusammenhang zwischen der durchschnittlichen Lebenszufriedenheit und dem Konsum von Schokolade gibt. Im Kapitel zum Hintergrund stellen Sie wichtige Studien zur internationalen Glücksforschung vor, problematisieren ggf. das Studiendesign, beschreiben und besprechen kritisch die angeblich beglückende Wirkung von Schokolade und stellen die zentrale Hypothese auf: „Schokolade macht zufriedener". Im dritten Kapitel beschreiben Sie, wie Sie bei Ihrer Untersuchung vorgegangen sind. Das darauffolgende Kapitel enthält Ihre Ergebnisse und Erklärungsansätze, warum Sie (k)einen Zusammenhang zwischen Schokokonsum und Zufriedenheit feststellen konnten. In einem Fazit ziehen Sie Bilanz.

Abwägung zwischen Optionen

In manchen Fällen kann eine wissenschaftliche Arbeit auch argumentativ aufgebaut sein, das heißt: Sie wägen zwischen verschiedenen Positionen oder Möglichkeiten ab. Dann entsprechen Ihre Kapitel den einzelnen **Argumenten**.[81] Falls Sie zu viele kleinteilige Vorschläge diskutieren, gruppieren Sie die einzelnen Aspekte und diskutieren sie unter einer übergeordneten Überschrift. In einem Fazit ziehen Sie Bilanz.

Beispiel:

Sie möchten erörtern, ob die Gasgewinnungsmethode „Fracking" sinnvoll oder nicht sinnvoll ist. Sie gliedern dazu Ihre Arbeit in 4 Kapitel: 1. Einleitung, 2. Argumente für Fracking, 3. Argumente gegen Fracking, 4. Fazit. Kapitel 2 und 3 sind wiederum untergliedert in einzelne Argumente.

Schluss

Im Fazit **fassen** Sie Ihre zentralen Erkenntnisse **prägnant zusammen**. **Beantworten** Sie außerdem Ihre **Forschungsfrage**, die Sie in der Einleitung aufgeworfen haben. Geben Sie an, inwieweit Ihre Arbeit **verallgemeinerbar** ist: Wenn Sie zum Beispiel eine Befragung von 20 Versuchspersonen auswerten, können Sie die Schlussfolgerungen nicht auf die gesamte Bevölkerung übertragen. Halten Sie stattdessen fest, dass es sich um eine Stichprobe handelt. Weisen Sie darauf hin, wenn zu speziellen Teilfragen weitere Forschungsarbeiten wünschenswert wären (**Desiderata** (?)). Schließen Sie die Arbeit mit einem griffen **Schlusssatz** ab, z. B. mit einem Zitat, einer prägnanten Zusammenfassung oder einer Sentenz.

Den roten Faden erkennen

Sie können natürlich auch eine ganz individuelle Gliederung erstellen, die keinem der vorgestellten Muster folgt. Wichtig ist vor allem, dass ein roter Faden erkennbar wird. Sprechen Sie mit Kommilitonen, Ihrer Betreuungsperson, aber auch Fachfremden über Ihre Gliederung und bitten Sie um **Feedback**. Können andere Ihren Aufbau nachvollziehen?

---

[81] Vgl. Pospiech 2017, S. 128.

Alternativ (oder auch als zusätzliche Maßnahme) schreiben Sie Ihre Gliederung auf ein Blatt und notieren zwischen den einzelnen Überschriften, inwiefern es einen **Zusammenhang** zu dem nächsten Kapitel/Unterkapitel gibt. Wenn Ihnen an einer Stelle kein sinnvoller Satz dazu einfällt, sollten Sie überlegen, ob Sie Ihre Gliederung an dieser Stelle umstellen sollten.

Sie können auch ein Schaubild Ihrer Gliederung anfertigen, in dem die einzelnen Kapitel zueinander in Beziehung gesetzt sind. Spiegelt Ihre Gliederung das Schaubild wider – und umgekehrt?

Beispiel:

Sie analysieren das Social-Media-Marketing der Firma ABC. Sie untersuchen dazu die Werbemaßnahmen bei Instagram, YouTube und X unter bestimmten Gesichtspunkten.

Ihre Gliederung sieht die drei Punkte als jeweils eigenständige Kapitel vor, die wiederum in die Unterkapitel „Zielgruppendefinition", „Gestaltung der Werbemaßnahme", „Kosten" und „Reichweite/Nutzen" aufgeteilt sind. Sie gestalten daher folgendes Schaubild, das Ihnen passend erscheint. Die Gliederung ist logisch aufgebaut.

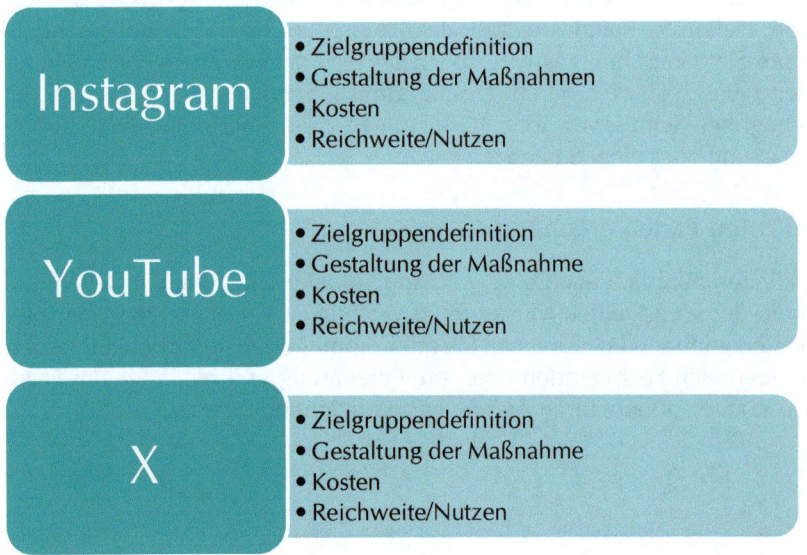

Übersicht: Aufbaumuster[82]

Art des Themas	Mögliche Gliederung
Sachverhalte A und B vergleichen (Blockgliederung)	Erst A, dann B, dann Vergleichskapitel
Sachverhalte A und B vergleichen (alternierende Gliederung)	Erst A_1, dann B_1, dann Vergleich, dann A_2, B_2 und wieder Vergleich usw. Am Ende allgemeiner Vergleich
Ein Sachverhalt, der sich verändert	Chronologisch vorgehen
Großer Block aus ähnlichen Einzelteilen	Einzelteilen je ein Kapitel widmen; Kapitel untereinander gleich aufbauen
Großer Block aus verschiedenen Einzelteilen	Einzelteilen je ein Kapitel widmen; Kapitelaufbau kann unterschiedlich sein
Problem analysieren	Problem definieren und beschreiben, Ursachen benennen, Folgen benennen, Lösungen diskutieren
Empirische (?) Untersuchung	Theoretische Grundlagen darstellen, Versuchsaufbau beschreiben, Ergebnisse vorstellen und diskutieren, Fazit ziehen
Abwägen zwischen Optionen	Pro Option(engruppe) ein Kapitel, abschließendes Fazit

Tab. 7: Übersicht möglicher Aufbaumuster
(Eigene Darstellung)

---

[82] Siehe hierzu auch Pospiech 2017, S. 126 ff.

SOS-Tipps „Gliederung"

Do:

- Lassen Sie sich von Kommilitoninnen und/oder Freunden zu Ihrer Gliederung **ausfragen**: Warum gerade diese Reihenfolge? Was gehört zu diesem Kapitel? Wenn Sie Ihre Begründungen in Worte fassen müssen, wird Ihnen schnell klar, wo noch Verbesserungsbedarf besteht.[83]

- Machen Sie sich beim Gliedern immer wieder bewusst, wie Ihre **Forschungsfrage** lautet. Überlegen Sie dann, inwiefern die einzelnen Kapitel dazu beitragen, die Forschungsfrage zu beantworten. So behalten Sie den Überblick.

- Haben Sie einen Aufsatz oder ein Buch gelesen, dessen Gliederung Ihnen sinnvoll erscheint? Dann überlegen Sie, welche Aspekte Sie davon **übernehmen** könnten und weshalb Sie diese Einteilung überzeugt.

Don't:

- Versuchen Sie nicht, durch eine besonders **kreative Gliederung** zu punkten. Denn auch wenn Sie noch so viele Hintergedanken beim Gliedern hatten: Wenn Ihre Prüfungspersonen nicht verstehen, weshalb Sie eine scheinbar chaotische Gliederung gewählt haben, gibt es Punktabzug.

  Fertigen Sie keinesfalls ein **Inhaltsverzeichnis manuell** an, sondern nutzen Sie dazu die automatische Inhaltsverzeichnis-Funktion, die die gängigen Textverarbeitungsprogramme anbieten.

---

[83] Vgl. Mayer 2015, S. 15.

11 Experteninterviews

??? *Sollte ich diese Methode einsetzen?*
Wie kann ich mich darauf vorbereiten?
Was muss ich beim Gespräch beachten?
Wie werte ich die Interviews aus?

Schnell und unkompliziert?

Gelegentlich wählen Studierende das Experteninterview deshalb als Methode, weil sie **möglichst schnell und unkompliziert** viele Fakten präsentiert bekommen möchten, ohne sich durch Berge an Literatur wühlen zu müssen.[84] Dabei unterschätzen sie die Menge an **Vor- und Nacharbeit**, die mit einem Interview einhergeht. Um die Literaturrecherche kommt man ohnehin nicht herum, denn den Forschungsstand zum Thema muss man auf jeden Fall berücksichtigen.

Außerdem gehören die Auswahl geeigneter Fachleute und die Kontaktaufnahme, das Erstellen eines Interviewleitfadens, das Transkribieren (?) und Interpretieren ebenso zu einem Experteninterview wie das Gespräch selbst. Das sollten Sie bedenken, bevor Sie sich für diese Methode entscheiden. Zudem muss die Methode **zu Ihrer Forschungsfrage passen**.[85]

Falls Sie sich dafür entscheiden, Experteninterviews durchzuführen, sollten Sie sich genau überlegen, welche Art von Informationen Sie sich davon erhoffen. Sie sollten sich nicht (nur) nach Fakten erkundigen, die Sie auch in Büchern oder im Internet nachschlagen könnten. Stattdessen sollten Sie Experteninterviews nutzen, um **Interpretationen** (Deutungswissen) und **Informationen über Abläufe** (Prozesswissen/Kontextwissen) zu erhalten, die Sie nicht in der Sekundärliteratur (?) nachschlagen können.

---

[84] Vgl. Bogner/Littig/Menz 2014, S. 2.
[85] Vgl. Kaiser 2021, S. 50.

Die Grenzen zwischen „harten Fakten" und eigenen Interpretationen sind fließend. Halten Sie sich daher stets vor Augen, dass Ihr Gesprächspartner Ihnen seine Sicht der Dinge darlegt.[86]

Beispiel:

Wenn Sie über die Abwertung von Währungen als finanzpolitisches Stabilisierungsmittel schreiben, wird Ihnen ein Experteninterview kaum Mehrwert bringen. Denn in diesem Bereich geht es vornehmlich um nüchterne Informationen, die Sie problemlos nachlesen können. Wenn Sie hingegen über den Stellenwert alternativer Antriebsmodelle bei deutschen Kraftfahrzeugherstellern schreiben, können Ihnen Fachleute sicherlich interessante Einblicke in die internen Prozesse und Projekte geben.

Überlegen Sie sich auch, ob Sie Ihre Informationen nur aus Gesprächen mit Fachleuten ziehen möchten, oder ob Sie die Experteninterviews als **ergänzende Informationsquelle** nutzen möchten.

Wie gehe ich bei einem Experteninterview vor?

- Inhaltliches Auseinandersetzen mit dem Thema
- Recherche möglicher Gesprächspartnerinnen und Auswahl (Sampling)
- Kontaktaufnahme
- Erstellen eines Interviewleitfadens
- Interview
- Transkription (?)
- Auswertung/Interpretation

---

[86] Vgl. Bogner/Littig/Menz 2014, S. 18 – 21. Das gilt aber natürlich auch für geschriebene Texte.

Die passenden Ansprechpartner

Wie finde ich Fachleute?

Als Experte gilt jemand, der Spezialwissen zu einem Thema hat.[87] Natürlich ist niemand von Natur aus Experte – vielmehr handelt es sich um eine Zuschreibung von außen, die an eine Funktion oder eine berufliche Rolle gebunden ist.[88]

Da Ihre Zeit begrenzt ist, müssen Sie aus einer Menge potenzieller Expertinnen eine geeignete und wohlbegründete Auswahl treffen. Dabei sollten Sie darauf achten, dass auch **unterschiedliche Ansichten** oder Positionen vertreten sind. Dementsprechend sollten Sie sich gut in das Thema einarbeiten, um überhaupt zu erkennen, wer die **relevanten Akteure** sind.

Um aus der Vielzahl der Fachleute geeignete Personen auszuwählen, können Ihnen die folgenden Fragen weiterhelfen:

 Institutionen

Welche Institutionen werden immer wieder in der Literatur genannt? Könnten Sie eine Fachkraft der mittleren Hierarchie-Ebene oder einen ehemaligen (pensionierten) Mitarbeiter als Gesprächspartner gewinnen?[89]

 Einzelpersonen

Welche Menschen werden in der Literatur immer wieder als Fachleute bezeichnet? Besteht die Möglichkeit, diese zu kontaktieren?

---

[87] Vgl. Bogner/Littig/Menz 2014, S. 9.
[88] Vgl. ebenda, S. 11 f.; Gläser/Laudel 2010, S. 117.
[89] Kaiser argumentiert, dass Vertreter der Leitungsebene für ein Experteninterview weniger geeignet sind, da sie eher mit Koordination und Lenkung als mit dem Alltagsgeschäft vertraut sind. Ehemalige Mitarbeiterinnen sind ebenfalls empfehlenswerte Gesprächspartnerinnen, da sie meist ungezwungener über Interna sprechen können als aktive Beschäftigte. (Vgl. Kaiser 2021, S. 132).

Verschiedene Standpunkte

Gibt es verschiedene Konfliktparteien oder Akteursgruppen, die eventuell gegensätzliche Positionen vertreten? Könnten Sie von jeder Partei einen Vertreter um ein Gespräch bitten?

 „Vitamin B"

Kennen Sie jemanden, der sich in Ihrem Thema auskennt und Ihnen Tipps geben kann, der vielleicht sogar **Kontakte zu Expertinnen** hat (z. B. Ihr Gutachter)?

 Empfehlung

Hat Ihnen eine Expertin eine andere **empfohlen**? Wenn die empfohlene Person wichtige Informationen ergänzen kann, kontaktieren Sie sie. Fragen Sie auch dezidiert im Anschluss an Ihre Gespräche nach weiteren Empfehlungen.

Sobald Sie einen Pool möglicher Gesprächspartner gefunden haben, müssen Sie sie kontaktieren und zu einem Gespräch überreden. Das kostet viele Studis Überwindung.

Wie kontaktiere ich die Fachleute?

Jedes Kommunikationsmedium hat seine Vor- und Nachteile: E-Mails oder schriftliche Nachrichten in Xing oder LinkedIn sind für viele besonders angenehm, denn sie können gut vorbereitet werden, stellen keinen großen Aufwand dar und erreichen die Zielperson zeitnah. Der Nachteil besteht allerdings (gerade bei E-Mails) darin, dass der Empfänger sie eventuell gar nicht erst liest, sondern gleich löscht.

Telefonate sind eine unmittelbare Kommunikationsform: Die Angerufene muss sich Ihr Anliegen zumindest anhören. Doch das bedeutet auch für Sie eine Menge Unwägbarkeiten und eine Portion Spontanität. Die Angerufene könnte sich zudem überrumpelt fühlen und instinktiv ablehnen.

Die Chancen, dass der Adressat einen Brief liest, sind möglicherweise größer als bei einer E-Mail. Doch der Prozess vom Schreiben bis zu einer möglichen Antwort dauert deutlich länger als bei den anderen Kontaktmedien.[90] Letztlich sollten Sie die Variante wählen, mit der Sie sich am wohlsten fühlen.

In der Praxis erweist es sich oft als hilfreich, kurz anzurufen und die Eckdaten nur anzureißen, um anschließend eine E-Mail mit weiteren Infos zu schicken. So wird Ihr Anliegen auf jeden Fall registriert, und die Angerufenen sagen nicht aus reiner Überrumpelung ab.

Was soll ich bei der Kontaktaufnahme sagen?

Auf jeden Fall sollten Sie sich kurz vorstellen und erklären, welches **Thema** Sie bearbeiten. Betonen Sie, weshalb Ihre Arbeit **bedeutsam** ist (z. B., weil es auf diesem Feld sonst nicht viele Studien gibt oder weil Ihre Hochschule oder Ihre Gutachterinnen einen guten Ruf genießen) und wie **wichtig das Interview mit dem Gegenüber für das Gelingen** Ihrer Arbeit ist.

Seien Sie bei der Terminfestlegung möglichst **flexibel**. Auch das erhöht Ihre Chancen, dass es tatsächlich zu einem Gespräch kommt. Möglicherweise sind die Experten an den Ergebnissen Ihrer Arbeit oder an anderen verwertbaren Informationen interessiert. **Ködern Sie sie**, indem Sie ihnen Zugang zu Ihren Ergebnissen anbieten. Veranschlagen Sie ein Gespräch von etwa **45 Minuten** (das sich dann gerne ausdehnen kann). Wenn Sie gleich um ein zweistündiges Interview bitten, schreckt das Ihr Gegenüber möglicherweise ab. Bei Bedarf können Sie das Gespräch auch **telefonisch**, per Zoom, Teams, Skype o. Ä. führen, wenn ein persönliches Meeting nicht zustande kommt.[91]

Der Interviewleitfaden

Was ist das?

Der Interviewleitfaden ist ein grundlegendes Element eines Experteninterviews. Darin sind Ihre **Fragen** nach Themenblöcken gegliedert, sinnvoll **strukturiert** und in Haupt- und Nebenfragen eingeteilt. Somit ist er „das Instrument der Datenerhebung, aber […] auch das Ergebnis einer Übersetzung unseres Forschungsproblems und unserer theoretischen Annahmen in konkrete Interviewfragen".[92]

---

[90] Vgl. Kaiser 2021, S. 77 f.
[91] Zu den Nachteilen eines Telefoninterviews siehe Bogner/Littig/Menz 2014, S. 39.
[92] Kaiser 2021, S. 52.

Ihr Leitfaden sollte möglichst **übersichtlich** gestaltet sein, damit Sie beim Nachschauen schnell einen Überblick darüber bekommen, wo Sie gerade sind und was Ihnen noch fehlt.[93]

Ob Sie die Fragen wörtlich oder nur sinngemäß aufschreiben, bleibt Ihnen überlassen. Sie können sich ebenfalls überlegen, ob Sie Überleitungen von einem Themenkomplex zum nächsten vorschreiben wollen, oder ob Sie diese spontan im Gespräch finden.

Wie erstelle ich einen Leitfaden?

- Sie möchten Informationen bekommen, die Ihnen dabei helfen, Ihr Thema aufzuarbeiten. Dazu sammeln Sie **Forschungsfragen**.

- Sie **strukturieren** Ihre Überlegungen und kommen dadurch zu einem Fragenkatalog.

- Sie prüfen, ob Sie manche Informationen auch über geeignetere Kanäle (Fachliteratur, Unternehmenswebsites) erhalten können.

- Sie ordnen die Forschungsfragen in größere **Themenblöcke** ein. Jeder Block erhält Leitfragen und Oberbegriffe.

- Sie formulieren Ihre Forschungsfragen zu **Interviewfragen** um. (Beispiel für eine Forschungsfrage: „Welchen Einfluss hat die Pharmalobby auf die deutsche Gesetzgebung?" Beispiel für eine Interviewfrage: „Haben Sie Erfahrungen mit Pharmalobbyismus gemacht?" Oder: „Können Sie schildern, wie Interessenverband X im letzten Jahr Lobbyarbeit betrieben hat?").

- Sie differenzieren Ihre Interviewfragen: Welches sind die **Leitfragen**, welche eignen sich als **untergeordnete Fragen**? Oft ist es ratsam, bei jedem Themenblock mit dem Allgemeinen zu beginnen und zum Speziellen überzugehen.[94]

---

[93] Bogner, Littig und Menz meinen, ein typischer Leitfaden für ein ein- bis zweistündiges Interview enthalte etwa drei bis acht Themenblöcke. (Vgl. Bogner/Littig/Menz 2014, S. 28 f.).
[94] Vgl. Kaiser 2021, S. 53.

- **Pre-Test:** Wenn möglich, sollten Sie Ihren Fragebogen in einem Übungsgespräch testen. Laien kommen als Gesprächspartner kaum infrage, da das Interview nicht authentisch sein kann.[95] Wählen Sie daher einen Experten aus, von dem Sie sich nicht so viel versprechen. Denn bei diesem ersten Versuch können Sie prüfen, ob Ihre Fragen logisch geordnet sind, wo noch etwas fehlt, ob Ihre Zeitplanung realistisch ist und wie das Gegenüber auf Ihre Fragen reagiert. Falls etwas schiefgeht, können Sie den Leitfaden noch einmal überarbeiten.

Der Gesprächsverlauf gestaltet sich oft anders als gedacht. Es ergeben sich unerwartete Fragen, andere erledigen sich von selbst. Es ist eine gewisse **Gratwanderung**, das Gespräch **natürlich** fließen zu lassen, ohne dass es **chaotisch** und unstrukturiert wird. Wenn sich ein guter Gesprächsfluss einstellt, der in der Reihenfolge ein wenig von Ihrem Leitfaden abweicht, sollten Sie nicht zu stark eingreifen, sondern flexibel sein, um die vorgesehene Reihenfolge zu verändern.

Soll ich der Expertin den Leitfaden vorher zuschicken?

Das kommt darauf an, was Sie sich von dem Interview versprechen: Wenn Sie im Interview primär **Deutungen** erfragen möchten, sollten Sie den Fragebogen **nicht im Vorhinein** an den Interviewpartner schicken, schließlich möchten Sie eine authentische, spontane Antwort.

Wenn Sie vornehmlich an **Fakten oder Informationen über Prozesse und interne Abläufe** interessiert sind, sollten Sie der Expertin die Möglichkeit geben, sich auf das Gespräch **vorzubereiten**. Wenn sie weiß, worauf Sie abzielen, kann sie Ihnen besser Auskunft geben. Falls diejenige Sie um den Leitfaden **bittet**, sollten Sie ihr den Gefallen tun, sonst schüren Sie womöglich Misstrauen.[96]

---

[95] Vgl. Kaiser 2021, S. 69 f.
[96] Vgl. Bogner/Littig/Menz 2014, S. 30.

Das Gespräch

Hemmungen?

Sie sind im Zweifelsfall (deutlich) jünger als Ihr Gesprächspartner, verfügen über geringeres Wissen und stehen noch am Anfang Ihrer Karriere. Das sorgt natürlich für Unsicherheit. Vielleicht fragen Sie sich: „Wie soll ich als Beinahe-Laie einer gestandenen Expertin gegenübertreten?" Dabei besteht **kein Grund zur Sorge**.

Nicht immer steckt reine Selbstlosigkeit hinter der Zusage zu einem Interview: Oft freuen sich die Experten, dass ihre **persönliche Meinung zählt**. Sie berichten von Problemen aus dem Alltag oder nutzen die Gelegenheit zur Selbstdarstellung. Manche Experten interessieren sich wiederum für Ihre Erhebungen und profitieren davon, dass Sie ihnen **Ihre Arbeit zur Verfügung stellen**. Doch selbst wenn die Befragten nur aus Höflichkeit zustimmen, haben sie sich freiwillig dazu bereit erklärt und stehen Ihnen wohlgesinnt gegenüber. Jemand, der absolut keine Lust auf ein solches Gespräch hat, wird es Ihnen auch nicht gewähren.

Seien Sie freundlich, danken Sie dem Befragten für seinen Einsatz und vermeiden Sie es, ihn in peinliche Situationen zu bringen oder zu verunsichern. Es kann Ihnen bei der Expertenauswahl helfen, jemanden auszuwählen, der relativ jung ist und nicht auf der höchsten Hierarchiestufe eines Unternehmens oder einer Institution angesiedelt ist; denn meist gilt: Je größer die Statusunterschiede, desto größer die Hemmungen des Statusniedrigeren.

An einem überspitzten Beispiel möchten wir Ihnen demonstrieren, was Sie nicht tun sollten:

> *Ihr Thema lautet „Marktforschung". Was Sie genau untersuchen wollen, wissen Sie noch nicht. Dafür googeln Sie schnell mal nach „Marktforscher" und schicken dem Ersten auf der Trefferliste eine E-Mail mit der Bitte um ein Experteninterview. Derjenige sagt zu. Zu dem Treffen erscheinen Sie unvorbereitet und ein bisschen zu spät. Ihre Schreibutensilien haben Sie zu Hause vergessen. Das fleckige Sweatshirt von vorgestern, fanden Sie, sah noch okay aus. Den Schokofleck am Ärmel sieht man ohnehin nur bei genauerem Hinsehen. Das Gespräch beginnen Sie mit der Frage „Na, Herr ähhhm ... dann erzählen Sie mal was über Marktforschung. Was läuft denn da so?" Der Experte schaut irritiert und fragt, was Sie denn bereits zum Thema gelesen haben. Gelassen antworten Sie: „Nichts."*

Natürlich ist das übertrieben, aber Sie können daran hoffentlich erkennen, dass die besten Voraussetzungen für ein konstruktives und gutes Gespräch vollkommen selbstverständlich sind.

 Person: bekannt!

Sie haben die **Expertin mit Bedacht ausgewählt** und wissen in etwa, was sie tut (Name, Unternehmen, evtl. Veröffentlichungen zu Ihrem Thema).

 Knigge-Basics

Sie sind **pünktlich**, **höflich** und haben die notwendigen **Unterlagen** dabei (am besten auch einen Personalausweis und einen Nachweis Ihrer Kommunikation, also z. B. ausgedruckte E-Mails oder einen Brief).

 Struktur hilft

Mit Ihrem Interviewleitfaden haben Sie ein **Konzept**, an dem Sie sich entlanghangeln können. Unkontrolliertes Hin- und Herspringen zwischen diversen Themengebieten wirkt hingegen unprofessionell.

 Sanfte Steuerung

Wenn die Expertin zu weit ausholt, gebieten Sie ihr auf **freundliche** Weise **Einhalt**, indem Sie beispielsweise sagen „Schön, dass Sie X ansprechen. Darauf möchte ich später gerne zurückkommen. Vorerst würde ich aber gerne bei dem Thema … bleiben."

 Souveräne Fragen

Wenn Sie etwas nicht verstehen, **fragen Sie souverän** nach: „Würden Sie das näher ausführen?" oder „Damit wir uns nicht missverstehen: Was genau verstehen Sie unter X?" Unglücklich wäre hingegen die Frage: „Wovon reden Sie denn überhaupt? Ich verstehe gar nichts mehr!"

 Selbstbewusstsein

Auch Sie haben sich in das Thema eingearbeitet. Das können Sie in Ihrer Gesprächsführung demonstrieren, indem Sie beispielsweise sagen: „Ich finde die These von Autorin X interessant. Wie beurteilen Sie das?"

Interesse zeigen

Sie **fragen viel, reagieren auf das Gesagte** und steuern dadurch den Gesprächsablauf, denn so signalisieren Sie Interesse an Ihrem Gegenüber und an dem Gespräch. Das wiederum motiviert den Experten, der sich wertgeschätzt fühlt.

Wie steige ich in ein Gespräch ein?

Der Gesprächseinstieg ist für den weiteren Verlauf des Treffens sehr wichtig. Auch wenn der Beginn eines Experteninterviews inhaltlich (noch) nicht allzu ergiebig ist, bereiten Sie damit den Boden für die **Gesprächsatmosphäre**. Wenn Sie gleich nach der Begrüßung mit der Tür ins Haus fallen und den Experten mit Fragen bombardieren, fühlt er sich möglicherweise unwohl und wird einsilbig. Geben Sie sich und Ihrem Gegenüber die Möglichkeit, sich aufeinander einzustellen, eine gute Gesprächsatmosphäre zu schaffen und sich in die Situation einzufinden. Das erreichen Sie, indem Sie sich zunächst für die Gesprächsbereitschaft **bedanken** (stellt eine positive Beziehungsebene her) und **sich sowie Ihr Projekt** nochmals **vorstellen**.

Dadurch kann der Experte abschätzen, auf welchem Kenntnisstand Sie sind und Sie beide „kommen besser in das Gespräch hinein". Sie haben den entscheidenden Vorteil, dass Sie diesen Teil **gut vorbereiten können**. Fragen Sie auch nochmals nach, wie viel Zeit der Interviewte tatsächlich hat; oft ist es mehr, als ursprünglich angegeben.

Wenn Sie besonders auf spezielle Antworttypen (z. B. subjektive Deutungen) abzielen, sollten Sie das ebenfalls gleich zu Beginn klären. Bitten Sie außerdem um die **Erlaubnis**, das Gespräch **aufzuzeichnen** und sichern Sie – falls gewünscht – **Anonymität** bei der Auswertung zu.[97] Wenn Sie dann in den eigentlichen Inhalt einsteigen, können Sie eine **leichte Anfangsfrage** wählen, die der Auflockerung und Einstimmung dient und den Experten zum Reden bringt.[98]

---

[97] Vgl. Bogner/Littig/Menz 2014, S. 59 f.
[98] Vgl. ebenda, S. 61.

Wie steuere ich den Gesprächsablauf?

Ein Wesensmarkmal des Interviews ist die **Spontanität**. Natürlich können Sie das Gespräch gut vorbereiten, doch letztlich kann die Interaktion anders verlaufen, als Sie sich das vorgestellt haben – im Positiven wie im Negativen. Grundsätzlich hilft es sehr, wenn Sie über das besprochene Thema gut Bescheid wissen, denn so können Sie viel intensiver mit der Expertin diskutieren.

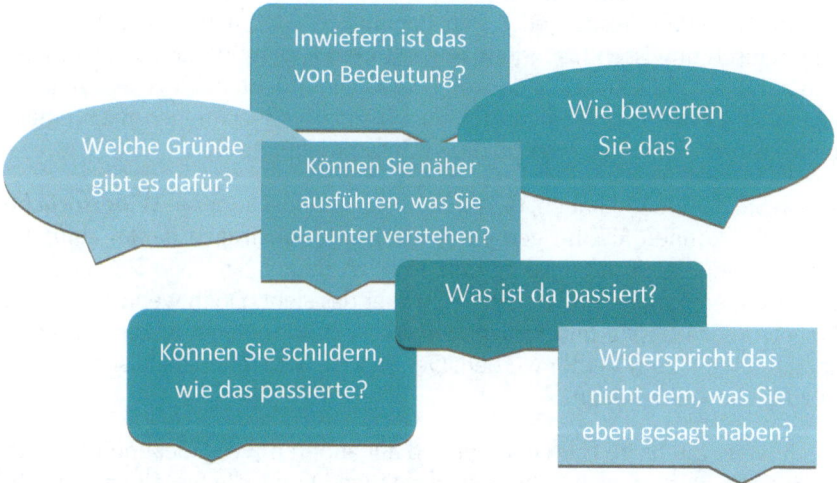

Abb. 21: Beispielfragen (Eigene Darstellung)

Indem Sie **unterschiedliche Frageformen** einsetzen, können Sie die Expertin dazu anregen, ausführlich zu erzählen oder knapp zu antworten, zu bewerten oder Fakten zu präsentieren. Je nach Art der erwünschten Information sollten Sie Ihre Frage formulieren. Beispiele finden Sie in Tabelle 7.

Animieren Sie die Expertin zu ausführlichen **(subjektiven) Schilderungen**, indem Sie „erzählungsgenerierende Fragen"[99] stellen. Besonders zu Beginn des Gesprächs und jedes Themenblocks sind solche Fragen geeignet, um das Eis zu brechen.

---

[99] Bogner/Littig/Menz 2014, S. 62. Dort findet sich auch eine differenziertere Auflistung verschiedener Fragetypen.

Doch je unspezifischer Sie die Frage formulieren, umso leichter kann Ihr Gegenüber abschweifen, und Sie verlieren die Kontrolle über den Gesprächsablauf. Nutzen Sie diesen Fragetypus also mit Bedacht.

Um **Einschätzungen** zu einem **konkreten Sachverhalt** zu erfragen, stellen Sie **Bewertungsfragen**. Diese lassen klar erkennen, dass Sie eine subjektive Stellungnahme erwarten.

Wenn Sie etwas **nicht (genau) verstehen** oder eine Aussage konkretisieren möchten, sollten Sie auf jeden Fall nachhaken. Dadurch wirken Sie nicht automatisch unwissend, sondern zeigen Ihrem Gegenüber, dass Sie ihm genau zuhören und seinem Gedankengang folgen möchten. Die Frage „Hä???" eignet sich allerdings weniger gut als ein präzises Nachfragen nach einem unbekannten Ausdruck oder unklaren Zusammenhang. ☺

Wenn Sie das Gefühl haben, dass sich Ihr Gesprächspartner in **Widersprüche** verstrickt, können Sie ihn gerne mit **Konfrontationsfragen** darauf aufmerksam machen. Weisen Sie ruhig und sachlich darauf hin, dass Sie etwas als unlogisch empfinden und fragen Sie, wie er das sieht. Doch wenn Sie diesen Fragetypus zu häufig und in aggressivem Tonfall anwenden, kann das Gespräch schnell zum Verhör werden. Der Experte wird Ihnen dann sicher nicht allzu gerne weiterhelfen.

Auch wenn Sie **harte Fakten** am besten auf anderem Weg (Sekundärliteratur [?]) in Erfahrung bringen, gibt es sicher einige Dinge, die Sie nirgends nachlesen können, wie beispielsweise personenbezogene Daten, die Ihnen nur Ihre Gesprächspartnerin beantworten kann. Wenn Sie die Expertin dazu befragen, empfiehlt es sich, diese **Faktenfragen** an das Ende des Gesprächs zu stellen und diesen Themenblock anzukündigen (z. B.: „Abschließend möchte ich Sie noch um ein paar (statistische) Fakten bitten.").[100]

---

[100] Vgl. Bogner/Littig/Menz 2014, S. 68.

Fragetyp	Beispiele
Einstiegsfrage	Würden Sie Ihre Position und Ihre Aufgaben im Unternehmen beschreiben?
	Ich habe gelesen ... – wie stehen Sie generell dazu?
Erzählungsgenerierende Fragen	Würden Sie schildern/berichten ...?
	Was ist da passiert?
	Welche Erfahrungen haben Sie damit gemacht?
Bewertungsfragen	Was halten Sie von ...?
	Wie beurteilen/bewerten Sie ...?
Verständnisfragen	Was verstehen Sie genau darunter?
	Würden Sie das genauer erklären?
	Können Sie ein konkretes Beispiel dafür geben?
	Können Sie mir den Zusammenhang näher erläutern?
Begründungsfragen	Welche Gründe gab es für ...?
	Weshalb ...?
	Was waren die Motive für ...?
Konfrontationsfragen	Ist das nicht ein Widerspruch zu ...?
	Wie passt diese Aussage zu ...?
Faktenfragen	Wie viel ...?
	Wann passierte ...?
	Was ist ...?

Tab. 8: Experteninterview – Fragetypen und Beispiele (Eigene Darstellung)

Überleitungen

Sie können den Übergang von einem Gesprächsthema zu einem anderen dadurch erleichtern, dass Sie beispielsweise an bereits Erwähntes **anknüpfen** („Wie Sie vorhin sagten …"; „Ich würde nun gerne ausführlicher auf … zu sprechen kommen.").

Alternativ können Sie explizit darauf hinweisen, dass Sie nun zu einem **neuen Themenblock** übergehen möchten. Beginnen Sie wiederum mit einer erzählungsgenerierenden Frage, um anschließend vom Allgemeinen ins Detail zu gehen.

Wie beende ich das Gespräch?

Erkundigen Sie sich abschließend, ob aus Sicht Ihres Interviewpartners **alle relevanten Aspekte behandelt** wurden, oder ob er noch etwas ergänzen möchte. Das bietet nicht nur eine gute Möglichkeit zum Gesprächsausstieg, sondern kann tatsächlich noch weitere Informationen liefern. Bitten Sie ihn darum, nochmals **nachfragen** zu dürfen, wenn sich weitere Unklarheiten ergeben.[101] Falls Sie dem Experten Ihre Thesis bzw. Seminararbeit zur Verfügung stellen möchten, kündigen Sie an, wann er sie in etwa bekommen wird.

Protokollierung

Wie schreibe ich das auf?

Es ist sehr ratsam, Experteninterviews mit einem **Aufzeichnungsgerät** (z. B. MP3-Rekorder oder eine entsprechende Smartphone-App) aufzunehmen und sich nur dann aufs Mitschreiben zu verlegen, wenn Ihr Gesprächspartner eine Aufnahme ablehnt. Denn sonst sind Sie zu stark aufs Protokollieren konzentriert, um einen intensiven und konstruktiven Dialog zu führen.

Ihre Aufzeichnung müssen Sie anschließend in eine schriftliche Form bringen. In aller Regel geschieht das in Form eines **Transkripts** (?). Dabei notieren Sie die Fragen und die Antworten wörtlich. Laut Bogner, Littig und Menz sollten Sie „Sprechsprache" auch als solche transkribieren.

---

[101] Vgl. Kaiser 2021, S. 66 f.

11 Experteninterviews

Das heißt: Schreiben Sie auch auf, wenn Ihr Interviewpartner Satzbau- oder Grammatikfehler macht, Sätze abbricht oder Dialektausdrücke verwendet.[102] Doch Sie müssen definitiv nicht lautmalerisch aufschrieben, wie derjenige die Wörter ausspricht. Transkribieren Sie also ruhig „nicht", auch wenn ihr Gegenüber „nich'" sagt. Füllwörter ohne Inhalt – wie „Äh" oder „Hmm" – müssen Sie auch nicht notieren. Vermerken Sie aber beispielsweise, wenn Ihr Gesprächspartner etwas mit einem Lachen sagt, oder wenn er lange zögert, bevor er weiterspricht.

Wie werte ich das aus?

Die meisten Ratgeber empfehlen, anhand des Transkripts eine **qualitative Inhaltsanalyse** (?) durchzuführen.[103] Dabei gehen Sie folgendermaßen vor:

1. Zuerst überlegen Sie sich, **welche Gesprächspassagen** Sie **auswerten** wollen. Denn nicht alle Teile des Interviews enthalten relevante Aussagen. Die eindeutig irrelevanten Passagen (z. B. Begrüßung) können Sie außen vor lassen.

2. In einem zweiten Schritt entwickeln Sie ein **Kategoriensystem** (welche gibt es und wie hängen sie zusammen?). Dabei können Sie auf fertige Modelle zurückgreifen oder eigene Kategorien entwickeln.

3. Dann machen Sie sich an die eigentliche Interpretationsarbeit, indem Sie die **Texte auseinandernehmen** und einzelne Passagen den entsprechenden **Kategorien zuordnen**.

4. Anschließend fassen Sie die **Informationen aus verschiedenen Interviews** zusammen, die zu den gleichen Kategorien gehören. Entfernen Sie Wiederholungen. Falls Sie **offenkundige Fehler** entdecken (z. B. eine falsche Zahl), **korrigieren** Sie diese.

5. Am Ende **beantworten** Sie Ihre **Forschungsfrage** mithilfe der ausgewerteten Daten.

---

[102] Vgl. Bogner/Littig/Menz 2014, S. 42.
[103] Vgl. ebenda, S. 72 – 75; Gläser/Laudel 2010.

Wie muss ich das in der (Abschluss-)Arbeit formal umsetzen?

Wissenschaftliches Arbeiten bedeutet immer **intersubjektive Nachvollziehbarkeit**. Das heißt: Andere müssen genau verstehen können, was Sie tun und warum Sie zu Ihren Schlussfolgerungen kommen.

Für Sie bedeutet das, dass Sie erklären müssen,

- **warum** Sie diese **Methode** ausgewählt haben,

- **welche Art von Informationen** Sie von den Expertinnen erhalten haben (nachprüfbare Fakten oder Interpretationen),

- **welche Expertinnen** Sie **warum** ausgewählt haben und

- **welche Schlüsse** sich daraus **für die Verallgemeinerung** Ihrer Interpretation ergeben.

Es ist ebenfalls empfehlenswert, sowohl die Interviewleitfäden als auch die Transkripte **in den Anhang einzubinden**.[104] So kann Ihr Gutachter einzelne Passagen nachschlagen und überprüfen, wie sauber Sie bei der Auslegung gearbeitet haben.

---

[104] Vgl. Bogner/Littig/Menz 2014, S. 93 f.

SOS-Tipps „Experteninterviews"

Do:

- Prüfen Sie die **Qualität Ihres Aufzeichnungsgeräts** vor und direkt nach dem Gespräch. Das Interview muss gut hörbar sein.

- Notieren Sie direkt **nach dem Gespräch** die wichtigsten **Eckdaten**: Wie war die Atmosphäre? Wie hat die Expertin geantwortet: zögerlich, sicher, emotional, aggressiv, entspannt? Gab es lange Denkpausen? Was fiel Ihnen sonst auf? Diese Notizen können bei der Interpretation unter Umständen hilfreich sein. Vermerken Sie außerdem Ort und Dauer des Gesprächs.

- Wenn Sie die Aufzeichnung anhören: Notieren Sie bei **unverständlichen Passagen** die **Zeitmarke**, wo sich die Stelle innerhalb der Aufzeichnung befindet. So können Sie diese bei Bedarf nochmals anhören.

Don't:

- Sie müssen nicht unbedingt allen Interviewpartnern **die gleichen Fragen stellen**. Da Sie von Interview zu Interview mehr Informationen bekommen, sollten Sie das auch bei der Gestaltung Ihrer Leitfäden berücksichtigen.

- Fragen Sie nicht **zu Beginn** oder während eines Interviews **nach anderen Experten**, die Sie befragen könnten. Ihr Gesprächspartner könnte das als Desinteresse oder Kritik an seiner Person empfinden.

- **Vergessen Sie nicht:** Auch wenn Sie sich vielleicht nicht allzu wohl fühlen, kann ein Interview durchaus gelungen sein und umgekehrt. „Eine [...] als erfreulich empfundene Interviewsituation ist nicht gleichbedeutend mit einer methodisch empfehlenswerten."[105]

- Vermeiden Sie **Suggestivfragen** („Warum ist es wahr, dass ...?").

---

[105] Bogner/Littig/Menz 2014, S. 55.

12 Test: Welcher Schreibtyp bin ich?

> Alle Studierenden haben ihre ganz eigene Art, den Schreibprozess anzugehen. Machen Sie den Test: Finden Sie heraus, welcher Schreibtyp Sie sind und wie Sie Ihre Arbeitsweise verbessern können.

 1. Wie viele Aufsätze lesen Sie in etwa, bevor Sie anfangen, eine wissenschaftliche Arbeit zu schreiben?

a) Etwa drei bis sechs.

b) Ein bis zwei.

c) Mindestens sieben Aufsätze und das ein oder andere Buch.

 2. Welcher dieser Aussagen stimmen Sie am ehesten zu?

a) „Bevor ich anfange zu schreiben, muss ich die wichtigsten inhaltlichen Fragen geklärt haben."

b) „Beim Schreiben klären sich meine Gedanken."

c) „Ich möchte einen fundierten Überblick über die Forschungsliteratur haben, bevor ich anfangen kann zu schreiben."

 3. Auf welche Weise zitieren Sie?

a) Sie zitieren nur prägnante Aussagen, die in der Forschungsliteratur besonders herausstechen, direkt. Sonst belegen Sie Ihre Argumente regelmäßig durch indirekte Verweise.

b) Sie schreiben zunächst frei. In einem nächsten Schritt zitieren Sie die wichtigsten Punkte indirekt oder in Ausnahmefällen direkt.

c) Sie belegen die meisten Ihrer Aussagen. Dabei verweisen Sie auf Kontroversen in der Forschungsliteratur und ggf. auf Entwicklungen in den letzten Jahrzehnten.

4. Achten Sie beim ersten Textentwurf auf korrekte Formulierungen?

a) Ich beachte die Rechtschreibregeln und schreibe meist ganze Sätze, aber wenn mir auf Anhieb keine perfekte Formulierung einfällt, schreibe ich trotzdem weiter.

b) Nein, das kommt erst im nächsten Schritt.

c) Ja, immerhin soll der Text gut lesbar sein.

5. Haben Sie manchmal Angst, dass Ihre Arbeitszeit nicht ausreicht?

a) Manchmal schon, aber alles in allem ist der Zeitrahmen ausreichend.

b) Nein, ich kann mich auch nicht zu lange mit einem Thema beschäftigen.

c) Ja, oft weiß ich gar nicht, wohin meine Zeit verfliegt.

Werten Sie nun aus.

Haben Sie überwiegend Antwort a), b) oder c) angekreuzt?

Überwiegend a)

 Der Praxisschreiber

Sie versuchen, ein gesundes Mittelmaß zwischen Information und Schreibfluss zu finden und sind damit auf einem sehr guten Weg. Ihre Texte produzieren Sie mit einiger Sorgfalt, aber Sie wissen auch, dass kein Erstentwurf perfekt sein muss – den Feinschliff übernehmen Sie lieber in einem zweiten Schritt.

- Sie kommen recht schnell voran, sind aber auch gründlich.
- Sie können Ihre Zeit sinnvoll einteilen.
- Sie wissen in etwa, wie viel Literatur Sie in welcher Zeitspanne bearbeiten können.

 SOS-Tipps

Lassen Sie sich ein paar Tage Zeit, bevor Sie Ihren endgültigen Text überprüfen. Mit etwas zeitlichem Abstand erkennen Sie ungenaue Formulierungen und inhaltliche Ungereimtheiten besser.

Spielen Sie bei der Überarbeitung Ihres Erstentwurfs den besonders scharfen Kritiker: Sind alle wichtigen Fachbegriffe definiert? Ist Ihre Gliederung logisch aufgebaut? Sind Ihre Argumente nachvollziehbar? Belegen Sie Ihre Aussagen?

Achten Sie auch auf die formale Gestaltung: Nur eine inhaltlich und formal gut aufgebaute Arbeit ist wirklich gut. Sprechen Sie mit Kommilitonen, Tutorinnen, Lehrbeauftragten und erfahrenen Studis über Ihre Arbeit und holen Sie sich weitere Anregungen – Außenstehende erkennen oft Schwachstellen oder Unklarheiten, die dem Schreibenden nicht mehr auffallen, weil er zu tief in die eigene Arbeit involviert ist.

Überwiegend b)

 Der schnelle Schreiber

Sie fackeln nicht lange, sondern schreiben schnell drauflos. Daher kommen Sie zügig mit der Arbeit voran. Sie kennen die wichtigste Sekundärliteratur (?), aber nicht jeden einzelnen Aufsatz zum Thema. Sie zitieren nur dann, wenn Ihnen eine Aussage besonders wichtig erscheint. Das hat manchmal zur Folge, dass Sie schreiben, bevor Sie den genauen Sachverhalt überblicken können. Immer wieder passieren Ihnen daher Flüchtigkeitsfehler.

- Sie kommen gut mit dem Zeitrahmen zurecht.

- Sie haben keine Schreibhemmungen und verzetteln sich nicht bei der Literaturrecherche und beim Lesen.

- Sie haben gelegentlich Probleme, die geforderten Seiten zu füllen und mogeln sich durch, indem Sie den Rand, die Schriftart oder den Zeilenabstand vergrößern.

- Die schnelle Arbeitsweise führt zu Qualitätseinbußen: Ihre Arbeiten sind manchmal fehler- oder lückenhaft.

 SOS-Tipps

Sie haben aus gutem Grund einen bestimmten Zeitrahmen für Ihre (Abschluss-)Arbeit; nutzen Sie ihn aus! Schreiben Sie sich zunächst eher stichpunktartig Ihre wichtigsten Gedanken auf – am besten mit vollständiger Literaturangabe, woher Ihre Ideen kommen.[106] Nachdem Sie einen Überblick über die wichtigste Literatur bekommen haben, können Sie Ihre Stichpunkte ausformulieren. Lesen Sie Ihren ersten Entwurf kritisch durch: Sind Ihre Gedankengänge logisch nachvollziehbar? Welche Passagen sind gut verständlich, welche müssen überarbeitet werden? Belegen Sie Ihre Aussagen. Lesen Sie weitere Sekundärliteratur (?), um Ungereimtheiten zu klären.

---

[106] Vgl. Heimes 2011, S. 34.

Überwiegend c)

 Der langsame Schreiber

Sie möchten erst perfekt informiert sein, bevor Sie anfangen zu schreiben. Daher lesen Sie erst zahlreiche Forschungsbeiträge, bevor Sie selbst einen Text produzieren. Möglicherweise neigen Sie dazu, jede Formulierung sofort zu perfektionieren.

➕ Ihre Texte zeichnen sich durch hohe Qualität und Tiefe aus.

➕ Sie wissen über Ihr Thema Bescheid und bekommen in der Regel gute bis sehr gute Noten für Ihre Arbeiten.

➖ Die langsame Arbeitsweise kann Zeitprobleme zur Folge haben: Wer erst einmal wochenlang liest, hat weniger Zeit zum Schreiben.

➖ Sie empfinden das Schreiben oft als Hürde. Vielleicht treibt Sie der Gedanke um: „Es gibt so viel, was ich bedenken muss, ich habe so viel gelesen – wie soll ich alles verarbeiten?"

 SOS-Tipps

Machen Sie sich klar, dass kein Text im ersten Entwurf perfekt gelingt. Schreiben Sie zunächst die wichtigsten Punkte auf. Lassen Sie zur Not Lücken oder notieren Sie ein anderes Wort, wenn Ihnen die passende Formulierung fehlt. Sie können das üben, indem Sie anderen von Ihrer Arbeit erzählen. Im Gespräch können Sie nicht lange zögern, bevor Sie einen Gedankengang formulieren.

Legen Sie außerdem ein Zeitfressertagebuch an und notieren Sie, was Sie wie lange gemacht haben. Vielleicht entdecken Sie, dass Sie einen großen Teil Ihrer Arbeitszeit für arbeitsfremde oder unwichtige Dinge verwenden (z. B. Internetrecherche, Planungslisten etc.). Wenn Sie Zeitfresser entdecken, können Sie sie aus Ihrem Alltag verbannen.[107]

---

[107] Die Tipps aus Kapitel 3 können Ihnen dabei helfen.

13 Das Schreiben

Wie schreibe ich wissenschaftlich?
Gibt es Ausdrücke und Formulierungen,
die ich unbedingt vermeiden sollte?
Wie argumentiere ich wissenschaftlich?

Das Schreiben gehört zwangsläufig zu Ihrer Seminararbeit bzw. zur Bachelor- oder Master-Thesis. Es gibt daher formale und inhaltliche Aspekte, die Sie beim Schreiben bedenken sollten. Welche inhaltlichen Bestandteile Ihre Arbeit aufweisen muss, haben wir bereits in Kapitel 9 geklärt. Hier steht im Fokus, wie Sie richtig argumentieren und was einen wissenschaftlichen Sprachstil ausmacht.

Die richtige Argumentation

Bei vielen Themenstellungen ist es wichtig, zwischen kontroversen Meinungen abzuwägen und zu argumentieren, daher stellen wir Ihnen die zentralen Elemente eines Argumentationsgangs (zunächst theoretisch und anschließend anhand eines Beispiels) vor.[108]

 Hinführung zum Thema (1)

Bereiten Sie zunächst einen Gedankengang vor, erläutern Sie den Hintergrund des Problems und das Ziel des Argumentationsgangs.

 Behauptung (2)

Stellen Sie dann Ihre zentrale Aussage vor, die Sie im Folgenden begründen wollen. Eine Formulierung wie diese wäre beispielsweise unzulässig: *„Wie jeder weiß, kommen Züge der Deutschen Bahn ständig zu spät."*

---

[108] Vgl. Boeglin 2012, S. 154 – 161; Brauner/Vollmer 2008, S. 101; Vollmer 2008, S. 78 – 91.

Beleg (3)

Als Beleg kommen Analysen von Umfrageergebnissen, Trendforschungen, Ergebnisse wissenschaftlicher Untersuchungen und Ähnliches infrage. Expertenmeinungen können ebenfalls (wenn auch mit gebotener Vorsicht) als Beleg dienen.[109]

 Einschränkung (4)

Sie sollten bedenken, dass zum wissenschaftlichen Arbeiten auch gehört, Gegenmeinungen und mögliche Einwände zu berücksichtigen. Viele Studis kehren Schwachstellen eines Arguments gerne unter den Teppich, in der Hoffnung, dass die Betreuungsperson nichts merken wird. Damit unterschätzen diejenigen nicht nur die Prüfer, sondern schwächen ihr Argument unnötig ab. Es zeugt von gedanklicher Größe und wissenschaftlichem Anspruch, wenn Sie auch Ihre eigenen Argumente kritisch hinterfragen – vor allem, wenn Sie die Gegeneinwände entkräften können.

 Ergebnis (5)

Abschließend fassen Sie die Argumentation noch einmal zusammen und bewerten sie.

Beispiel:

(1) Es erscheint in Anbetracht der hohen Anzahl von Mobbingfällen an deutschen Schulen lohnend, einen Blick auf die soziokulturellen Hintergründe von Tätern zu werfen.

(2) Das systematische Schikanieren scheint an Gymnasien drastischer zu sein als in anderen Schulformen,

(3) denn die Umfrage X zum Thema „Mobbing an weiterführenden Schulen" zeigt eindeutige Ergebnisse: Fast 80 Prozent der Jugendlichen, die wegen Mobbings in therapeutischer Behandlung sind, sind Gymnasiasten.

(4) Man könnte jedoch einwenden, dass Gymnasiasten eher zu therapeutischer Konfliktbewältigung neigen, während die Haupt- und Realschüler andere Konfliktlösungsmittel suchen. Eine weiterführende Untersuchung zu

---

[109] Einen Überblick über verschiedene Argumentationsschemata gibt Pospiech 2017, S. 130 – 139.

dem Thema „*Sozialstruktur deutscher Psychotherapiepatienten*" könnte zur Aufklärung des Sachverhalts beitragen.

(5) Dennoch kann man festhalten, dass Mobbing an Gymnasien ein weitverbreitetes Phänomen ist.

Wissenschaftlicher Sprachstil[110]

Gabriele Bensberg formuliert folgenden pointierten Leitsatz für das wissenschaftliche Schreiben: „Schreibe **so verständlich wie möglich und so unverständlich wie nötig!**"[111] Leider gibt es viele Studierende, die glauben, je komplizierter ein Text sei, desto wissenschaftlicher und schlauer wirke er. Das ist falsch.

Auch manche Wissenschaftler bemühen sich offenbar nach Kräften, ihre Forschungsbeiträge so zu formulieren, dass sie nur wenige Leser verstehen. Nehmen Sie sich daran kein Beispiel, sondern orientieren Sie sich an den Texten, die Sie gut verstanden und (vergleichsweise) gerne gelesen haben. Ihre Gutachterinnen werden es Ihnen danken.

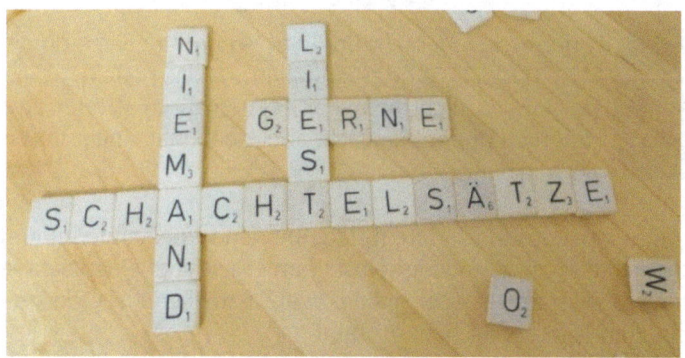

Abb. 22: Einfach, aber wahr:
Niemand liest gerne Schachtelsätze. (Eigenes Foto)

---

[110] Einen hervorragenden Überblick über das wissenschaftliche Formulieren liefert Esselborn-Krumbiegel 2021.
[111] Bensberg 2013, S. 41.

Versuchen Sie, **sachlich und präzise** zu schreiben und dabei nicht in den pseudo-wissenschaftlichen **Nominalstil** (?) zu verfallen. Wenn sich Substantivierungen häufen, ist der Text oft langweilig. Verben lockern dagegen auf.

Verkomplizieren Sie Ihren Text nicht durch Anglizismen oder Fremdwörter, wenn es allgemeinverständliche Synonyme dafür gibt.[112] Schreiben Sie **abwechslungsreich**: Verwenden Sie regelmäßig Nebensätze und ändern Sie Satzstrukturen. Das liest sich spannender als ein Text, der nur aus Hauptsätzen besteht.[113]

Vermeiden Sie zu viele Passivkonstruktionen, formulieren Sie lieber **aktiv**. Machen Sie den **roten Faden** Ihrer Arbeit auch **metasprachlich** deutlich, indem Sie sagen, was Sie weshalb tun und wie Ihre Aussagen zusammenhängen. Verallgemeinern Sie nicht und schreiben Sie **nicht zu salopp**.

Anstatt banaler Floskeln wie *„wie man ja weiß ..."*, sollten Sie anführen, woher Sie Ihre Informationen haben. Umgangssprache, eine unnötige Häufung von Füllwörtern und unpersönliche Wendungen sind in einer wissenschaftlichen Arbeit fehl am Platz.[114]

Schreiben Sie **leserfreundlich**: Wenn Ihre Sätze durchschnittlich 20 bis 25 Wörter enthalten, ist das perfekt. Keine Sorge: Sie müssen nicht anfangen, systematisch Wörter zu zählen. Natürlich dürfen die Sätze aber auch mal länger und mal kürzer sein.

Doch keine Betreuungsperson freut sich über eine Aneinanderreihung ellenlanger Schachtelsätze. Wenn Sie selbst beim Lesen über einen Satz stolpern, formulieren Sie ihn um. Lässt er sich in zwei Sätze gliedern? Oder zumindest durch ein Semikolon optisch aufdröseln?

---

[112] Vgl. Heimes 2011, S. 17.

[113] Vgl. ebenda, S. 72.

[114] Ein anschauliches Beispiel für wissenschaftlichen und unwissenschaftlichen Stil liefern Gabriele Bensberg und Jürgen Messer. (Vgl. Bensberg/Messer 2014, S. 169).

Halten Sie Ihre **Textüberschriften möglichst präzise und kurz**. Natürlich kann es in Ausnahmefällen vorkommen, dass das nicht funktioniert; aber als Faustregel gilt: Mehr als zwei Zeilen sind tabu.

In vielen wissenschaftlichen Arbeiten herrscht ein wildes **Durcheinander von Zeitformen**. Sie dürfen bei der Schilderung historischer Ereignisse erzählendes Präsens verwenden, können aber auch in der Vergangenheitsform schreiben. Achten Sie aber darauf, dass Sie dabei konsequent bleiben.

Machen Sie **Absätze**. Eine ganze Seite Fließtext ohne Absatz demotiviert selbst lesefreudige Gutachterinnen. Versuchen Sie, in jedem Abschnitt einen Gedankengang bzw. einen Aspekt nachzuvollziehen.

Tipp: In manchen Dingen widersprechen sich Tipps aus Einführungsbüchern zum wissenschaftlichen Schreiben und die Meinungen von Profs leider erheblich. Basierend auf unseren Erfahrungen können wir Ihnen dringend raten: Besprechen Sie auch folgende Punkte mit Ihrer Betreuungsperson und fragen Sie, welche Variante sie bevorzugt.

 Ich-Form

Darf ich „ich" schreiben? Oder soll ich von der „Verfasserin dieser Arbeit" sprechen? Dieses Problem stellt sich für viele Studierende. In der einschlägigen Literatur herrscht die Meinung vor, dass das von der jeweiligen Aussage abhängt. Wenn Sie eine eigene These entwickeln oder im Schlussteil eine Meinung kundtun, dürfen Sie demnach von sich selbst als „ich" sprechen.[115] Sonst ist „der Verfasser dieser Arbeit" der Ausdruck der Wahl. Dennoch: Ob „wir" oder „ich" oder „der Verfasser dieser Arbeit" – alles ist prinzipiell möglich und letztlich Geschmackssache.

 Einordnende Überleitungen

Manche Prüfer erachten es als überflüssiges Element, wenn man metasprachlich von einem Kapitel in ein anderes überleitet, und geben dafür sogar Punktabzug.

---

[115] Vgl. etwa Voss 2020, S. 124.

Beispiel:

"Nachdem im vorangegangenen Kapitel die Definition von Klimawandel problematisiert wurde, stellt sich in diesem Kapitel die Frage, welche Maßnahmen die G7 gegen den weltweiten Temperaturanstieg ergreifen."

 Textstücke vor Unterkapiteln

Einige Dozenten sehen es kritisch, wenn zwischen einer Hauptüberschrift und Unterkapiteln ein Text steht (im Beispiel als „Text A" bezeichnet), andere halten das für eine sinnvolle Einleitung eines Kapitels. Wie Ihr Prof tickt, können Sie nur durch Nachfragen herausfinden.

Beispiel:

1. Überschrift
Text A
1.1 Unter-Überschrift

 Genderkorrekte Formulierungen (Gendermainstreaming)

Rödiger Voss bringt das Dilemma auf den Punkt: „Sprache ist weit mehr als ein reines Kommunikationsmittel. Sie spiegelt unsere Ansichten und Erfahrungen wider [...]."[116] Kurzum: Die Art, wie wir sprechen oder schreiben, sagt etwas über unsere innere Haltung aus. Deshalb wird das sogenannte Gendern so kontrovers und so emotional diskutiert.

Viele Hochschulen bieten auf ihren Websites Leitfäden zum Thema Gendern an und empfehlen geschlechtersensible Formulierungen. Gleichzeitig zeigen Umfragen, dass die Mehrheit der Menschen in Deutschland geschlechtersensible Sprache eher oder ganz ablehnt.[117] Sprechen Sie deshalb unbedingt mit Ihrer Gutachterperson über das Thema Gendern.

Welche Möglichkeiten des Genderns oder Nicht-Genderns es gibt und welche Vor- und Nachteile die einzelnen Varianten (jenseits von der persönlichen Einstellung zu diesem Thema) haben, zeigt Ihnen die nachfolgende Tabelle.

---

[116] Voss 2020, S. 125.
[117] Vgl. etwa infratest dimap 2021, Stern.de 2023.

Bezeichnung	Beispiel	Vorteil	Nachteil
Generisches Maskulinum (?)	„72 Prozent der **Banker** sind der Meinung, dass ..."	Leicht lesbar, dudenkonform	Verwechslungsgefahr zwischen sprachlichem Geschlecht und tatsächlichem Geschlecht
Doppelnennung	„72 Prozent der **Bankerinnen und Banker/ Banker(innen)** sind der Meinung, dass ..."	Bildet sprachlich ab, dass mehrere Geschlechter gemeint sind	Kann zu umständlichen Formulierungen führen; nicht-binäre Geschlechter bleiben unberücksichtigt
Gendersternchen (?) Gender-Doppelpunkt	„72 Prozent der **Banker*innen/ Banker:innen** sind der Meinung, dass ..."	Bildet sprachlich ab, dass mehrere Geschlechter gemeint sind	Nicht dudenkonform; manche Formen sind grammatisch problematisch
Binnen-I	„72 Prozent der **BankerInnen** sind der Meinung, dass ..."	Bildet sprachlich ab, dass mehrere Geschlechter gemeint sind	Nicht dudenkonform; nicht-binäre Geschlechter bleiben unberücksichtigt
Genderneutrale Formulierung	72 Prozent der *im Banking tätigen Personen* sind der Meinung, dass ..."	Vermeidet klare Geschlechterzuschreibung	Kann zu umständlichen Formulierungen führen

Tab. 9: Gendervarianten – Vor- und Nachteile
(Eigene Darstellung)

Auf einen Blick: Was Sie beim wissenschaftlichen Schreiben vermeiden sollten

Nominalstil (?)	
Warum?	Wenn Sie zu viele Substantivierungen aneinanderreihen, wirkt das hölzern und nicht allzu leserfreundlich.
Beispiel	*„Bei der Beschreibung des Zustands der Versuchsanordnung wird unter Berücksichtigung der Faktoren des Zusammenkommens …"*

Poetische Experimente	
Warum?	Ein wissenschaftlicher Text soll präzise sein, dazu passen keine „exotischen" Stilmittel.
Beispiel	*„Des schwarzen Rappen Mähne gilt – jedes Zweifels bar – seit dem Geburtsjahr des Großen Dichterfürsten als Ideal vollkommener Schönheit."*

Verallgemeinerungen	
Warum?	Eine Arbeit gilt nur dann als wissenschaftlich, wenn die Ergebnisse nachvollziehbar sind. Daher müssen Sie Ihre Aussagen belegen.
Beispiel	*„Das ist ja klar."* *„Wie allgemein bekannt ist …"*

Umgangssprache	
Warum?	Ein wissenschaftlicher Text zeichnet sich durch Objektivität aus.
Beispiel	*„Wir Menschen sind ja manchmal gerne versucht, alles zu glauben, was man uns so erzählt, aber …"* *„Irgendwie passt diese Schlussfolgerung nicht so richtig."*

Soll-Sätze	
Warum?	Sie untersuchen/zeigen/demonstrieren ganz sicher etwas – warum schwächen Sie das mit „sollen" ab?
Beispiel	*„Jetzt soll … untersucht werden, dann soll … gezeigt werden."*

„Begriff" anstatt „Wort"	
Warum?	Der Ausdruck „Begriff" meint laut Duden die „Gesamtheit wesentlicher Merkmale in einer gedanklichen Einheit" bzw. den „geistige[n], abstrakte[n] Gehalt von etwas"[118]. Nur umgangssprachlich wird er als Synonym für „Ausdruck", „Wort" benutzt. Viele Profs reagieren darauf aber sehr allergisch.
Beispiel	*„Anstatt X wird hier der Begriff Y verwendet, weil er präziser ist."*

---

[118] Duden.de (o. J.).

Auf einen Blick: Was Sie beim wissenschaftlichen Schreiben in Maßen nutzen sollten

Passivkonstruktionen	
Warum?	Eine Aneinanderreihung von Passivsätzen wirkt schnell monoton. Wechseln Sie ab.
Beispiel	*„In diesem Kapitel wird gezeigt, …"* *„Um das zu erreichen, wird … gemacht."*

Dass-Sätze	
Warum?	Auch hier gilt: Wenn zu viele gleiche Satzkonstruktionen hintereinanderstehen, wirkt der Text schnell eintönig. Abwechslung im Satzbau lockert Ihren Text auf.
Beispiel	*„Es ist erwiesen, dass …"* *„Daher kann man sagen, dass …"*

Adverbien	
Warum?	Adverbien sind Verbzusätze. Sie verstärken oder schwächen die Bedeutung eines Verbs ab. Zu viele Adverbien wirken aufgeplustert – oder verwässern die Aussage, anstatt sie zu präzisieren.
Beispiel	*„Diese Interpretation erscheint größtenteils interessant …"* *„Die Aussage gilt als völlig widerlegt."*

Auf einen Blick: Was beim wissenschaftlichen Schreiben immer gut ankommt

Aktivkonstruktionen	
Warum?	Aktivkonstruktionen sind lebendiger als Passivsätze, da das Verb stärker in den Vordergrund rückt.
Beispiel	*„Kapitel 1 thematisiert …"* *„In Kapitel 2 steht … im Fokus."* *„Die zentrale Fragestellung lautet …"*

Text ordnen	
Warum?	So zeigen Sie, dass Sie einem roten Faden folgen und machen für die Leserinnen transparent, weshalb Sie so vorgehen.
Beispiel	*„In diesem Kapitel steht die Frage nach X im Vordergrund. Y und Z, die sich aus X ableiten lassen, werden aus Platzgründen nicht behandelt."* *„In diesem Zusammenhang ist es erforderlich, auf die Problematik des Y einzugehen."*

Binnenverweise	
Warum?	Sie demonstrieren damit, dass Sie Ihren Text logisch aufgebaut haben und erleichtern dem Leser das Nachschlagen.
Beispiel	*„Wie in Kapitel 4.3.1 bereits erwähnt …"*

Passende Fachausdrücke	
Warum?	Fachausdrücke unterscheiden Alltags- von Wissenschaftssprache.
Beispiel	*„Drüsiges Springkraut (Impatiens glandulifera) zählt zu den sogenannten invasiven Neophyten: gebietsfremden Pflanzen, die sich stark ausbreiten und die heimische Flora verdrängen."*

Konnektoren (?)	
Warum?	Indem Sie Konnektoren verwenden, machen Sie Ihren roten Faden auf sprachlicher Ebene sichtbar.
Beispiel	*„Folglich/Deshalb/Darum/Deswegen …"* *„Demgegenüber/Im Gegensatz dazu …"*

Präzise Satzbezüge	
Warum?	Verständlichkeit gilt als Kennzeichen guter wissenschaftlicher Sprache.
Beispiel	*„Wichtig sind das Markenimage, das Werbenutzungsverhalten, das Produkt und die Zielgruppe. **Ersteres** steht im Fokus dieser Arbeit."* Statt: *„Wichtig sind das Markenimage, das Werbenutzungsverhalten, das Produkt und die Zielgruppe. **Es** steht im Fokus dieser Arbeit."*

SOS-Tipps „Das Schreiben"

Do:

- Machen Sie in regelmäßigen Abständen **Sicherungskopien**.

- Beginnen Sie **Fußnoten** mit einem **Großbuchstaben** und beenden Sie sie mit einem **Punkt**.

- Nutzen Sie **Vorlagen**, um Ihre Arbeit zu gliedern: Die Formatvorlagen sowie die automatische Inhaltsverzeichnis-Funktion, die es bei nahezu allen Textverarbeitungsprogrammen gibt, erleichtern Ihnen die formale Gestaltung.

- Schreiben Sie **Zahlen eins bis zwölf** aus, ab **13** dürfen Sie Ziffern benutzen. Davon ausgenommen sind Maßeinheiten („12 cm"), mathematische Angaben (also Recheneinheiten, Teile von Formeln etc.) und Seitenangaben („vgl. S. 3").

- Benutzen Sie die **Rechtschreibprüfung** Ihres Schreibprogramms und schlagen Sie fragliche Wörter im (Online-)Duden nach.

- Um Abwechslung in Ihre Formulierungen zu bringen, können Sie den **Thesaurus** Ihres Textverarbeitungsprogramms nutzen oder ein **Synonymwörterbuch** konsultieren.

- Falls Sie unsicher sind, welcher Schreibstil Ihrem Dozenten gefällt, können Sie nach Literatur suchen, die er verfasst hat. An seiner eigenen Art zu formulieren können Sie leichter erkennen, worauf er Wert legt. Aber verzetteln Sie sich bitte nicht dabei. Dieser Schritt ist nur das **i-Tüpfelchen**, das Sie tun können, wenn Ihnen noch Zeit bleibt.

- Wenn Sie einen sehr langen Ausdruck oder eine Textpassage immer wieder schreiben müssen, legen Sie sich in Ihrem Schreibprogramm einen **Autotext** (Schnellbaustein) an.

Don't:

- Wenn eine Fußnote mit einer Abkürzung endet, die mit einem Punkt abschließt, machen Sie **nicht zwei Punkte hintereinander**. („Vgl. Eco 2010, S. 12 u. a.")

- Gehen Sie nicht davon aus, dass der Leser **genauso viel weiß wie Sie**. Immerhin haben Sie sich intensiv mit Ihrem Thema auseinandergesetzt. Lassen Sie Ihre Leserschaft an Ihren Gedankenprozessen und Erkenntnissen teilhaben. Sie wird es Ihnen danken.

- Vermeiden Sie **Substantiv-Umschreibungen**, wenn es treffendere Verben gibt. Schreiben Sie statt „einer Prüfung unterziehen" einfach „prüfen", wenn Sie „Zweifel hegen", könnten Sie auch einfach „zweifeln".

- Erfinden Sie keine **eigenen Abkürzungen**. Auch wenn es ausgesprochen lästig ist, z. B. immer wieder das Wort „Richtlinienkompetenz" auszuschreiben, dürfen Sie nicht einfach beschließen, nur noch „RiKo" zu schreiben, auch nicht, wenn Sie es schriftlich ankündigen („… im Folgenden als ‚RiKo' bezeichnet …").

- Vergessen Sie nicht, am Schluss nochmals das Deckblatt darauf zu prüfen, ob sich beim **Namen** Ihrer Gutachterin kein **Tippfehler** eingeschlichen hat. An dieser Stelle wäre ein Fehler peinlich.

- Stellen Sie Ihre eigenen Aussagen nicht als **allein gültige Wahrheit** dar. Es ist durchaus möglich, dass das, was heute noch zutrifft, bald relativiert wird. Tragen Sie dem durch „Hedging" Rechnung: Darunter versteht man das leichte Einschränken der eigenen Verantwortung durch Formulierungen wie „Es erscheint naheliegend …", „denkbar ist …", „herrscht die Meinung vor" oder Ähnliches.[119]

---

[119] Vgl. Vollmer 2008, S. 101.

14 Musterformulierungen

Wie kann ich meine Arbeit schön und abwechslungsreich formulieren? Gibt es Textbausteine, an denen ich mich orientieren kann?

Aber sicher gibt es die! Niemand muss in seiner Bachelor- oder Masterarbeit das Rad neu erfinden. Es gibt eine Fülle von Wendungen, die sich regelmäßig in wissenschaftlichen Texten finden. Wir stellen Ihnen eine ausführliche Liste mit Formulierungsbeispielen für alle Fälle zur Verfügung.[120]

Einleitung

Aufbau der Arbeit

- Kapitel 1 thematisiert ...
- Im zweiten Kapitel steht ... im Fokus.
- Kapitel 3 hat ... zum Thema.
- Kapitel 4 widmet sich ...
- ... ist Gegenstand von Kapitel 5.
- Im Zentrum von Kapitel 6 steht die Frage ...
- Ziel von Kapitel 7 ist es, ... zu erläutern.
- Auf der Basis von ... wird in Kapitel 8 analysiert ...
- Kernelement des neunten Kapitels ist die Untersuchung von ...
- Im zehnten Kapitel werden die Ergebnisse von Kapitel 9 aufgegriffen und ...
- Den Schwerpunkt der Arbeit bildet Kapitel 11: Darin steht die Frage nach ... im Fokus.

---

[120] Weitere Textbausteine und Formulierungstipps bietet Kühtz 2020.

- Besondere Bedeutung kommt dem Aspekt ... zu. Er steht im Mittelpunkt von Kapitel 12.
- Ein Fazit rundet die Untersuchung ab.
- Im Fazit werden die Ergebnisse zusammengefasst.
- Eine Auswertung der Untersuchung sowie ein Ausblick erfolgen im Fazit.

Forschungsstand

- Zu diesem Thema gibt es sehr viele Studien, die allerdings den Aspekt des ... weitgehend ausklammern.
- Die Untersuchungen von ... waren wegweisend für die Interpretation des ...
- Im Laufe der Jahrzehnte hat sich der Schwerpunkt der Forschung von ... zu ... verschoben.
- Die Ergebnisse von ... und ... decken sich im Wesentlichen.
- Während zu Beginn der Forschung in den 19...er Jahren die ... Forschungsrichtung dominierte, setzte sich ab 19... die ... durch.
- ... bereitete mit seiner Grundlagenstudie ... den Weg für die moderne Forschung. Auf ihn beziehen sich ..., ... und ...
- Einen umfassenden Überblick über die Problematik des ... bietet ...
- Zahlreiche Autoren gehen von der Prämisse aus, dass ... Das erscheint in Anbetracht von ... jedoch fragwürdig.
- Einen guten und umfassenden Forschungsüberblick bieten ... und ...
- Das Thema ist hochumstritten, wie die kontroverse Forschungsdiskussion seit den 19...er Jahren zeigt.
- Dieser Aspekt ist bislang noch unzureichend erforscht.
- Forschungslücken bestehen vor allem in dem Bereich des ...
- Bislang ist ... noch ungeklärt.
- ... wäre zu ermitteln.

Begründung des Themas

- In Anbetracht der wenigen substanziellen Analysen zum Thema erscheint es notwendig, die Problematik des ... detailliert zu beleuchten.

- Vieles ist zu dem Aspekt des ... geschrieben worden. Gleichzeitig wurde die Frage des ... nahezu völlig ausgeklammert. Um dieses Desiderat zu beheben, wird in der vorliegenden Arbeit ... analysiert.

- Die Frage des ... wurde bislang vornehmlich unter dem Aspekt des ... behandelt. Doch dabei kommt der Blickwinkel des ... oft zu kurz. Die vorliegende Arbeit stellt einen Ansatzpunkt für weitere Forschungen in diesem Bereich dar.

- Die Frage nach ... ist auf verschiedenste Weise beantwortet worden: *(kurze Zusammenfassung).* Doch obwohl die Antworten zahlreich und unterschiedlich sind, gibt es kaum eine Studie, die die bisherigen Ergebnisse synoptisch zusammenfasst. Einen Ansatz dazu leistet die vorliegende Arbeit.

- Seit der Publikation von ...s Werk ... hat sich die Forschung intensiv mit dem Thema ... beschäftigt. Doch sind ...s Thesen überhaupt so bahnbrechend, wie vielfach behauptet? In der vorliegenden Arbeit versuche ich eine kritische Würdigung.

- Auf der Grundlage von ...s Ergebnissen steht hier die Frage nach deren Umsetzbarkeit im Fokus.

- Seit ... erlebt die Frage nach ... eine Renaissance. Doch welche Rolle spielt dabei ...? Diese Frage beantwortet die vorliegende Untersuchung.

- In der Theorie ist das Phänomen ... ausführlich untersucht worden. Doch welche Relevanz haben die Ergebnisse für die Praxis? Auf der Basis bisheriger Forschungen bietet die vorliegende Arbeit x (Anzahl) Handlungsempfehlungen für ...

Tipp für eine literaturwissenschaftliche Arbeit:

- Die Darstellung des ... in dem Buch ... ist Thema zahlreicher Forschungsbeiträge, die allesamt zu einem ähnlichen Befund kommen: *(kurze Zusammenfassung)*. Kaum ein Beitrag enthält eine detaillierte Analyse des Primärtexts. Doch nur anhand des Originaltexts lassen sich Interpretationen begründen. Deshalb steht eine Primärtextanalyse in der vorliegenden Arbeit im Zentrum.

Wenn Sie ein Problem nicht auf dem herkömmlichen Weg angehen, sondern eine **ungewöhnliche Herangehensweise** wählen, können Sie das so oder so ähnlich begründen:

- Angesichts der aufgezeigten Schwachstellen/Defizite/Kritikpunkte stellt sich die Frage, wie zuverlässig diese Interpretation/dieses Forschungsdesign/diese Methode ist.

- Diese Herangehensweise erscheint aus den oben genannten Gründen problematisch. Deshalb wird hier ein alternativer Lösungsweg aufgezeigt.

- Diese Methode ist zwar weit verbreitet, doch sie weist folgende Mängel auf: ... Deshalb wird in dieser Untersuchung eine andere Herangehensweise gewählt.

- Die kritischen Studien von ... und ... legen den Schluss nahe, dass ... nicht uneingeschränkt gilt. Daher soll eine andere Untersuchungsmethode Aufschlüsse geben, ob ...

- Eine interessante Alternative zu dem gängigen/weit verbreiteten Ansatz von ... stellt ... dar.

- Anhand einer alternativen Herangehensweise werden die methodischen Fehler/Ungenauigkeiten des ... umgangen.

Hauptteil

Wie gestalte ich eine Überleitung von Textblock zu Textblock?
Ergänzungen

- Um diese These zu überprüfen, ist es notwendig ...
- In diesem Zusammenhang erscheint es wichtig/unerlässlich, auf die Problematik des ... einzugehen.
- Weiterhin gilt es, ... zu bedenken.
- Neben ... ist auch ... ein zentraler Aspekt.
- An das Problem/die Analyse des ... knüpft auch die Frage des ... an.
- Erstens ... zweitens ... drittens.
- Abgesehen davon stellt sich die Frage nach ...
- Schließlich muss noch auf ... hingewiesen werden.
- Ferner ergibt sich die Frage nach ...
- Des Weiteren ist es nötig, das Problem des ... zu erörtern.
- Daneben scheint die Analyse des ... unerlässlich.
- In einem nächsten Schritt ist es lohnend zu untersuchen, ...
- Außerdem ist es wichtig, ...
- Daraus ergibt sich die Frage ...

Ergänzung durch Bezug auf andere Forschungsbeiträge

- Ergänzend dazu kann die Interpretation von ... Aufschluss geben.
- Zusätzlich soll auch auf die umstrittene Position von ... verwiesen werden.
- Überdies meint ..., dass ...
- Dem stimmt auch ... zu, der argumentiert ...
- ... geht darin sogar noch weiter. Er behauptet, ...

Einschränkung/Gegensatz

- Im Gegensatz dazu ...
- Doch es spricht auch einiges gegen diese Auslegung: ...
- Allerdings gilt es zu bedenken, ...
- Dies steht im Widerspruch zu ...
- Allerdings muss man einwenden, ...
- Ob dies uneingeschränkt gilt, muss zunächst empirisch überprüft werden.

Einschränkung/Gegensatz durch Bezug auf andere Forschungsbeiträge

- Diese Auslegung wird in der Forschung kontrovers diskutiert ...
- Andererseits spricht einiges für die alternative Interpretation von ...
- Die Kritikpunkte von ... sind dennoch nicht von der Hand zu weisen.
- Doch auch die Einwände von ... sollten berücksichtigt werden.
- Gleichwohl sollte man dieser Auslegung nicht ohne Vorsicht begegnen, denn ...
- Aber das gilt nicht uneingeschränkt ...
- Doch auch die Kritik von ... erscheint berechtigt.
- Unumstritten ist diese Position nicht: ...
- Wie ... selbst einräumt, ist ... noch unklar.
- Zu anderen Ergebnissen kommt ...
- Im Unterschied zu ... ist ... der Meinung, dass ...
- ... stellt einen Sonderfall dar: ...
- ... vertritt eine andere Auffassung.
- Die Kritiker dieser Position haben stichhaltige Argumente: ...

Wie mache ich deutlich, dass ich das jetzt nicht weiter behandeln werde?

Angesichts der begrenzten Seitenzahl und des engen Zeitrahmens können Sie nicht alles ausführlich besprechen, was Ihr Thema (am Rande) betrifft. Machen Sie sprachlich deutlich, wenn Sie etwas bewusst nicht tiefer analysieren. Besonders souverän ist es, wenn Sie auf weiterführende Arbeiten zu diesem Teilthema verweisen. Dadurch zeigen Sie, dass Sie die Literatur gut kennen. Falls Ihnen trotz Literaturrecherche keine Studien dazu bekannt sind, weisen Sie darauf hin, dass weitere Forschung hierzu wünschenswert wäre.

- Dies kann im Rahmen der vorliegenden Arbeit nicht näher untersucht werden. Die Studie von ... ist in diesem Zusammengang aber erhellend./In diesem Bereich wäre eine weiterführende Studie wünschenswert.

- Die Analyse des ... würde den Rahmen dieser Arbeit sprengen. Die Arbeit von ... zu diesem Thema gibt allerdings einigen Aufschluss./Eine Analyse dieses Themas ist nach wie vor ein Desideratum.

- Die Problematik ... wird exemplarisch/beispielhaft am Phänomen ... erörtert.

- Diese Aufzählung lässt sich weiter fortsetzen. Dies unternimmt ... in seiner Untersuchung ...

- Ohne Anspruch auf Vollständigkeit ...

- Da die Analyse des ... zu weit führen würde, sei nur am Rande darauf verwiesen, dass ...

- Siehe dazu auch die Arbeiten von .../Eine weiterführende Studie zu möglichen Ursachen/Lösungen/... würde die Forschung bereichern.

- Da das Thema aus Platzgründen nicht näher behandelt werden kann, sei auf die Studie von ... verwiesen.

- Exemplarisch/Beispielhaft steht hierfür ...

- Deutlich ausführlicher widmet sich ... in seinem Aufsatz ... dieser Fragestellung.

Fazit

Fragestellung beantworten und wichtigste Erkenntnisse zusammenfassen

- Die Fragestellung der vorliegenden Arbeit kann folgendermaßen beantwortet werden: ...
- Hinsichtlich der Fragestellung dieser Arbeit lässt sich eindeutig sagen: ...
- Die eingangs aufgestellte These lässt sich – wie die Untersuchung gezeigt hat – (nur eingeschränkt/nicht/durchaus) bestätigen.
- Zusammenfassend lässt sich sagen, dass ...
- Basierend auf dieser Analyse lässt sich die Frage nach ... (nicht) eindeutig beantworten.
- Die Untersuchung hat gezeigt, dass ...
- Die Analyse führt zu einigen zentralen Ergebnissen: ...
- Die Resultate der Untersuchung bestätigen im Wesentlichen die bisherige Forschungsmeinung: ...
- Die wichtigsten Erkenntnisse, die aus dieser Studie resultieren, sind ...

Zusammenfassung der Gliederung

Dazu können Sie die gleichen Textbausteine verwenden, die wir Ihnen unter der Rubrik „Aufbau der Arbeit" aufgeführt haben.

Verallgemeinerung der Resultate

- Auch wenn die Untersuchungsergebnisse nicht eindeutig waren, ...
- Auch wenn die genannten Aspekte/Punkte/Argumente nicht vollständig sind, zeigt die Analyse deutlich, dass ...
- Angesichts dieser Ergebnisse stellt sich die Frage ...
- Die Ergebnisse der vorliegenden Arbeit lassen sich nur schwerlich verallgemeinern, weil sie auf einer nicht-repräsentativen Stichprobe basieren. Dennoch lassen sich einige Ansatzpunkte für breiter angelegte Studien ableiten: ...

- ... scheint der gängigen Forschungsmeinung zu widersprechen. Es stellt sich daher die Frage, weshalb das so ist. Die Wahl der Forschungsmethode könnte ein Grund für diese Varianz sein, die veränderten gesetzlichen/kulturellen/gesellschaftlichen Rahmenbedingungen ein anderer. ... *(Das müssten Sie dann näher ausführen.)*
- Da sich in diesem Gebiet in den letzten Jahren gravierende Änderungen ergeben haben, wären weitere Grundlagenstudien wünschenswert. Die vorliegende Arbeit stellt lediglich einen ersten Schritt zu einer umfassenden Neubewertung von ... dar.
- Auch wenn sich die Ergebnisse dieser Arbeit nicht auf die gesamte ... übertragen lassen, kann man für den Teilbereich des ... festhalten, dass ...
- Es haben sich unerwartet folgende methodische Fehler/Probleme ergeben: ... Ein verändertes Studiendesign könnte diese möglicherweise lösen, indem ...

Verweis auf Forschungslücken

- Untersuchungen zu der Frage nach ... sind bislang Desiderat geblieben.
- Weitere Studien zu dem Problem des ... wären wünschenswert.
- Da die Forschung im Bereich des ... noch große Lücken aufweist, sind zur Beantwortung der Frage ... tiefgreifende Studien unerlässlich.

15 Richtig zitieren

???
Kann ich aus Versehen plagiieren?
Was muss ich wann zitieren?
Wie zitiere ich richtig?
Wie viel muss ich belegen?

Wissenschaftlich arbeiten heißt belegen

Wissenschaftliche Texte unterscheiden sich von anderen Textarten vor allem dadurch, dass sie auf vorhandenes Wissen zurückgreifen und mit Belegen sichtbar machen, woher die Informationen stammen. Außerdem müssen in wissenschaftlichen Texten auch die eigenständigen Leistungen des Verfassers deutlich werden. Insofern sind Zitate enorm wichtig, um eigenes und fremdes Gedankengut voneinander abzugrenzen.

Ein Zitat ist ein sinngemäß oder wörtlich übernommener Ausschnitt aus einem anderen Text oder aus einem Expertengespräch (Auskunftszitat).[121] Als **Grundregel** gilt: Immer wenn Sie Argumente, Erklärungen, Erläuterungen, Standpunkte, Abbildungen, Daten oder andere Fakten in die eigene wissenschaftliche Arbeit integrieren, müssen Sie die Quelle angeben. Um Ihnen ein anschauliches Beispiel zu diesem Kapitel zu geben, finden Sie in Kapitel 22 einen Mustertext mit Belegen.

Es gibt **kein allgemeingültiges System** zur Angabe verwendeter Quellen. Sprechen Sie auf jeden Fall frühzeitig mit Ihrer Betreuungsperson darüber, welche Zitierweise sie bevorzugt, und klären Sie ab, ob es möglicherweise einen Leitfaden Ihrer Hochschule oder Ihres Fachbereichs für das Zitieren gibt. Wichtig ist, dass Sie **einheitlich** zitieren und nicht zwischen verschiedenen Zitierarten hin- und herspringen.

Grundsätzlich gibt es zwei Varianten, die Ihnen beim Belegen zur Auswahl stehen. Entweder fügen Sie den eingeklammerten Kurzbeleg (?) in den Text ein **(Harvard-Zitierweise)** (?), oder Sie lagern die Belege in eine Fußnote aus **(Chicago-Zitierweise)** (?). Beides hat Vor- und Nachteile:

---

[121] Vgl. Voss 2020, S. 114.

Pro und Kontra

Eine Klammer unterbricht den Lesefluss. Wenn zu viele oder zu lange Belege im Text stehen, wird die Arbeit unübersichtlich. Fußnoten sind „ordentlicher", haben allerdings den Nachteil, dass man den Lesefluss komplett abbrechen muss, wenn man den Beleg lesen möchte. Welche der beiden Varianten Ihre Betreuungsperson empfiehlt, sollten Sie dringend mit ihr besprechen.

Beispiele:

Beleg im Text

„Zitieren macht oft wenig Spaß, ist aber notwendig." (Müller 2021, S. 34) Die Zitierregeln sind leider oft unübersichtlich, wie zahlreiche Wissenschaftlerinnen konstatieren. (Vgl. Lehmann 2019, S. 56 f.; Schmidt 2022, S. 82 – 87; Wagner 2024, S. 780) Laut Karnegg geht es beim Zitieren vor allem darum, „einheitlich und logisch" (Karnegg 2023, S. 459) vorzugehen.

Beleg in der Fußnote

„Zitieren macht oft wenig Spaß, ist aber notwendig."[1] Die Zitierregeln sind leider oft unübersichtlich, wie zahlreiche Wissenschaftlerinnen konstatieren.[2] Laut Karnegg geht es beim Zitieren vor allem darum, „einheitlich und logisch"[3] vorzugehen.

---

[1] *Müller 2021, S. 34.*
[2] *Vgl. Lehmann 2019, S. 56 f.; Schmidt 2022, S. 82 – 87; Wagner 2024, S. 780.*
[3] *Karnegg 2023, S. 459.*

An der richtigen Stelle

Wenn Sie nur **ein Wort** oder eine Teilphrase belegen möchten, setzen Sie die Fußnotenziffer oder die Klammer **direkt** hinter die betreffende Stelle. Wenn sich Ihr Beleg auf einen **ganzen Satz** oder Absatz bezieht, setzen Sie die Fußnote oder die Klammer mit dem Beleg **hinter das letzte Satzzeichen**.

Kann man aus Versehen plagiieren?

Trotz vieler Regeln für das korrekte Zitieren gibt es **„Graubereiche"**, bei denen nicht immer klar ist, wie nun vorgegangen werden muss. Als Faustregel gilt, dass der Leser immer wissen muss, ob ein Gedanke übernommen wurde, oder ob es sich um eine eigene Interpretation handelt. Viele Studis treibt die Angst um, dass sie ihre Argumente nicht ausreichend belegen und daher unwillentlich plagiieren. Machen Sie sich deswegen nicht zu viele Gedanken. Wenn Sie die folgenden Grundregeln beachten, kann Ihnen nichts passieren.

Es gilt:

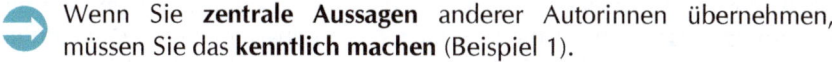 Wenn Sie **zentrale Aussagen** anderer Autorinnen übernehmen, müssen Sie das **kenntlich machen** (Beispiel 1).

 Wenn Sie über **allgemein Bekanntes** schreiben, müssen Sie das **nicht belegen** (Beispiel 2).

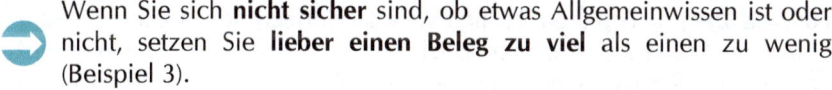 Wenn Sie sich **nicht sicher** sind, ob etwas Allgemeinwissen ist oder nicht, setzen Sie **lieber einen Beleg zu viel** als einen zu wenig (Beispiel 3).

Beispiel 1:

Sie beschäftigen sich in Ihrer Arbeit mit Online-Marketing-Methoden für mittelständische Unternehmen. Autor Mustermann hat hierzu eine Arbeit verfasst, in der er schreibt: „Wie zahlreiche Studien ergeben haben, ist die effektivste Online-Marketingtechnik Suchmaschinenoptimierung." Sie möchten diesen Gedanken aufgreifen (und evtl. kritisch hinterfragen). Also belegen Sie, dass Sie das in Mustermanns Aufsatz gelesen haben.

Beispiel 2:

Sie beschäftigen sich mit dem Ersten Weltkrieg. Keinesfalls müssen Sie einen Beleg dafür angeben, dass dieser Krieg von 1914 bis 1918 gedauert hat.

Beispiel 3:

Sie untersuchen statistische Phänomene. Als ansprechenden Einleitungssatz schreiben Sie: „Wenn eine unendliche Anzahl von Affen unendlich lange auf Schreibmaschinen herumtippen würde, gäbe es zumindest einen von ihnen, der die Werke Shakespeares wortgetreu und fehlerfrei tippen würde. Dieses sogenannte Infinite-Monkey-Theorem ist eines der berühmtesten statistischen Gedankenexperimente." In diesem Fall ist es nicht falsch, beispielsweise auf „La biblioteca total" von Jorge Luis Borges zu verweisen, da Sie nicht sicher davon ausgehen können, dass das Infinite-Monkey-Theorem als Allgemeinwissen gelten kann.

??? *„Und wenn ich nun einen Gedanken habe, der wirklich von mir stammt, aber vielleicht auch in einem Aufsatz oder Buch steht, das ich nicht gelesen habe?"*

Dann wird man Ihnen sicher **keinen Vorwurf wegen Plagiats** machen. Schließlich können Sie nicht jede Publikation zu Ihrem Thema kennen; da kann es durchaus passieren, dass Sie einen Gedankengang haben, den ein anderer bereits vor Ihnen hatte. Sollte es sich dabei um einen vermeintlich bahnbrechenden Einfall und zentralen Schlüsselaspekt Ihrer Arbeit handeln, kann man Ihnen allerdings ankreiden, nicht die gesamte relevante Literatur gesichtet zu haben.

Doch wenn es sich um einen **„normalen", nachvollziehbaren Gedankengang** handelt, den so oder ähnlich viele Leserinnen haben könnten, ist das völlig in Ordnung. Ein Plagiat zeichnet sich außerdem durch mehrfache Übernahme geistigen Gedankenguts aus. Die Chance, dass Sie unwissend ganze Passagen (oder **viele** Sätze) genau so formulieren, wie das bereits eine andere Person vor Ihnen getan hat, ist verschwindend gering.

Tipp: Um sicherzugehen, dass Sie nicht aus Versehen plagiiert haben, können Sie Ihre Arbeit vor der Abgabe einer Online-Plagiatsprüfung unterziehen. Es gibt diverse kostenlose[122] und kostenpflichtige Anbieter, die mit einem umfassenden Vergleich und modernen Suchalgorithmen werben.

Wie zitiert man richtig?

Direkte und indirekte Zitate

Sie können entweder **wörtlich (direkt)** zitieren oder **sinngemäß (indirekt)**. Da Sie in Ihrer Bachelor- oder Masterarbeit möglichst eigenständig denken und formulieren sollten, ist es ratsam, eher sparsam mit direkten Zitaten umzugehen.[123] Es ist allerdings sinnvoll, wichtige Argumentationsschritte mit indirekten Zitaten zu belegen.

---

[122] Kostenlos ist allerdings oft nur eine Basisversion. Sobald Sie Detailergebnisse einsehen möchten, müssen Sie auf eine kostenpflichtige Version upgraden.

[123] Vgl. Boeglin 2012, S. 170; Brauner/Vollmer 2008, S. 112; Karmasin/Ribing 2019, S. 116.

Direkte Zitate

 Wann anwenden?

Nutzen Sie direkte Zitate nur dann, wenn Sie den entsprechenden Zusammenhang nicht treffender, kürzer und anschaulicher beschreiben könnten – oder wenn Sie eine Aussage unverfälscht wiedergeben wollen.

 Welche Sprache?

Englische oder französische Zitate müssen Sie nicht übersetzen, ebenso wenig Zitate in Sprachen, die Ihre Betreuungsperson spricht. Klären Sie das mit ihr ab.

 Wie?

Ein direktes Zitat beginnt und endet mit einem Anführungszeichen. Die meisten Profs schätzen es, wenn ein längeres Zitat (mehr als 3 Zeilen) etwas eingerückt wird und/oder kursiviert wird.

 Wann darf ich eingreifen?

Sie müssen die Schreibweise des Originals beibehalten. Um deutlich zu machen, dass beispielsweise ein **Tippfehler** bereits im Original zu finden ist, können Sie hinter das betreffende Wort in das Zitat ein **[sic!]** oder **[!]** (?) schreiben. Wenn Sie Teile des Originals **auslassen** wollen, setzen Sie stattdessen drei Punkte (gegebenenfalls in einer eckigen Klammer): „Das ist [...] schön." (Glücklich 2023, S. 4)

Wenn Sie einen Teil des Zitats besonders **hervorheben** möchten, können Sie ihn kursivieren, unterstreichen oder fetten. Im Anschluss setzen Sie den Zusatz [Herv. d. Verf.] oder [Herv. X. Y.], wobei X für die Initiale Ihres Vornamens steht und Y für die Ihres Nachnamens.

 Wann muss ich eingreifen?

Wenn sich in der zitierten Passage Anführungszeichen finden, ersetzen Sie diese durch **einfache Anführungszeichen** (‚'). Findet sich im **Originaltext eine Hervorhebung**, schreiben Sie hinter die betreffende Stelle [Herv. i. Orig.]. Eine eckige Klammer setzen Sie auch, wenn Sie ein Wort oder Textteile **ergänzen**, um das Zitat grammatikalisch richtig in Ihre Arbeit einzumontieren.

Indirekte Zitate

 Wann anwenden?

Sie zitieren wesentlich öfter indirekt als direkt, nämlich jedes Mal, wenn Sie einen Gedankengang belegen möchten. Das können Sie entweder direkt in den Text einfügen oder als Fußnote auslagern.

 Wie belegen?

Belege indirekter Zitate beginnen mit „vgl." oder „vergleiche" oder „s." bzw. „sh." Oder „siehe". Falls Sie gegen die Position einer anderen Person argumentieren, können Sie das durch Formulierungen wie „anders", „aber", „dagegen" etc. verdeutlichen.

 Wie lange?

Erstreckt sich der indirekt zitierte Text über zwei Seiten, setzen Sie hinter die Seitenzahl ein „f." – es steht für „und die darauf folgende Seite".

Handelt es sich bei der zitierten Passage um ein Textstück, das sich über mehr als zwei Seiten erstreckt, setzen Sie ein „ff." („fortfolgende") hinter die Seitenzahl. Zwischen Zahl und „f." oder „ff." sollte ein Leerzeichen stehen.

 Wie formulieren?

Wenn Sie etwas indirekt zitieren, verwenden Sie den Konjunktiv: „Im August sei es noch nie so regnerisch gewesen, meint Schärger." Zusätzlich können Sie ein indirektes Zitat auch metasprachlich kenntlich machen: „Wie eine Studie aus dem Jahr 2022 zeigt …" oder „Wie Schmitt demonstriert …" „In Anlehnung an Müller …" usw.

 Was, wenn ich ein Gespräch zitiere?

Diese Auskunftszitate müssen Sie ebenfalls belegen. Im Text sehen diese Belege ähnlich aus wie Literaturbelege: Sie notieren den Namen der Auskunftsperson, ergänzen die Information, was denjenigen zum Experten macht, und nennen das Jahr, in dem Sie das Gespräch geführt haben.

Kurzbeleg oder Vollbeleg?

 Vollbeleg

Ein **Vollbeleg** (?) beinhaltet mindestens den ganzen Namen des Autors oder der Autoren, den Titel der Publikation, den Erscheinungsort, das Erscheinungsjahr und die Nummer der zitierte(n) Seite(n) – daher nimmt er oft mehrere Zeilen ein. In Ihrem **Literaturverzeichnis** müssen Sie sämtliche Angaben zu einer Publikation machen. Manche Betreuungspersonen möchten auch bei der ersten Nennung einer Quelle einen Vollbeleg und danach nur noch Kurzbelege. Fragen Sie auch das im Gespräch mit der Gutachterin nach.

 Kurzbeleg

Dem Vollbeleg steht der **Kurzbeleg** (?) gegenüber. Er enthält den Autornachnamen, das Erscheinungsjahr und die Nummer der zitierten Seite. Wenn Ihre Betreuungsperson keine anderen Angaben macht, sollten Sie in Ihrem Text stets Kurzbelege wählen, in Klammern genauso wie in Fußnoten. Das macht den Text übersichtlicher.

Im Beispiel finden Sie drei mögliche **Darstellungsvarianten**, die alle anerkannt sind. Sofern Sie keine klare Vorgabe vonseiten der Hochschule haben, können Sie frei wählen, welche der drei Varianten Ihnen am besten gefällt.

Beispiele:

Kurzbeleg	Vollbeleg
Vgl. Eco 2020, S. 67.	*Vgl. Eco, Umberto: Wie man eine wissenschaftliche Abschlußarbeit [sic!] schreibt. Doktor-, Diplom- und Magisterarbeit in den Geistes- und Sozialwissenschaften. Facultas, Wien 2020[14], S. 67.*
Vgl. Eco (2020), S. 67.	
Vgl. Eco 2020: 67.	

Sonderfälle des Zitierens[124]

Paragrafenangaben

Es gibt mehrere Methoden, Paragrafen zu zitieren. Wenn Sie den ersten Absatz des Paragrafen 832 aus dem Bürgerlichen Gesetzbuch zitieren möchten, können Sie das beispielsweise so machen:[125]

§ 832 Abs. 1 BGB bzw. § 832 I BGB.

Social Media[126]

Wenn Sie Inhalte aus den sozialen Medien zitieren, unterscheidet sich der Kurzbeleg (?) nicht wesentlich von dem bei Büchern. Erst im Literaturverzeichnis zeigen sich deutliche Unterschiede (siehe hierzu Kapitel 16). Wenn Sie möchten, ergänzen Sie bei Ihrem Kurzbeleg, um welche Art von Inhalt es sich handelt (Status-Update, Posting, Reel etc.). Damit Ihre Gutachter nachprüfen können, was in der Originalquelle steht, sollten Sie zusätzlich einen Screenshot machen und diesen in den Anhang der Arbeit einfügen.

Vgl. Musterfrau 2024 (Facebook-Posting).

Siehe Beispieler 2023 (Instagram-Reel).

Videos und Audios

Bei Video- und Audiodateien sollten Sie neben Quellennamen und Jahreszahl angeben, bei welcher Minute die betreffende Passage zu finden ist, auf die Sie sich berufen. Ein Kurzbeleg sieht dann beispielsweise so aus:

Vgl. tagesheute live 2023, min.: 1,03 – 2,57.

---

[124] Vgl. Karmasin/Ribing 2019, S. 133 – 148.

[125] Ausführlicher widmet sich Eleonora Kohler-Gehrig der Zitation von Gesetzestexten. Aus deren Buch stammen auch unsere Belegbeispiele. (Vgl. Kohler-Gehrig 2022, S. 75).

[126] Eine gute Übersicht über das Zitieren von Social Media bietet Heinemeyer 2023.

Viele Publikationen einer Person

Gibt es mehrere Publikationen einer Person aus einem Jahr, differenzieren Sie sie, indem Sie einen Kleinbuchstaben hinter die Jahreszahl schreiben:

Vgl. Müller 2020a, S. 67.

Vgl. Müller 2020b, S. 478.

Viele Mitwirkende an einer Publikation

Haben **zwei oder drei** Personen an einer Publikation mitgewirkt, zitiert man alle Nachnamen (entweder mit einem Schrägstrich, einem Komma oder einem „und"):

Vgl. Schmidt/Müller 2024, S. 13.

Vgl. Müller, Schmidt und Schreiner 2023, S. 5.

Haben **mehr als drei Personen** an einer Publikation mitgewirkt, schreibt man nur den Nachnamen der ersten aus und schreibt **„et al."** (?) dahinter. „Et al." ist eine Abkürzung für „et alii", dem lateinischen Ausdruck für „und andere".

Vgl. Müller et al. 2019, S. 14.

Mehrere Personen mit dem gleichen Nachnamen

Gibt es mehrere Personen, die den gleichen Nachnamen tragen, fügen Sie zudem die Vornamensinitiale an:

Vgl. Müller, U. 2017, S. 68.

Vgl. Müller, C. 2021, S. 55.

Abbildungen übernehmen

Sie können aussagekräftige Abbildungen zitieren, müssen allerdings auch bei diesen die Fundstelle angeben. Das können Sie in der Abbildungsunterschrift tun, oder die Belegstelle in einer Fußnote anführen. Egal, wofür Sie sich entscheiden, versehen Sie Ihren Beleg mit den Worten „Abbildung entnommen aus" oder „Quelle".

Beispiel:

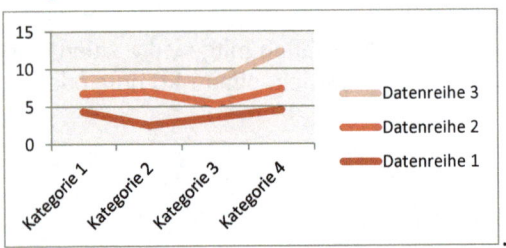

Abbildung 1: Bunte Linien, die nach oben weisen (Quelle: Statistika 2023, S. 34)

oder:

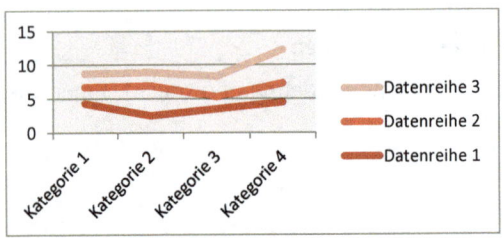

Abbildung 1: Bunte Linien, die nach oben weisen[1]

---

[1] *Abbildung entnommen aus: Statistika 2023, S. 34.*

SOS-Tipps „Richtig zitieren"

Do:

- Fragen Sie bitte immer zuerst bei Ihrer Betreuungsperson nach, ob sie oder die Hochschule **formale Vorgaben** für das Zitieren machen. Das gilt besonders für die Darstellung von Formeln oder von Laborversuchen.[127]
- Alle Quellen, die Sie in einer Arbeit zitieren, müssen Sie **im Literaturverzeichnis aufführen**. Umgekehrt müssen sich alle Quellenangaben, die in der Literaturliste verzeichnet sind, auch als Beleg in der Arbeit wiederfinden.
- In Literaturverwaltungsprogrammen wie Citavi oder Zotero können Sie den gewünschten Zitationsstil einstellen. Auch in Word oder SPSS gibt es entsprechende Formatierungsvorlagen.[128] Das erleichtert das Zitieren.
- Wenn Sie auf einer Seite mehrfach hintereinander die gleiche Quelle zitieren, schreiben Sie **„ebenda"**. Das kann allerdings zu Chaos führen, wenn Sie Ihren Text umstellen. Daher sollten Sie das erst **im letzten Schritt** des Arbeitsprozesses tun.

Don't:

- Zitieren Sie keine Textpassage, die Sie **nicht richtig verstehen**.
- Geben Sie Zitaten durch Auslassungen oder Hinzufügungen keinen **anderen Sinn**.
- Vermeiden Sie **Sekundärzitate** (?). Übernehmen Sie ein Zitat nur dann aus einem anderen Text, wenn Sie an den eigentlichen Quelltext wirklich nicht herankommen.[129] Erwähnen Sie dann auch, dass Sie die Passage sekundär zitieren: „X, zitiert nach Y".

---

[127] Vgl. Karmasin/Ribing 2019, S. 13 Anm. 1.
[128] Vgl. Jetter/Forray/Eberhard-Bölz 2021, S. 2
[129] Vgl. Karmasin/Ribing 2019, S. 138 f.

16 Das Literaturverzeichnis

??? *Wie führe ich die verwendete Literatur im entsprechenden Verzeichnis auf? Welche Angaben müssen auf jeden Fall enthalten sein, welche sind freiwillig?*

Unverbindliche Richtlinien

Neben den Zitierregeln stellt vor allem das Literaturverzeichnis für viele Studis eine Herausforderung dar. In nahezu jedem Ratgeber zum wissenschaftlichen Arbeiten finden Sie unterschiedliche Anweisungen, die sich in Teilen widersprechen.

Daher gilt auch hier: Orientieren Sie sich an **hochschulinternen (oder institutsinternen) Richtlinien**, wenn es solche gibt. Alternativ können Sie auf die APA-7-Richtlinien zurückgreifen, die wir Ihnen im Anschluss an dieses Kapitel vorstellen. Sprechen Sie auch mit Ihrer Betreuungsperson darüber, ob sie selbst Vorschriften für das Literaturverzeichnis macht. Wenn das nicht der Fall ist, können Sie sich an den folgenden Ausführungen orientieren.

Grundsätzlich gilt (ganz unabhängig von Hochschule und Betreuungsperson): Was im **Text zitiert** wird, muss **auch im Literaturverzeichnis** angegeben werden. Davon ausgenommen sind mündliche Aussagen, die im Literaturverzeichnis keinen Platz haben, die aber in einem gesonderten Gesprächs- bzw. Interviewverzeichnis aufgeführt werden sollten.

Einteilung eines Literaturverzeichnisses

Man unterscheidet im Literaturverzeichnis zwischen **Primär- und Sekundärliteratur** (?). Erstere umfasst historische Dokumente, statistische Daten, Gesetze, Briefe, literarische Werke, Tagebuchaufzeichnungen und Zeitungsartikel, Letzteres die (moderne) Forschungsliteratur.[130]

---

[130] Vgl. Niedermair 2010, S. 28.

Sie können auch **Onlinequellen** von den gedruckten Quellen unterscheiden. Gelegentlich werden Einträge in Lexika, Handbüchern oder Enzyklopädien gesondert (unter der Rubrik **Nachschlagewerke**) aufgeführt. Ob das sinnvoll ist, hängt von der Menge der jeweiligen Quellen ab. Wenn Sie lediglich eine Onlinequelle oder nur eine Enzyklopädie benutzt haben, wäre eine eigene Kategorie dafür etwas „überdimensioniert".

Wenn Sie auf eine solche Einteilung verzichten, ordnen Sie die Literatur **alphabetisch nach dem Autornachnamen** an. Bei mehreren Autorinnen oder Herausgebern beachten Sie nur den ersten Nachnamen. Akademische Grade oder Titel sollten Sie weglassen.[131]

Falls Sie **Quellen ohne bekannten Verfasser haben** – das passiert oft bei Zeitungstexten oder Onlineartikeln – ist es ratsam, die betreffenden Quellen in eine **gesonderte Kategorie** auszulagern und nach dem Anfangsbuchstaben des ersten Titelworts alphabetisch zu sortieren. Alternativ können Sie die Quellen auch unter „o. V." (?) („ohne Verfasserangabe") einordnen.

Wenn es von **einer Person mehrere Publikationen** gibt, sortieren Sie sie nach dem **Erscheinungsdatum** (ob chronologisch oder gegenchronologisch ist Geschmackssache).

Korrekte Literaturangaben – unser Vorschlag

Je nachdem, ob es sich um eine Monografie (?), einen Zeitschriftenartikel oder eine Onlinequelle handelt, gelten unterschiedliche Darstellungsrichtlinien, die wir Ihnen im Folgenden kurz vorstellen.[132]

Lehrbücher/Monografien

In diesem Fall müssen Sie auf jeden Fall folgende Angaben machen: Autorvorname, Autornachname, Titel und Untertitel des Buchs, Erscheinungsort und Erscheinungsjahr. Verlagsname und Auflagennummer sind wünschenswert, aber keine Pflicht. Wir empfehlen die Schreibweise:

---

[131] Vgl. Sesink 2012, S. 161.
[132] Matthias Karmasin und Rainer Ribing widmen der Darstellung eines Literaturverzeichnisses in ihrem empfehlenswerten Buch „Die Gestaltung wissenschaftlicher Arbeiten" viel Platz und besprechen auch weitere Sonderfälle. (Vgl. Karmasin/Ribing 2019, S. 113 – 148).

Name, Vorname (/ggf. weiterer Name, Vorname): Titel. Untertitel. Ort, (Verlag), Jahr$^{(Auflagennummer)}$.

Beispiel:

Müller, Peter: Zitieren leicht gemacht. Eine Einführung. Berlin, Beispielverlag, 2018^7.

Was für Textbelege gilt, ist auch beim Literaturverzeichnis relevant: Gibt es **zwei oder drei Autorinnen**, werden diese mit Schrägstrichen oder Kommata bzw. „und" voneinander abgetrennt. Haben jedoch **mehr Autorinnen** an einem Werk mitgewirkt, schreiben Sie die zuerst Genannte aus und ergänzen „et al." (?). Wenn es **mehr als vier Verlagsorte** gibt, nennt man wiederum nur den ersten und fügt „u. a." („und andere") an.[133]

Beispiele:

Winkelmann, Elvira/Sauerländer, Marianne: Wie man zwei Autorinnen zitiert. Hamburg u. a., Verlag XY 2011.

Miesmacher, Werner et al.: Zu viele Köche verderben den Brei. Wien, Mustermann-Verlag, 2019^2.

Aufsätze in Fachzeitschriften

Neben den Angaben zu Autor und Titel sind bei Aufsätzen auch Angaben zur Zeitschrift unerlässlich (Name sowie Jahrgang und Heftnummer). Außerdem müssen Sie notieren, auf welchen Seiten der Aufsatz steht.

 Name, Vorname: Titel. Untertitel, in: Zeitschriftenname, Jahrgang, Heftnummer, S. erste – letzte Seite des Aufsatzes.

oder:

 Name, Vorname: Titel. Untertitel, in: Zeitschriftenname Heftnummer (Jahrgang), S. erste – letzte Seite des Aufsatzes.

---

[133] Vgl. Karmasin/Ribing 2019, S. 131.

Beispiele:

Grackler, Sabine: Klein, aber fein. Aufsätze sind eine prima Sache, in: Zeitschrift für Zitierfreunde, 2021, 3, S. 1 – 9.

Grackler, Sabine: Klein, aber fein. Aufsätze sind eine prima Sache, in: Zeitschrift für Zitierfreunde 3 (2021), S. 1 – 9.

Aufsätze in Sammelbänden

Neben den Angaben zu Autor und Titel des Aufsatzes, müssen Sie bei Sammelbänden (?) weiterhin erwähnen, wie der Sammelband selbst heißt, wann und wo er erschienen ist, wer ihn herausgegeben hat und auf welchen Seiten sich der Aufsatz befindet.

Autornachname, -vorname: Aufsatztitel. Untertitel, in: Herausgebernachname, -vorname (Hrsg.): Sammelbandtitel, Ort, (Verlag), Jahr, S. erste – letzte Seite des Aufsatzes.

Beispiel:

Lursing, Anette: Ich habe auch etwas zu sagen – glaube ich jedenfalls, in: Gröhl, Peter (Hrsg.): Schwätzer*innen unter sich, München/New York, Verlag Blabla, 2021, S. 394 – 406.

Abschlussarbeiten (Dissertationen, Habilitationsschriften)

Abgesehen von den „üblichen Informationen" zu Autorin, Titel, Erscheinungsort und -jahr dürfen bei Abschlussarbeiten die Angaben zur Hochschule und der Art der Hochschulschrift nicht fehlen.

Name, Vorname: Titel (Untertitel), Hochschule, (Erscheinungsort falls abweichend) Art der Hochschulschrift, Jahr.

Beispiele:

Vierling, Daniel: Den Abschluss schaffen, Heidelberg, Univ., Diss., 2018.

Maurer, Katrin: Abschlussarbeiten in technischen Studiengängen, Bremen, Techn. Univ., Masterarbeit, 2020.

Eckling-Schönthaler, Thorsten: Nach ziemlich vielen Jahren habe ich es endlich geschafft, Marburg, Univ., Habil., 2022.

Lexika und Nachschlagewerke

In diesem Fall ist die Angabe zum Autor bzw. zur Herausgeberin kein essenzieller Bestandteil der Literaturangabe.

   Titel, Untertitel, (Auflage), Ort, Jahr.

Beispiel:

Handbuch des unsäglichen Zitierwesens, 14. Aufl., Stuttgart, 2023.

Zeitungsartikel

Bei Zeitungsartikeln kann es vorkommen, dass der Verfasser ungenannt bleibt. Anstatt des Namens schreibt man dann „o. V.", eine gängige Abkürzung für „ohne Verfasserangabe". Daher stellen wir Ihnen zwei Varianten vor – einmal mit Autornamen und einmal ohne. Besonders ist bei dem Beleg von Zeitungsartikeln nur die genaue Datumsangabe.

   o. V.: Titel. Untertitel, Quelle, vollständiges Datum, Seite.

oder:

   Name, Vorname: Titel. Untertitel, in: Quelle, Datum, Seite.

Beispiele:

o. V.: Der Bachelor. Abschluss mit Mehrwert, Die ZEITSCHRIFT, 13.7.2018, S. 7.

Riegler, Stefanie: Der Bachelor. Abschluss mit Mehrwert, in: Die ZEITSCHRIFT, 13.7.2018, S. 7.

Gesetzestexte[134]

Von „klassischen" Quellenangaben unterscheiden sich Angaben zu Gesetzestexten relativ stark. Wichtig sind neben dem Namen des Gesetzes und dem Datum seiner Verabschiedung auch das Blatt, in dem das Gesetz verkündet wird, sowie Angaben zur letzten Änderung.

Name des Gesetzes, Datum der Verabschiedung. In: Publikationsorgan des Gesetzeserlassers, Jahr der Ausgabe, erste Seite des Abdrucks, Datum letzter Änderungen mit Datum und Publikationsorgan, Ausgabenjahr, erste Seite des Abdrucks.

Beispiel:

Gesetz über Urheberrecht und verwandte Schutzrechte vom 9. September 1965. In: BGBl. Teil 1, 1965, S. 1273, zuletzt geändert durch Art. 1 G vom 10. September 2003. In: BGBl. Teil 1, S. 1774.

Gerichtsurteile

Wenn Sie Gerichtsurteile belegen, ist es weiterhin wichtig, den Namen (Kürzel) des Gerichts und das Urteilsdatum zu erwähnen. Außerdem müssen Sie angeben, wo Sie das Urteil gefunden haben.

Kürzel des Gerichtes, Urteil vom: Datum, Aktenzeichen, Fundstelle mit Titel, Nummer des Jahrgangs, S. erste – letzte Seitenzahl.

Beispiel:

Niedersächsisches FG, Urteil vom 22. Oktober 1986, V 260, 207/83, Entscheidungen der Finanzgerichte 35 (1987), S. 341 – 342.

---

[134] Vgl. hierzu auch Burchert/Sohr 2008, S. 96 sowie Kohler-Gehrig 2022, S. 65 ff.

Wissenschaftliche Texte aus dem Internet

Zitieren Sie bitte nur vertrauenswürdige Onlinequellen, die darauf schließen lassen, dass die entsprechende URL längerfristig abrufbar ist (siehe Checkliste „Woran erkenne ich seriöse Internetquellen?"). Bei der Angabe von Internettexten können Sie folgendermaßen vorgehen:

 Name, Vorname: Titel (Erscheinungsdatum/Datum der letzten Änderung), online unter: URL-Name. Tag des letzten Zugriffs: Datum.

Beispiel:

Walting, Horace: How exciting is citing?! (5.10.2023), online unter: www.citationfactory-awesome.bsp. Tag des letzten Zugriffs: 1.2.2024.

Websites allgemein

Aufgerufene (und zitierte) Websites müssen Sie nicht unbedingt im Literaturverzeichnis aufführen, aber auf jeden Fall in Ihrem Text belegen, entweder als Fußnote oder in einer Klammer im Text.

 URL: Adresse der Seite. Tag des letzten Zugriffs: Datum.

Beispiel:

*URL: https://www.mpib-berlin.mpg.de.
Tag des letzten Zugriffs: 12.1.2024.*

Social Media[135]

Je nach Thema Ihrer Arbeit können auch die sozialen Medien eine Quelle interessanter Inhalte sein – etwa, wenn es um Statements öffentlicher Personen geht. Wenn Sie soziale Medien in Ihrem Literaturverzeichnis aufnehmen, sollten folgende Angaben nicht fehlen: Autorname (oder – falls sonst kein Name bekannt ist – Username/Alias) bzw. Institution, Titel, Datum, Plattform, URL und Zugriffsdatum.

---

[135] Vgl. Voss 2020, S. 119 f. sowie Heinemayer 2023.

Name, Vorname bzw. Username oder Institution (Datum): Titel/Text. Art der Veröffentlichung, Social-Media-Plattform, URL, Tag des letzten Zugriffs.

Beispiel:

Insta-Lady 753 (2.12.2023): Schreibe gerade meine Abschlussarbeit und langweile mich dabei. Deshalb poste ich lieber etwas. #iambored #aufschieberitis #berlinerStudis. Posting, Instagram, https://instagram.com/beispiel13, Tag des letzten Zugriffs: 5.12.2023

Videos/Audios

Wenn Sie sich in Ihrer wissenschaftlichen Arbeit auf audiovisuelle Quellen berufen, gelten für das Literaturverzeichnis die gleichen Regeln wie für wissenschaftliche Texte aus dem Internet (s. o.).

 Name, Vorname bzw. Nickname oder Institution (Datum): Titel, URL, Tag des letzten Zugriffs.

tagesheuteSchau live (8.1.2024): Landesumweltminister Beispielsmann stellt neues Biosiegel für Kartoffelbrei vor, https://www.tagesheuteschaulive/video/8124, Tag des letzten Zugriffs: 14.2.2024.

Noch unveröffentlichte Aufsätze (z. B. von Institutsmitarbeitenden)

Prinzipiell ist es völlig in Ordnung, wenn Sie aus einem unveröffentlichten Text zitieren, solange es sich um einen wissenschaftlichen Aufsatz handelt, der in absehbarer Zeit publiziert werden soll.

Sie müssen lediglich kenntlich machen, dass dieser Aufsatz noch nicht erschienen ist und wo er erscheinen wird. Gleiches gilt für bislang unveröffentlichte Bücher, auch wenn dieser Fall weniger häufig vorkommt.

 Name, Vorname: Titel. Untertitel, in: Zeitschriftenname, [erscheint Heftnummer/Jahrgang].

Beispiel:

Gabler, Simone: Warum Käsekuchen gesundheitsförderlich ist, in: Ernährungstipps für Bewegungsfaule [erscheint 11/2024].

Fremdsprachliche Texte

Um dem Leser das Auffinden der zitierten Literatur zu erleichtern, kann es sinnvoll sein, auch Angaben wie „Seite", „hrsg. von" oder Ähnliches in der Sprache des Originals zu belassen. Falls Ihnen die Einheitlichkeit Ihrer Darstellung wichtiger ist, können Sie sie Angaben aber auch übersetzen.

Name, Vorname: Titel. Untertitel, in: Zeitschriftenname, Jahrgang, Heftnummer, pp. erste – letzte Seite des Aufsatzes.

Beispiel:

Johnson, Maryna: How to succeed in business without really trying, in: Cool Magazine, 2018, 3, pp. 78 – 90.

Expertengespräch

Wenn Sie mehrere Expertengespräche geführt haben, sollten Sie diese in einer gesonderten Rubrik auflisten. Nötig sind die Angaben zu dem Namen der Befragten, der Position in einer Firma (oder die Angabe, was diejenige zur Expertin macht) und die Umstände des Gesprächs (Datum, Ort, persönlich, telefonisch, per E-Mail, per Skype/Teams/Zoom/…).

Beispiele:

Kroich, Rudolf: Bereichsleiter Personalwesen, Brumm Automobil KG, München, persönliches Gespräch am 17. Mai 2023 in Fürstenfeldbruck.

Hasani, Lamija: Leiterin Human Resources, Schwapp GmbH, Hamburg, telefonisches Gespräch am 2. November 2023.

Exkurs: Die APA-Richtlinien

APA: Was ist das überhaupt?

Möglicherweise hat Ihnen Ihre Betreuungsperson mitgeteilt, dass Sie sich beim Schreiben an die APA-Richtlinien halten sollen. Alle, die mit dieser Abkürzung nichts anfangen können, finden hier die wichtigsten Informationen zusammengefasst.

APA steht für „American Psychological Association". Dieser Fachverband hat Richtlinien für das wissenschaftliche Schreiben und Veröffentlichen entwickelt und als Handbuch[136] herausgegeben. Die Richtlinien werden regelmäßig überarbeitet. Seit 2019 liegen sie in der siebten Auflage vor. Deshalb ist in der einschlägigen Literatur oft von „APA-7" die Rede.

Ursprünglich wurden die APA-Richtlinien vornehmlich in den Sozialwissenschaften und in der Psychologie angewendet. Inzwischen sind sie aber auch in anderen Disziplinen verbreitet und werden von vielen Hochschulen empfohlen.

Die Vorgaben des APA-Handbuchs sind sehr ausführlich. Praktisch alle formalen Aspekte des wissenschaftlichen Arbeitens werden behandelt, etwa:

- Wie breit soll der Rand sein?
- Welche Schriftart und -größe sind angemessen?
- Wie groß soll der Zeilenabstand bei Fließtext und bei längeren Zitaten sein? Müssen Zitate eingerückt werden?
- Wie zitiert man ChatGPT?
- Wie zitiert man etwas aus einer App?
- Was macht man, wenn ein Buch 15 oder sogar 25 Autorinnen hat? Müssen alle im Literaturverzeichnis genannt werden?
- ...

---

[136] Vgl. APA 2019.

Diese Ausführlichkeit kann einerseits überwältigen, aber auch eine nützliche Handreichung sein – gerade, was das Zitieren betrifft. Denn die **Zitierregeln können Sie leicht nachschlagen und anwenden.** Außerdem gibt es jede Menge **Hilfsmittel:** Auf der Website der American Psychological Association finden Sie unter anderem kostenlose Tutorials, Beispieltexte, Checklisten, Templates und Zusammenfassungen, die Ihnen bei der Umsetzung helfen.

Daneben können Sie in **Literaturverwaltungsprogrammen** oder sogar in **Textverarbeitungsprogrammen** wie Word **einstellen, dass nach APA-Stil** zitiert werden soll. Dann nimmt Ihnen die Technik einen Großteil der Arbeit ab. Und alles, was Zeit und Aufwand spart, kann Ihnen bei der Arbeit helfen.

Zu den APA-Richtlinien könnte man ein ganzes Buch füllen. Wir haben uns hier darauf beschränkt, die aus unserer Sicht wichtigsten Informationen zum Thema Zitieren zusammenzutragen und mit Beispielen zu versehen.

Für die intensivere Beschäftigung mit dem APA-Style empfehlen wir entweder das Handbuch der American Psychological Association[137] oder die diversen Zusammenfassungen und Handreichungen auf der APA-Website.[138] Auch das Kurz-Manual des Instituts für Publizistik der Universität Mainz[139] liefert einen schnellen, übersichtlichen und zugleich umfassenden Überblick über die APA-7-Standards.

---

[137] Vgl. APA 2019.
[138] URL: https://apastyle.apa.org/instructional-aids. Tag des letzten Zugriffs: 19.1.2024.
[139] Vgl. Institut für Publizistik Mainz 2020.

So zitieren Sie nach den APA-7-Richtlinien

Im Text	Im Literaturverzeichnis
Buch (Monografie) – ein Autor	
Name, Jahr (, S. x)[140]	Nachname, Initiale. (Jahr). *Titel* (x. Auflage). Verlag. https://doi.org/xxx[141] oder www.url.de
	Beispiel:
	Müller, A. (2020). *Dieses Buch ist toll* (4. Aufl.). SelbstBewusst-Verlag. https://doi.org/123-456-789
Buch (Monografie) – mehrere Autoren	
Name 1, Name 2 & Name 3, Jahr	Nachname$_{Autor1}$, Initiale$_{Autor1}$., Nachname$_{Autor2}$, Initiale$_{Autor2}$. & Nachname$_{Autor3}$, Initiale$_{Autor3}$. (Jahr). *Titel* (x. Auflage). Verlag. https://doi.org/xxx oder www.url.de
	Beispiel:
	Kiska, U., Zayeb, A., Hamza, D., Saleem, A., Cheng, X. & May, B. (2020). *APA for absolute beginners. How to handle APA.* Amaze Publishing. https://www.apaisawesome.com
Beitrag in einem Sammelband/Tagungsband	
Name, Jahr	Nachname$_{Autor}$, Initiale$_{Autor}$. (Jahr). Beitragstitel. In Initiale$_{Herausgeber}$. Nachname$_{Herausgeber}$ (Hrsg.), *Titel des Sammelbandes* (S. xx–yy). Verlag. https://doi.org/xxx oder www.url.de
	Beispiel:
	Barnick, V. (2024). So heißt mein Aufsatz. In L. Mayim & M. Suckinger (Hrsg.), *So heißt unser Buch* (S. 14–23). Buch-Verlag. https://doi.org/xxx

---

[140] Seitenangaben sind nur bei direkten Zitaten notwendig. Das gilt nicht nur beim Zitieren von Monografien, sondern auch bei Zeitschriftenartikeln, Beiträgen in Sammelbänden etc.

[141] Falls ein Buch, ein Aufsatz etc. weder einen Digital Object Identifier (DOI) noch eine URL hat, können Sie diese Angabe weglassen. Dann endet Ihre Literaturangabe nach dem Verlagsnamen (mit Punkt am Ende).

Im Text	Im Literaturverzeichnis
	Artikel in einer Zeitschrift
Name, Jahr	Nachname, Initiale. (Jahr). Titel des Artikels. *Zeitschriftenname, Heftnummer*, Seitenzahlen. https://doi.org/xxx oder www.url.de
	Beispiel: Antonius, H., Gerlach, L., & Caruso, B. (2024). Wir schreiben gerne Aufsätze. *Zeitschrift für Gernschreibende, 12*, S. 49–58. https://www.zsfg.de/textbeispiel
	Zeitungsartikel (Print)
Name, Jahr	Nachname, Initiale. (Jahr, Tag. Monat). Titel. *Name des Mediums*, S. x. https://doi.org/xxx oder www.url.de
	Beispiel: Wenke, O. (2023, 12. Dezember). So wird Ihre Masterarbeit mit Topnote bewertet. *DIE ZEITUNG*, S. 7.
	Zeitungsartikel (Online) oder Text auf Website
Name, Jahr	Nachname, Initiale. (Jahr, Tag. Monat). *Titel*. Name des Mediums/der Website. https://www.xxx.de oder www.url.de
	Beispiel: Wasgauer, B. (2024, 1. Januar). *Was wir uns für das neue Jahr wünschen*. Gute Post online. https://gpo.de/g1h88gdnh
	York, Z. (2023, 11. März). *Zehn Tipps zum Zitieren*. StudiHilfe24.net. https://studihilfe24.net/zoltanszitierhilfe

Im Text	Im Literaturverzeichnis
	Video auf YouTube, TikTok und Co.
Name, Jahr	Nachname, Initiale. (Jahr, Tag. Monat). *Titel*. [Video]. Plattform. https://www.xxx.de
	Beispiel:
	Studi, G. (2023, 16. Oktober). *Wie du den Abschluss spielend schaffst*. [Video]. YouTube. https://www.youtube.com/watch?v=beispiel
	Facebook-Posting
Name, Jahr	Nachname, Initiale. (Jahr, Tag. Monat). *Zitat*. [Bild anbei] [Status-Update/...][142]. Facebook. https://www.facebook.com/...
	Beispiel:
	Nähmlich, D. (2024, 16. Februar). *Was ich zu sagen habe, ist nicht viel. Ich poste das trotzdem. Viel Spaß beim Teilen*. [Bild anbei] [Status-Update]. Facebook. https://www.facebook.com/naemlichmith
	Instagram-Posting
Name, Jahr	Nachname, Initiale [@Nutzername]. (Jahr, Tag. Monat). *Zitat*. [Fotografie]. Instagram. https://www.instagram.com/...
	Beispiel:
	Nähmlich, D. [naemlichmith]. (2024, 17. Februar). *Ja, mich gibt's auch auf Insta. Was Spannendes poste ich trotzdem nicht. #followme #awesome #imreal* [Fotografie]. Instagram. https://www.instagram.com/p/blablabla

---

[142] Entsprechende Screenshots sollten Sie der Arbeit beifügen.

17 Tipps gegen Aufschieberitis

Abb. 23: Wenn nicht jetzt, wann dann?
(Eigene Darstellung)

„Ich habe so lange ein Motivationsproblem, bis ich ein Zeitproblem habe."

Dieser bekannte Spruch enthält für viele Studierende zumindest ein Fünkchen Wahrheit. Auch wenn die Prüfungen näher rücken, oder die Arbeit geschrieben werden müsste, schaffen sie es einfach nicht, die Arbeit konzentriert anzupacken. Stattdessen verschieben sie die Aufgaben auf den nächsten Tag – oder den danach ...

Diese Aufschieberitis wird fachsprachlich „Prokrastination" (?) genannt. Sie kann jenseits flotter Sprüche auch krankhafte Züge annehmen und zu Depressionen führen. Für solche Fälle gibt es an nahezu allen Hochschulen eine Psychologische Beratungsstelle, bei der Betroffene Rat suchen können.

Die Universität Münster hat eine sogenannte **„Prokrastinationsambulanz"** eingerichtet: Die Psychotherapie-Ambulanz bietet vor Ort neben Einzeltrainings auch Kurztrainings in Kleingruppen an. Tipps für Betroffene, Links zum Thema, eine Literaturliste und einen Online-Selbsttest finden Sie auch auf der

Website der Prokrastinationsambulanz.[143] Auch an vielen anderen Hochschulen gibt es Angebote für Aufschieber: etwa Workshops, Sprechstundentermine bei psychologisch geschulten Fachleuten, Infovideos, Wikis oder Peer-Group-Beratung.

Für weniger schlimme Fälle stellen wir in diesem Kapitel einige Methoden vor, wie Sie Ihren inneren Schweinehund austricksen können.[144]

Bestandsaufnahme

Vorab möchten wir Sie dazu einladen, sich einmal mit den folgenden Fragen auseinanderzusetzen, die Ihnen den Weg zum Schreiben ebnen können.[145] In Kapitel 23 finden Sie eine Kopiervorlage sowie einen QR-Code zum Download dieses „Werkzeugkoffers".

1. Was muss ich können, um die Arbeit zu schreiben?
2. Kann ich das bereits? Falls nicht: Wie kann ich es mir aneignen?
3. Welche Erfahrungen helfen mir dabei, diese Arbeit zu schreiben?
4. Was hindert mich am Schreiben?
5. Wie könnte ich dieses Hindernis oder diese Hindernisse beseitigen?
6. Wer kann mich unterstützen, wenn ich ein fachliches Problem habe?
7. Wer kann mich unterstützen, wenn ich ein persönliches Problem habe?
8. Wofür schreibe ich die Hausarbeit bzw. Thesis?
9. Was motiviert mich?

---

[143] URL: https://www.uni-muenster.de/Prokrastinationsambulanz. Tag des letzten Zugriffs: 6.12.2023.
[144] Vgl. hierzu auch Folz 2020, Kapitel 5.1, Rückert 2014 und von Werder/Schulte-Steinicke/Schulte 2001.
[145] Der Fragenkatalog ist inhaltlich angelehnt an Reinicke 2018, S. 126 f.

Beispiel:

1. Um die Arbeit schreiben zu können, muss ich eine Fragestellung zu meinem Thema entwickeln. Dann muss ich relevante Fachliteratur lesen, die wichtigsten Aspekte daraus zusammentragen und meine Forschungsfrage beantworten. Die Ergebnisse muss ich in eine gut lesbare schriftliche Form gießen.

2. Ich habe bereits mehrere Seminararbeiten geschrieben, bei denen ich genauso vorgehen musste. Sie waren zwar kürzer als die Thesis, aber im Prinzip gab es die gleichen Anforderungen. Da die Arbeiten recht gut benotet wurden, habe ich gute Voraussetzungen für die Thesis. Beim Zitieren habe ich manchmal Probleme. Ich werde mir deshalb ein Buch zum Zitieren kaufen und den Workshop zum wissenschaftlichen Arbeiten in unserem Career Center besuchen.

3. Die Erfahrungen, die ich im Rahmen meiner Seminararbeiten gemacht habe, helfen mir dabei, die Abschlussarbeit zu schreiben. Toll fand ich die „Lange Nacht der Hausarbeiten", weil ich mich mit Gleichgesinnten austauschen konnte. Deshalb möchte ich mich zukünftig regelmäßig mit zwei Kommilitonen austauschen, die auch gerade ihre Masterarbeit schreiben.

4. Ich fühle mich gehemmt, weil die Abschlussarbeit so ein riesiges Projekt ist. Es gibt so viel zu tun, dass ich gar nicht weiß, wo ich anfangen soll.

5. Ich könnte den Aufgabenberg in kleine Schritte aufteilen und mir Zwischenziele stecken.

6. Wenn ich fachlich nicht weiterkomme, kann ich meine Erstgutachterin und ihre wissenschaftliche Hilfskraft um Rat fragen. Beide sind freundlich und hilfsbereit.

7. Wenn es mir persönlich nicht gut geht, können mich mein Freunde X, Y und mein Bruder besonders gut unterstützen.

8. Die Thesis schreibe ich vor allem, um meinen Masterabschluss zu bekommen. Ich schule dabei meine Englischkenntnisse, denn ich schreibe sie auf Englisch. Das kann mir in der Bewerbungsphase nutzen. Und weil ich mich in der Thesis damit beschäftige, wie Kinder aus Flüchtlingsfamilien besser in der Grundschule gefördert werden können, hat die Thesis vielleicht sogar einen praktischen Mehrwert.

9. Ich arbeite gerne, wenn ich einen Sinn darin sehe. Deswegen motiviert mich der praktische Nutzen meiner Arbeit. Wenn ich meine Fortschritte klar sehen kann, hilft mir das dranzubleiben. Deshalb habe ich ein Schaubild entworfen, auf dem ich meine Fortschritte eintragen kann.

Diese Übung hilft Ihnen, sich auf das zu fokussieren, was Ihnen die Arbeit erleichtert: Indem Sie sich auf Ihre Erfahrungen, nützliche soziale Kontakte, Ihre Motivationsfaktoren und auf mögliche Lösungen für Probleme konzentrieren, machen Sie sozusagen eine Bestandsaufnahme all der Ressourcen, die Ihnen zur Verfügung stehen. Und das sind meist mehr, als Sie zunächst glauben.

Woran hängt es? Individuelle Tricks und Tipps

In der vorangegangenen Übung sollten Sie mögliche Hindernisse und Lösungswege benennen. Darauf aufbauend, möchten wir Ihnen einige typische Stolpersteine vorstellen und Tipps geben, wie Sie sie aus dem Weg räumen können:

- Haben Sie (heute) einfach **keine Lust** zu arbeiten?
- Haben Sie Probleme damit, beim Schreiben **warm zu werden**? Oder brauchen Sie erst Rituale, um sich auf das Schreiben einzustellen?
- Sind Sie auf ein **inhaltliches Problem** gestoßen, das Ihnen schwer lösbar erscheint und Sie von der Arbeit abhält?
- Fühlen Sie sich **überfordert** und der Arbeit nicht gewachsen?
- Blockiert Sie ein **innerer Zensor**, der dauernd sagt: „Das, was du schreibst, ist nicht gut genug!"
- Haben Sie Angst, sich auf eine bestimmte Position **festzulegen** bzw. sich festlegen zu lassen?
- Haben Sie das Gefühl, heute **schlecht in Form** zu sein?
- Gibt es in Ihrem Umfeld zu viele reizvolle **Ablenkungsmöglichkeiten**?
- Verspüren Sie **Angst vor oder Abneigung gegen die Betreuungsperson**, sodass Sie der Gedanke an die Arbeit abschreckt?
- Gibt es ein **persönliches Problem**?

Keine Lust? Überfordert? Nicht Ihr Tag?

Die **Salami-Taktik** hat sich in diesem Fall bewährt: Gehen Sie Ihre Arbeit **scheibchenweise** an. Indem Sie immer wieder **kleine Portionen** erledigen und sich zwischenzeitlich regelmäßig **Pausen** gönnen, kommen Sie einerseits voran, haben andererseits aber auch nicht das Gefühl, in Arbeit zu ersticken. Setzen Sie sich Etappenziele und **belohnen** Sie sich dafür, wenn Sie sie erreichen.

Abb. 24: Die Pomodoro-Technik ist eine bewährte Zeitmanagement-Methode (Timo Klostermeier – Pixelio.de)

Ähnlich funktioniert auch die **Pomodoro-Technik**[146]: Dabei stellen Sie sich einen Küchenwecker auf z. B. 30 Minuten. Während dieser Zeit widmen Sie sich einer einzigen Aufgabe, schalten Störquellen aus (indem Sie z. B. das E-Mail-Postfach schließen und das Handy in den Nicht-stören-Modus versetzen) und arbeiten an der geplanten Aufgabe – und zwar *nur daran*. Sobald der Wecker klingelt, notieren Sie sich, wo Sie stehen geblieben sind und machen eine kleine Pause.

Damit das Gehirn besser angeregt wird, sollten Sie während der kleinen Auszeit die Position wechseln, indem Sie aufstehen, zur Kaffeemaschine gehen, ein wenig herumlaufen, sich strecken o. Ä.

Falls Sie keinen Küchenwecker besitzen, können Sie natürlich auch den Handywecker nehmen. Trotzdem ist der Küchenwecker das bessere „Instrument", weil er durch sein Ticken deutlich macht, dass die Zeit läuft. Außerdem müssen Sie nicht auf die Uhr oder aufs Handy starren, um zu sehen, wie lange die Arbeitsphase noch dauert.

---

[146] Der Name „Pomodoro" rührt daher, dass der Erfinder der Technik (Francesco Cirillo) einen Küchenwecker in Form einer Tomate benutzte. Und das italienische Wort für Tomate lautet „pomodoro".

Sie merken, dass Sie sich während der Arbeitsphase nicht konzentrieren können, weil Ihnen zu viele Gedanken im Kopf herumschwirren? Dann können Sie einen kürzeren Zeitblock einschieben, in dem Sie alles notieren, was Ihnen durch den Kopf geht.

Visualisieren Sie die einzelnen Etappen Ihrer Arbeit, indem Sie beispielsweise eine **To-do-Liste mit vielen kleinen Schritten** aufsetzen.

Beispiel:

o Argumentation ausformulieren, warum X besser ist als Y — 90 Minuten — A
o Zitat aus Buch A in Einleitung aufnehmen — 15 Minuten — C
o Kapitel 3.1 aus Buch B noch mal lesen und in eigenen Worten in mein Methodenkapitel aufnehmen — 90 Minuten — B
o Forschungsstand ausformulieren — 80 Minuten — A
o Bibliografische Daten zu Buch C nachschlagen — 10 Minuten — C

Es motiviert, regelmäßig Dinge abhaken zu können. Außerdem wirken viele kleine Schritte weniger bedrohlich als ein großer Aufgabenberg. Schätzen Sie ein, wie lange es dauert, die jeweiligen Aufgaben zu erledigen. Verdoppeln Sie dann die entsprechende Zeit und notieren Sie sie neben den einzelnen Punkten. Die verdoppelte Zeitspanne ist in der Regel realistischer als die eigentlich veranschlagte Dauer, weil vieles länger dauert als geplant. Und falls Sie tatsächlich weniger Zeit brauchen, haben Sie einen kostbaren Zeitpuffer gewonnen (siehe Kapitel 3).

Vermerken Sie, welche Aufgaben eine höhere und welche eine niedrigere **Priorität** haben, sodass Sie die wichtigen Aufgaben zuerst erledigen können und erst zum Schluss, wenn noch Zeit bleibt, die unwichtigeren Aufgaben ins Visier nehmen (siehe Kapitel 3: ABC-Analyse/Eisenhower-Methode).

Legen Sie sich einen **möglichst genauen Plan** zurecht, was Sie tun wollen. Je konkreter Sie Ihre Ziele fassen, desto wahrscheinlicher setzen Sie sie auch um.

Wenn Sie sich **feste Schreibzeiten** einrichten, kann das ebenfalls helfen. Überlegen Sie vorab, zu welcher Tageszeit Sie am besten in Form sind (z. B. 10 bis 11 Uhr morgens und 15 bis 16 Uhr mittags). Dann legen Sie fest, dass Sie ab sofort in dieser Zeit schreiben werden. Auf diese Weise entsteht eine Routine, die Sie nach der „Eingewöhnungszeit" nicht mehr hinterfragen.[147]

Setzen Sie sich ein **Zeitlimit** für Ihre Aufgaben, das relativ **bald** ist; denn je weiter ein Zeitpunkt in der Zukunft liegt, desto eher werden Sie die entsprechende Aufgabe vor sich herschieben. Machen Sie sich außerdem klar, dass Ihre Arbeit jetzt noch gar **nicht perfekt sein muss**; selbst ein in Stichwörtern und Halbsätzen geschriebener Text ist besser als nichts.

Abwechslung kann helfen: Wer bereits stundenlang Literatur gelesen hat, ist vermutlich wenig motiviert, noch drei weitere Aufsätze durchzuarbeiten. Er ist gelangweilt und nimmt nicht mehr viel auf.

Daher sollten Sie immer wieder zwischen verschiedenen Arbeiten variieren. Lesen Sie z. B. morgens zwei Aufsätze und arbeiten Sie sie in Ihren Text ein; gehen Sie mittags zu einem anderen Kapitel über. Das beugt auch einem allzu großen Motivationsloch vor. Sie können auch einmal probieren, den Schreibort oder das Schreibgerät zu wechseln. Das kann kreative Energien freisetzen.

Abb. 25: Bringen Sie Abwechslung in Ihren Alltag! (clayllama – Fotolia.com)

Vielleicht blockiert Sie der Gedanke, einen kniffligen Absatz oder ein schwieriges Teilkapitel fertigstellen zu müssen, bevor Sie zu etwas anderem übergehen können. Hier kann es helfen, **zwischen unterschiedlichen Textteilen hin- und herzuspringen**. So bleiben Sie im Fluss und dürfen sicher sein, dass Sie Stück für Stück weiterkommen.

---

[147] Vgl. Heimes 2011, S. 53 f.

Zugleich besteht dabei die Gefahr, dass Sie den Überblick verlieren oder den schwierigsten Teil erst ganz am Ende schreiben, wenn die Zeit knapp wird.[148] Wenden Sie diesen Trick also am besten nur zu Beginn Ihrer Schreibphase oder an solchen Tagen an, an denen Ihnen das Schreiben besonders schwerfällt.

So unterschiedlich wie die menschlichen Persönlichkeiten sind auch die Möglichkeiten, wie wir Aufschieberitis bekämpfen können: Während die einen eher den sanften Einstieg brauchen (weil sie Probleme mit dem Aufwärmen haben), hilft bei anderen die sogenannte **Eat-the-frog-Taktik**: Hier geht es darum, den unbeliebtesten Teil der Arbeit gleich zu Beginn zu erledigen, also die sprichwörtliche Kröte zuerst zu schlucken, bevor dann die angenehmeren Teile folgen.

Hintergrund ist folgender: Manchmal vertrödeln wir extrem viel Zeit damit, etwas Unliebsames vor uns herzuschieben. Dann tun wir vieles, um dieser einen Aufgabe aus dem Weg zu gehen. Vor uns und anderen rechtfertigen wir uns damit, dass wir ja viiiiiel zu beschäftigt sind, um dieses ganz besonders lästige To-do anzugehen. Dabei betreiben wir oft unnötigen Aufwand und vergeuden Zeit. Wenn wir uns möglichst zeitnah überwinden, ist ein Endorphinschub danach beinahe garantiert. Manchmal stellt sich sogar heraus, dass der gefürchtete Arbeitsschritt weit weniger schlimm war als befürchtet.

Versuchen Sie außerdem, ein möglichst **positives Verhältnis** zu Ihrer Arbeit aufzubauen – oder zumindest keine mentalen Barrieren zu errichten. Es kostet viel Zeit und Energie, wenn Sie sich immer wieder vorsagen, wie anstrengend die Arbeit, wie langweilig das Thema und wie anspruchsvoll die Betreuungsperson ist oder dass Sie das ohnehin nicht schaffen werden.

Erzählen Sie möglichst vielen Leuten davon, was Sie heute erledigen wollen, oder treffen Sie sich mit jemandem zum Arbeiten. Das verstärkt das Gefühl der Selbstverpflichtung. Die Person sollte allerdings nicht an Aufschieberitis leiden, sonst bestärken Sie sich womöglich gegenseitig in Ihrer Prokrastination (?).

---

[148] Vgl. Reinicke 2018, S. 61.

Aufwärm-Probleme?

Wenn Sie das Gefühl haben, sich erst einmal einarbeiten zu müssen, um mit der „echten" Arbeit zu beginnen, können Sie folgende Warm-up-Übungen ausprobieren.

1. Standortbestimmung

Unser Gehirn braucht – genau wie unser Körper – ein wenig Aufwärmzeit, um zu voller Leistung zu gelangen. Deshalb kann es hilfreich sein, zu Beginn des Tages eine Standortbestimmung zu machen: Was ist Ihr Ziel? Wo stehen Sie gerade? Was sind Ihre nächsten Schritte? Was möchten Sie heute erledigen? Um möglichst präzise zu sein, sollten Sie die Worte laut aussprechen oder aufschreiben.

Abb. 26: Aufwärmen ist auch für das Gehirn wichtig
(Timo Klostermeier – Pixelio.de)

2. Leichte Einstiegsaufgabe wählen

Geben Sie sich eine Aufgabe, die Sie in jedem Fall schaffen können, zum Beispiel: „Ich notiere in Stichworten Infos zur Definition von Problem X. Dabei orientiere ich mich an dem Aufsatz von Y."

3. Ritual einführen

Rituale geben uns Stabilität und Orientierung. Das können wir uns zunutze machen, indem wir vor dem Schreiben immer wieder den gleichen Ablauf wählen, der uns auf die Arbeit einstimmt. Denkbar ist beispielsweise folgendes Aufwärm-Ritual: Sie öffnen das Fenster, um frische Luft hereinzulassen. Dann kochen Sie sich einen Tee oder Kaffee und fahren den PC hoch. Bevor Sie das Fenster schließen, atmen Sie dreimal tief ein, recken und strecken sich. Dann sagen Sie sich: „Jetzt mache ich mich an die Arbeit. So komme ich meinem Ziel Stück für Stück näher."

Innerer Zensor? Angst, sich festzulegen?

- „Das kann ich unmöglich so stehen lassen!"
- „Ist das überhaupt gesichert? Ich recherchiere dazu lieber noch mehr."
- „Ich lege mich viel zu früh fest. Dazu gibt es in der Forschung bestimmt noch ganz andere Positionen!"

- „Eigentlich sollte ich das komplizierte Buch X lesen. Stattdessen überfliege ich diesen Aufsatz, der mich kaum weiterbringt. Wie typisch für mich."
- „Ich kann das einfach nicht."

Viele Studis kennen diese und ähnliche Gedanken, die sie beim wissenschaftlichen Arbeiten überfallen. Ihr innerer Zensor bewertet alles kritisch, zweifelt, meckert und sorgt letztlich dafür, dass die Arbeit immer weiter aufgeschoben wird. Der Zeitdruck wird immer größer – und manche schreiben schnell auf den letzten Drücker etwas, was dann tatsächlich nicht besonders gut ist. Nicht, weil sie es nicht besser könnten, sondern weil ihr innerer Kritiker sie daran gehindert hat, früher anzufangen. Die schlechte Note scheint die inneren Vorurteile zu bestätigen. Ein Teufelskreis.

Was also tun? Machen Sie sich bewusst: Es geht **nicht darum**, dass Sie beim Schreiben auf Anhieb die perfekte Formulierung finden oder gleich alles **richtig** machen. Sie müssen zu Beginn auch nicht die wichtigste oder dringendste Aufgabe angehen. Vielmehr geht es darum, **einfach anzufangen**.

Auch wenn Sie Ihren Text noch einmal überarbeiten müssen: **Alles, was Sie tun, ist besser als nichts!** Schreiben Sie sich diesen oder einen ähnlichen Satz auf einen Zettel, den Sie an Ihren Bildschirm (oder an den Badezimmerspiegel, die Kaffeemaschine etc.) heften. Vielleicht hilft es Ihnen zu wissen, dass auch Fachbücher mindestens einmal überarbeitet werden müssen, bevor sie gedruckt werden. Auch dieser Text ist nicht im ersten Wurf gelungen.

Gleiches gilt, wenn Sie glauben, nur an einem bestimmten Ort oder zu einer gewissen Zeit arbeiten zu können. Wenn Sie an einem Feiertag nicht wie üblich in der Bibliothek schreiben können, probieren Sie einfach aus, eine leichte Aufgabe zu Hause zu erledigen. Sagen Sie sich immer wieder vor: **„Hauptsache, ich mache etwas!"** Sie werden feststellen, dass es nicht unmöglich ist, auch mal an einem anderen Ort oder zu einer anderen Zeit als sonst zu schreiben. Oder mal nur 20 Minuten lang zu arbeiten. Auch wenn es sich scheinbar nicht lohnt, für eine so kurze Zeitspanne überhaupt anzufangen.[149]

---

[149] In seinem lesenswerten Artikel „15 Tipps für die Studienarbeit, wenn man eigentlich keine Zeit hat" listet Tim Reichelt (2022) 15 wissenschaftliche Aufgaben auf, die in maximal 15 Minuten erledigt werden können. Vielleicht finden Sie dort ebenfalls Anregungen.

Um den inneren Kritiker auszutricksen, empfehlen Schreibcoaches, **schnell zu schreiben**: Suchen Sie sich ein Stichwort und schreiben Sie in Rekordzeit alles auf, was Ihnen dazu einfällt; lassen Sie auch unsinnige Ideen zu. Dadurch verhindern Sie, dass Ihr innerer Zensor Sie blockiert. In einem nächsten Schritt können Sie die Anmerkungen markieren, die Ihnen sinnvoll erscheinen. Streichen Sie die weg, die nichts bringen.

Sie können auch Ihre Gefühle gegenüber dem Schreiben, Ihre Probleme mit dem Formulieren, Ihre Schreibziele, Ihre geplanten Methoden o. Ä. notieren. Hauptsache, Sie schreiben.[150]

Neben dem inneren Kritiker treibt viele Studis die Angst um, sich festzulegen, also: zu einem Problem Stellung zu beziehen, ohne zu wissen, ob der Gutachter das auch so sieht. Dahinter steht die **Angst** davor, etwas **falsch zu machen** oder falsch verstanden zu werden.

Der erste Schritt, um das Problem zu lösen, besteht darin, sich die Angst **bewusst zu machen**. In einem nächsten Schritt versuchen Sie dann, ihr zu begegnen. Überlegen Sie, was Sie hemmt. Treten Sie dann in einen Dialog mit Ihrer Angst. Wenn Sie konkret benennen, was Ihnen Probleme bereitet, und gleichzeitig Lösungsstrategien suchen, wird Ihr Blick rationaler. Die Sorgen wirken nicht mehr so abstrakt und die Hürde nicht mehr unüberwindlich.

Beispiel:

Angst	**Erwiderung**
„Ich habe Angst, dass mein Text schlecht ist."	*„Dann kann ich den Text später überarbeiten. Jetzt kommt es nur darauf an, irgendwas zu schreiben. Es muss ja noch gar nicht gut sein."*
„Und was ist, wenn mir später auch nichts Besseres einfällt und meine Formulierungen immer noch schlecht sind?"	*„Dann bitte ich andere um Hilfe, zum Beispiel meine Kommilitonin, die gute wissenschaftliche Arbeiten schreibt."*

---

[150] Vgl. von Werder/Schulte-Steinicke/Schulte 2001, S. 35.

„Die lacht sich ja schlapp, wenn sie meinen Text liest. Das wäre mir sehr peinlich."

„Es ist noch kein Meister vom Himmel gefallen. Es geht doch darum, immer wieder Neues zu lernen. Ich kann aber alternativ auch erst einmal ein Buch über wissenschaftliche Formulierungen lesen und mich daran orientieren. Oder ich bitte die Kommilitonin um Tipps, wie sie das wissenschaftliche Arbeiten gelernt hat."

„Aber was, wenn der Prof eine andere Meinung hat? Wenn ich dann eine schlechte Note bekomme?"

„Dem kann ich vorbeugen, indem ich in der Sprechstunde meine zentralen Thesen vorstelle. Wenn er ein Problem damit hat, wird er es mir sicher sagen." [...]

Abgelenkt?

Wenn Sie sich abgelenkt fühlen, versuchen Sie, die **Störquellen möglichst auszuschalten**. Da vor allem die sozialen Medien viel Ablenkungspotenzial bieten, stellen Sie das Handy regelmäßig in den Flug- oder Nichtstören-Modus oder zumindest stumm. Auch das E-Mail-Postfach muss nicht permanent offen sein. Es reicht in der Regel, einmal (oder ggf. mehrmals zu bestimmten Zeiten) ins Postfach zu schauen. Auch Ohrenstöpsel können zum störungsfreien Arbeiten beitragen.

Abb. 27: Ablenkungsfalle Internet
(Eigenes Foto)

Viele Studis arbeiten am liebsten in der Bibliothek, wo wenig Ablenkungsgefahr besteht. Vielleicht ist das auch für Sie das Richtige? Probieren Sie aus, ob Sie an anderen Orten konzentrierter arbeiten können. Weitere Tipps gegen den Zeitfresser Ablenkung finden Sie in Kapitel 3.[151]

---

[151] Vgl. auch Folz 2020, S. 41 f.

Vielleicht haben Sie auch schlichtweg einen **falschen Arbeitsrhythmus:** Wenn Sie sich morgens nicht richtig zur Arbeit motivieren können, versuchen Sie es stattdessen mittags und schieben Sie andere Aufgaben auf die vormittäglichen Stunden. Jeder Mensch hat einen eigenen Biorhythmus.

Während einige bevorzugt morgens arbeiten, sind andere abends oder nachts besonders produktiv. Falls Sie nicht genau wissen, wann Ihr Leistungshoch ist, können Sie einige Tage lang Protokoll führen, wann Sie besonders wach und leistungsfähig waren.

Fachliches Problem?

Vielleicht haben Sie aber auch gerade ein **fachliches Problem**, das Sie derzeit nicht lösen können, und lassen deshalb Zeit verstreichen. In diesem Fall kann eine **kreative Pause** sicher nicht schaden, solange Sie sie nicht zu sehr ausdehnen; spätestens nach zwei Tagen sollten Sie wieder in die Arbeit einsteigen – gerne auch mit einer leichteren Aufgabe.

Sprechen Sie mit Kommilitonen, Tutorinnen und vor allem Ihrer Betreuungsperson über Ihr Problem. Im **Gespräch** eröffnet sich Ihnen vielleicht eine andere Perspektive oder ein Lösungsweg.

Probleme mit der Betreuungsperson?

Abb. 28: Wenn Dozentengespräche demotivieren ... (Eigenes Foto)

Schieben Sie die Arbeit auf, weil Sie allzu großen Respekt vor Ihrer Betreuungsperson haben, die im letzten Gespräch kritisch oder unfreundlich war oder generell sehr hohe Ansprüche hat? Oder möchten Sie einfach nicht, dass Ihre unfertige Arbeit in fremde Hände gelangt? Damit sind Sie wahrlich nicht allein. Doch den Kopf in den Sand zu stecken, hilft Ihnen nicht weiter, denn je länger Sie den Kontakt aufschieben, desto größer wird der Widerwille gegen ein Treffen.

Gehen Sie in die **Sprechstunde** Ihrer Betreuungsperson und bitten Sie offen um Verbesserungsvorschläge. Es ist Ihr gutes Recht, **Feedback** von Ihrem Dozenten zu erhalten. Machen Sie sich außerdem bewusst, dass Ihr Prüfer vielleicht einfach beim letzten Mal einen schlechten Tag hatte: Die defekte Kaffeemaschine kann ebenso schlechte Laune erzeugen wie die vorgezogene Deadline für einen Fachbeitrag in einer Zeitschrift.

Möglicherweise hilft Ihnen eine Visualisierungsübung: Stellen Sie sich dazu einen Schutzschild vor. Dieser Schutzschild steht zwischen ihnen und der Betreuungsperson und sorgt dafür, dass alles Negative abprallt, bevor es Sie persönlich trifft. Falls Ihnen ein anderes Bild passender erscheint, wählen Sie dieses. Ihrer Kreativität sind keine Grenzen gesetzt. Letztlich geht es darum, sich Kritik oder unhöfliches Verhalten nicht zu Herzen zu nehmen.

Beispiel:

Wenn ich mit meiner Gutachterin sprechen muss, stelle ich mir vor, wie eine Panzerglasscheibe vor mir hochfährt. Ich kann zwar durchschauen, aber ich bin geschützt. Dazu ertönt laute Musik, nämlich der „Imperial March" aus Star Wars. Außerdem mache ich mir immer wieder bewusst, dass sie nur meinen Namen kennt, von mir als Person aber nichts weiß. Das nimmt ihr irgendwie die „Macht" über mich. Ich weiß: Es klingt blöd, aber es funktioniert. Eine Freundin nutzt ein anderes Bild. Sie selbst steht im Haus, ihr Prof vor dem hohen Gartenzaun. Wenn er sie besonders nervt, schickt sie ihren imaginären Hund in den Garten.

Wenn Sie mit Ihrer Betreuungsperson gar nicht klarkommen, besprechen Sie mit der Studienberatung, ob ein **Wechsel** möglich ist. Alternativ können Sie die Nähe zu Ihrem **Zweitgutachter** suchen.

Persönliches Problem?

Ob Sie nun krank sind oder unter akutem Liebeskummer leiden, finanzielle oder andere Sorgen haben: Wenn Ihre Probleme schier überhandnehmen, können Sie erwägen, professionelle Hilfe in Anspruch zu nehmen – etwa eine Psychotherapie zu machen. Allerdings sind Therapieplätze rar, und man muss oft lange darauf warten. Möglicherweise scheuen Sie auch vor diesem vermeintlich „krassen Schritt" zurück, tun sich schwer damit, ärztlichen Rat einzuholen ...

Für den Anfang oder für leichtere Fälle gibt es aber auch niedrigschwellige Angebote: Die meisten Hochschulen haben eine **Psychologische Beratungsstelle**, bei der Studierende kostenlos Rat suchen können.

Ein spezielles Studi-Sorgentelefon ist die von Studierenden betreute **„Nightline"**, die es an 28 Hochschulen in Deutschland und im deutschsprachigen Ausland gibt. Telefonisch oder (teilweise) per Skype oder E-Mail können Sie sich dort Ihren Kummer von der Seele reden.[152]

Das Angebot gibt es bisher in Aachen, Bamberg, Berlin, Bielefeld, Bochum, Dresden, Frankfurt am Main, Freiburg, Göttingen, Graz, Greifswald, Halle, Heidelberg, Hohenheim, Innsbruck, Karlsruhe, Köln, Konstanz, Leipzig, Luzern, München, Münster, Passau, Potsdam, Regensburg, Tübingen, Wien und Zürich.

Wenn Sie ernste Probleme haben, können Sie mit einem **Attest** auch eine **Fristverlängerung** beantragen. Suchen Sie dazu bitte unbedingt die Studienberatung auf, die Ihnen konkrete Tipps geben kann, was es bei einer Fristverlängerung zu beachten gilt.

Falls Sie sich Ihren persönlichen Problemen grundsätzlich gewachsen fühlen, jedoch derzeit **den Kopf nicht frei bekommen**, kann Folgendes helfen:

Schreiben Sie alles Belastende nieder, falten Sie die **Liste** und verstauen Sie sie, um sich zu einem anderen Zeitpunkt wieder mit ihr zu beschäftigen. Wichtig: Konzentrieren Sie sich nicht nur auf das Problem, sondern nennen Sie auch mögliche Lösungen. Das kann einen befreienden Effekt haben.

Nicht zuletzt kann es helfen, mit einer Person Ihres Vertrauens zu **reden**. Manchmal hilft es schon, einfach nur dem Kummer Luft zu machen. Möglicherweise hat Ihr Gegenüber nicht nur Verständnis, sondern auch ein paar gute Tipps für Sie.

---

[152] Nähere Informationen – auch zu den diversen Beratungszeiten – finden Sie unter der URL: https://nightlines.eu. Tag des letzten Zugriffs: 8.12.2023.

Daneben kann alles helfen, was den Stress reduziert, etwa Bewegung, Entspannungstechniken oder Atemübungen. Neben diesen allgemeinen Anti-Stress-Rezepten gibt es sicher etwas, das Ihnen ganz persönlich guttut. Manche Meschen schalten besonders gut in der Badewanne ab, andere kneten Anti-Stress-Bälle, gehen mit dem Hund spazieren, gärtnern, meditieren, backen, singen ...

Was tut Ihnen gut, wenn Sie gestresst sind? Was hat Ihnen in der Vergangenheit geholfen? Damit Sie in einer akuten Stresssituation ein „schnelles Rezept" zur Hand haben, können Sie vorab eine Liste all dessen aufsetzen, was Ihnen guttut. Daraus können Sie sich im Notfall etwas herauspicken, ohne lange überlegen zu müssen. Füllen Sie dazu die Liste unten auf dieser Seite mit Ihren persönlichen Entspannungsrezepten aus.

Beispiel:

Atemübungen   *Blumen kaufen*

Telefonat mit X   *Duftlampe anzünden*

In eine Zitrone beißen   *Mit meinem Hund kuscheln*

Meine Anti-Stress-Liste

....
....
....
....
....
....
....
....

18 Schreibblockaden überwinden

Wie entstehen Schreibblockaden?
Ist so eine Blockade normal?
Was kann ich akut und
vorbeugend dagegen tun?

Woran hängt es? Individuelle Tricks und Tipps

Schreibblockaden und Aufschieberitis haben oft ähnliche Ursachen. Viele Tipps, die gegen Prokrastination (?) helfen, sind deshalb auch bei Schreibblockaden hilfreich. Auch wenn es einige Überschneidungen zwischen Kapitel 17 und 18 gibt, lohnt es sich, beide zu lesen.

Der erste Schritt ist – bei der Lösung von Schreibblockaden wie bei Aufschieberitis – eine **Bestandsaufnahme**: Machen Sie sich zunächst bewusst, weshalb Sie gerade nicht weiterschreiben können. Es hilft bereits, sich klarzumachen, weshalb gerade nichts mehr geht; denn dann können Sie die Ursachen konkret bekämpfen. Fragen Sie sich auch: In welcher Phase treten die Schreibhemmungen auf? Bei der Ideenfindung? Beim Gliedern? Beim Schreibstart? Beim Formulieren?

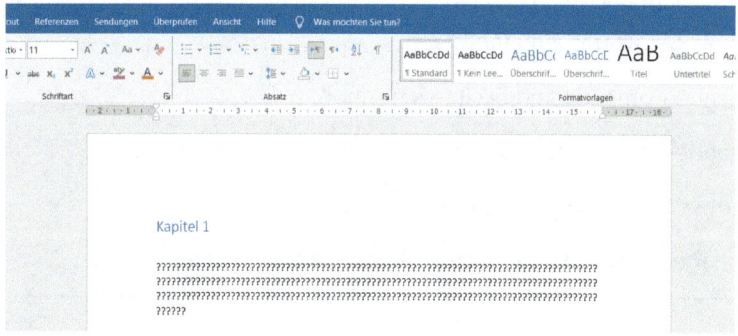

Abb. 29: Viele Studis kennen Schreibhemmungen
(Eigene Darstellung)

Haben Sie zu hohe Erwartungen an sich und Ihren Text?

Oft sind Schreibblockaden das Ergebnis einer zu hohen Erwartung an sich selbst. Verdeutlichen Sie sich, dass Sie in dieser Arbeitsphase auch **Unvollkommenes schreiben dürfen**. Keine gute Arbeit gelingt gleich im ersten Entwurf – und oft auch noch nicht im zweiten. Stattdessen muss ein guter Text mehrfach überarbeitet werden! Ihre Arbeit wird letztlich sicher großartig sein, aber bis dahin dürfen Sie sich Zeit lassen.[153]

Haben Sie negative Schreiberfahrungen gemacht, die Sie demotivieren?

Natürlich erinnert sich niemand gerne an Misserfolge. Trotzdem passieren jedem Fehler; der Spruch „Irren ist menschlich" mag abgedroschen sein, zutreffend ist er dennoch. Selbst der ein oder anderen Verfasserin eines Studi-SOS-Leitfadens soll einmal eine Hausarbeit misslungen sein ... ☺

Machen Sie sich keine Selbstvorwürfe, sondern lernen Sie aus Ihren Fehlern und Misserfolgen. Überlegen Sie: **Was lief beim letzten Mal schief?** Woran lag das? **Was kann ich diesmal besser machen?** Wenn Sie sich auf Lösungsstrategien konzentrieren, ist das ein erster – sehr wichtiger – Schritt zur Überwindung der Schreibblockade. Überlegen Sie, was Sie für die Arbeit brauchen und welche Kompetenzen Sie bereits besitzen.

Mein „Handwerkskoffer"

Ich habe während meines Studiums vieles gelernt, was mir beim Schreiben der Arbeit hilft. Diese Kompetenzen und Erfahrungen kann ich bei der Thesis bzw. Seminararbeit einbringen.

Folgende Kompetenzen besitze ich schon: ....

Folgende Kompetenzen werde ich mir noch aneignen: ....

Dazu werde ich Folgendes tun: ....

Das habe ich bei meinen letzten Seminararbeiten gelernt: ....

---

[153] Vgl. Folz 2020, Kap. 5.2 und 5.3. Eine gänzlich andere Herangehensweise gegen Schreibblockaden empfiehlt Reinicke (2018): Die Schreibberaterin überträgt das Konzept der Heldenreise auf das wissenschaftliche Schreiben und entwickelt daraus die sogenannte Heldenmethode.

Wenn Ihnen der Einstieg schwerfällt, sollten Sie mit einer **leichten Aufgabe** beginnen. Nach und nach werden Sie wieder in die Arbeit hineinfinden. Aufgrund Ihrer Erfahrungen werden Sie diesmal bestimmte Fehler sicher nicht (mehr) machen.

Gibt es Umweltfaktoren, die Sie am Schreiben hindern?

Versuchen Sie, den **Arbeitsort zu wechseln**, **Störquellen auszuschalten** oder zu einer **anderen Tageszeit** zu schreiben. Vielleicht arbeiten Sie versehentlich gegen Ihren eigenen Biorhythmus? Wissen Sie, wann Sie besonders konzentriert und aufnahmebereit sind? Falls nicht, beobachten Sie sich einige Tage lang selbst: Wann fällt Ihnen die Arbeit besonders leicht? Wann fühlen Sie sich müde und ausgelaugt? Passen Sie dann ggf. Ihre Schreibzeiten an.

Manchmal reicht es schon, den Schreibtisch aufzuräumen. Unter dem Chaos von Büchern, Notizzetteln, Aufsatzkopien, Taschentüchern, Gläsern, Tassen etc. kann auch die Konzentration leiden. Lüften Sie regelmäßig, achten Sie auf ausreichende Beleuchtung und regelmäßige Pausen.

Viele Studierende fühlen sich dazu genötigt, oft ihre E-Mails, Instagram-Postings, WhatsApp-Nachrichten etc. abzurufen und sind daher mit den Gedanken nicht beim Schreiben.

In dem Fall kann es helfen, sogenannte **„Nichterreichbarkeitstage"** einzuführen: Schalten Sie Handy und Telefon aus, loggen Sie sich an diesem Tag nicht ins Internet ein und teilen Sie das Ihrem Freundeskreis mit – so wissen alle Bescheid, dass Sie z. B. montags nicht erreichbar sind. Sie können sich auf Ihre Arbeit konzentrieren und dürfen dafür dienstags (oder an einem beliebigen anderen Tag) eine „Kommunikationsstunde" einlegen. Wem das zu viel ist, der kann beispielsweise handyfreie Stunden einführen. Weitere Tipps zum sinnvollen Umgang mit der Ablenkungsfalle Internet finden Sie in Kapitel 3 und in Kapitel 17.

Liegt es am Thema der Arbeit?

Versuchen Sie, Ihr Thema **positiv aufzuwerten**, indem Sie einen persönlichen Bezug dazu herstellen und interessante Aspekte Ihrer Aufgabenstellung suchen. Welchen Mehrwert hat Ihre Arbeit? Ist es wirklich nur ein Mittel zum Zeugnis, oder gibt es auch einen lebenspraktischen Nutzen (z. B. Erwerb bestimmter Kompetenzen)?

Machen Sie sich die Arbeit nicht unnötig schwer, indem Sie sich und anderen dauernd vorjammern, wie furchtbar die Aufgabe ist. Das kostet Sie (und Ihre Zuhörer) lediglich Energie und Zeit.

Stellen Sie sich stattdessen vor, wie Sie sich fühlen werden, wenn die Arbeit abgeschlossen und abgegeben ist: Was werden Sie tun? Was werden Sie sagen? Je detaillierter Sie sich die Szene vor Augen führen, wenn Sie die Arbeit abgegeben haben werden, desto motivierender.

Vielleicht planen Sie auch eine **Belohnung** für die abgeschlossene Arbeit? Das kann ein Kaffeeklatsch mit einer guten Freundin sein, aber auch eine Massage, ein Serienmarathon bis spät in die Nacht, ein Kurzurlaub, eine Party, ein Picknick im Park, Ausschlafen bis nachmittags oder etwas ganz anderes.

Abb. 30: Die Aussicht auf eine schöne Belohnung motiviert (juli.gänseblümchen – Pixelio.de)

Vielleicht möchten Sie sich mit Ihren Kommilitoninnen austauschen, die ebenfalls an einer wissenschaftlichen Arbeit feilen? Diese haben schließlich mit den gleichen Aufgaben zu kämpfen wie Sie. Selbst wenn Sie im Gespräch keinen fachlichen Geheimtipp erhalten, hilft es oft schon zu wissen, dass man **nicht alleine** mit seinen Problemen dasteht.

Generelle Techniken gegen Schreibblockaden

Jenseits der spezifischen Tipps können Sie auch die folgenden Methoden ausprobieren, die beim akuten Steckenbleiben äußerst wirksam sind.[154] Je nach Arbeitsphase können unterschiedliche Tipps und Tricks helfen.

Clustering (Phase: Ideenfindung und Gliederung)

Nehmen Sie sich etwa eine Viertelstunde Zeit: Auf einem weißen Blatt Papier notieren Sie in der Mitte Ihr Thema. Von innen nach außen schreiben Sie nun alle möglichen **Stichwörter**, die Ihnen dazu einfallen. Versuchen Sie nicht, Ihre Gedanken zu kontrollieren, sondern notieren Sie einfach, was Ihnen ganz **spontan** einfällt. Verbinden Sie die Wörter, die Ihnen zusammengehörig scheinen, mit Linien. Es kommt nicht darauf an, möglichst viel Sinnvolles aufzuschreiben, sondern einfach nur zu schreiben und zu **assoziieren**. Diese Technik hilft Ihnen, neue Ideen zu finden, Verknüpfungen zwischen einzelnen Themenblöcken zu finden, manchmal auch nur, auf passende Stichwörter oder Ausdrücke zu kommen.

Beispiel:

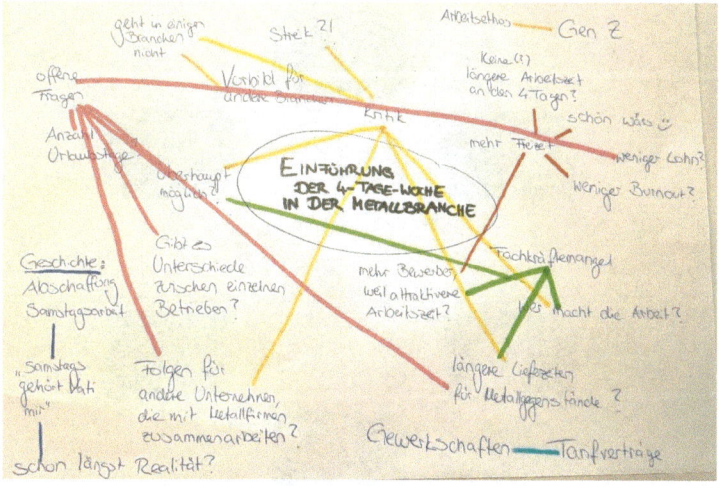

Abb. 31: Cluster zum Thema „Einführung der 4-Tage-Woche in der Metallbranche"

---

[154] Vgl. Bensberg/Messer 2014, S. 239 – 243; Esselborn-Krumbiegel 2020; von Werder/Schulte-Steinicke/Schulte 2001.

Assoziationstechniken (Phase: Ideenfindung und Gliederung)

Ideen können Sie auch mithilfe anderer kreativer Visualisierungstechniken zusammentragen. Versuchen Sie dabei, wichtige Schlagwörter zu Ihrem Thema in einer grafischen Darstellung festzuhalten: zum Beispiel in einem Assoziationsfächer oder -kreis.[155] Letztlich entscheiden Sie darüber, welche Form Ihnen am besten gefällt und was zu Ihrem Thema passt.

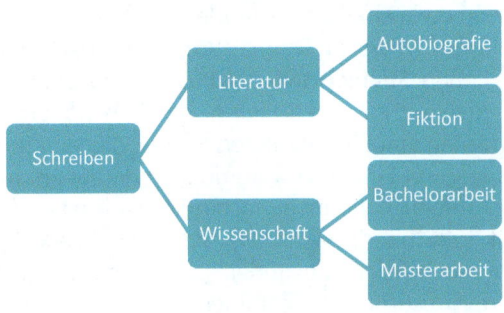

Abb. 32: Beispiel für einen Assoziationsfächer (Eigene Darstellung)

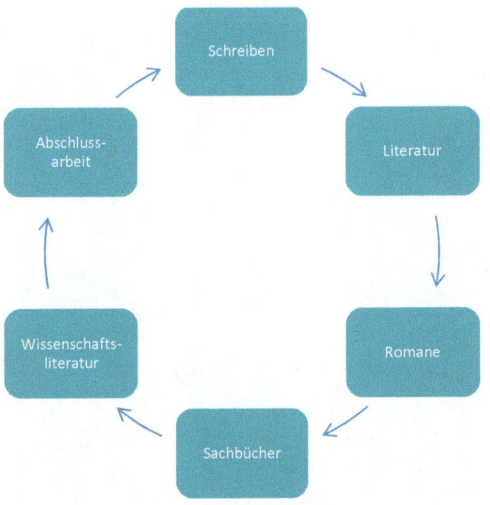

Abb. 33: Beispiel für einen Assoziationskreis (Eigene Darstellung)

---

[155] Vgl. Esselborn-Krumbiegel 2020, S. 23 – 32.

Perspektivwechsel (Phase: Gliederung/Schreibstart)
Bei dieser Übung stellen Sie sich vor, Sie seien eine Person, die von den Ergebnissen Ihrer Arbeit profitiert. Was für eine Person könnte das sein? Inwiefern nützen ihr die Ergebnisse Ihrer Arbeit, wie wendet sie diese an?[156] Diese Technik funktioniert nicht mit jedem Thema, aber doch öfter, als man zunächst glauben mag.

Beispiele:

Wenn Sie sich etwa mit Maßnahmen gegen den Fachkräftemangel in einer bestimmten Branche beschäftigen, könnten sie sich in eine Geschäftsführerin hineinversetzen, die dank Ihrer Ideen neue Fachkräfte rekrutiert.

Wenn Sie untersuchen, ob ungesüßter Tee, Saftschorle oder Mineralwasser zu besseren Konzentrationsleistungen führen, könnten Sie sich in einen Kommilitonen versetzen, der kurz vor dem Abschluss steht und möglichst gute Lernbedingungen schaffen möchte.

Wenn Sie einen kritischen Überblick über diverse Virenprogramme geben, versetzen Sie sich in die Lage eines Users, der dank Ihrer Ergebnisse das sicherste Programm wählt.

Wozu diese Gedankenspielerei? Indem Sie sich klarmachen, wer von Ihren Ergebnissen profitieren könnte, legen Sie automatisch den Schwerpunkt darauf, was wichtig ist. So unterscheiden Sie leichter zwischen zentralen Aspekten Ihres Themas und weniger wichtigen Teilfragen. Außerdem erhöht es die Motivation, wenn man nicht nur „für das Zeugnis" schreibt, sondern auch einen praktischen Mehrwert generiert.

Vorläufiges Abkupfern (Phase: Schreibstart/Formulieren)
Als Einstieg für einen Rohentwurf (nicht für die Endfassung Ihrer Arbeit!) eignet sich diese Methode hervorragend: Wählen Sie einen Fachbeitrag, der gut zu Ihrem Thema passt und den Sie ohnehin noch bearbeiten wollen. **Exzerpieren** (?) Sie dann diesen Text, indem Sie wichtige Passagen **umformulieren oder Synonyme suchen**. So fassen Sie prägnante Stellen der Forschungsliteratur zusammen und produzieren gleichzeitig eigenen Text. Selbst etwas zu schreiben, hilft oft schon gegen das Gefühl, eine Schreibblockade zu haben.

---

[156] Vgl. Reinicke 2018, S. 93.

E-Mail-Technik (Phase: Schreibstart/Formulieren)

Teilen Sie einer **Vertrauensperson per E-Mail** mit, was Sie schreiben möchten und warum Sie nicht weiterkommen. Schreiben Sie die E-Mail in einem Rutsch und lesen Sie sie nicht nochmals durch.

Ob Sie die Mail wirklich verschicken und eventuell hilfreiches Feedback bekommen, oder ob Sie sie nur als Schreibübung für sich selbst verwenden, bleibt Ihnen überlassen. Mit der Umstellung auf eine unkomplizierte, alltagssprachliche Ausdrucksweise lösen Sie sich von umständlichen und vertrackten Formulierungen.

Alternativ können Sie auch eine **andere Textsorte** wählen und statt einer E-Mail eine Erzählung, eine Reportage, ein Interview oder ein Gedicht verfassen. Auch daraus werden Sie Anregungen erhalten.

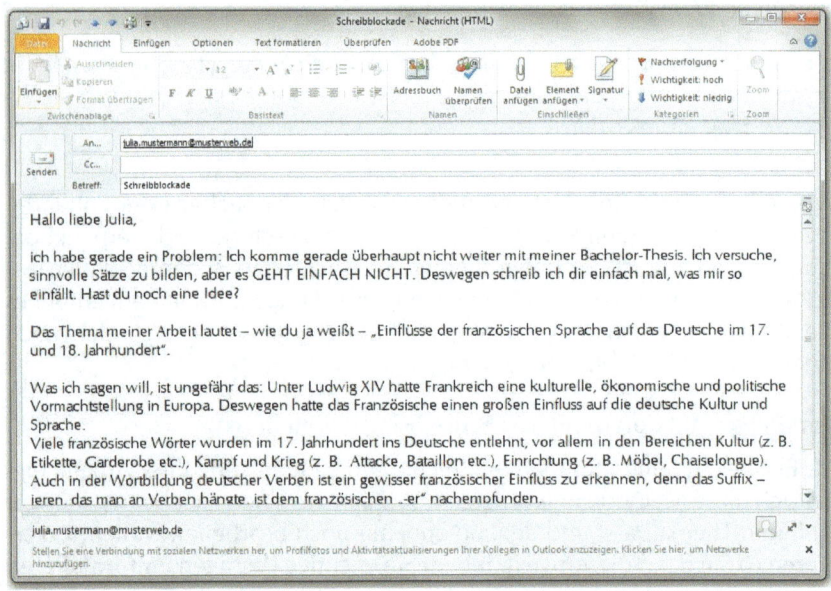

Abb. 34: In ungezwungener Atmosphäre formuliert es sich oft besser. (Eigene Darstellung)

Diktieren (Phase: Schreibstart/Formulieren, auch in der Gliederungsphase anwendbar)

Probieren Sie einmal aus, Ihren Text zu diktieren. Sie können entweder ein **Diktiergerät** (bzw. die Aufnahmefunktion Ihres Handys) verwenden, oder einen **Vortrag** vor Freunden oder Verwandten halten. Natürlich sind mündliche Sprache und wissenschaftlicher Schreibstil sehr unterschiedlich. Bei dieser Übung geht es aber hauptsächlich darum, den Gedankenfluss in Gang zu bringen und die Ideen überhaupt in Worte zu fassen. Und vielleicht fällt Ihnen doch noch eine gelungene Formulierung ein, die Sie in Ihren Text aufnehmen können. Wenn Sie ein Diktiergerät nutzen, können Sie das Gesagte bei Bedarf transkribieren (?). Dann ist Ihr Blatt zumindest nicht mehr leer. Sie können Ihren Zuhörern auch Ihre Gliederung mündlich vorstellen und aus dem Hörerfeedback schließen, an welchen Stellen die Gliederung nachvollziehbar ist und wo es noch Umstellungsbedarf gibt.

Worst-Text-Szenario (Phase: Schreibstart/Formulieren)

> August des Jahres lagen die gemessenen Feinstaubwerte durchweg über den gesetzlich vorgegebenen Höchstwerten. In Anbetracht dessen lässt sich feststellen, dass ????
>
> die ganzen reeglungen umsonst sin wenn die keiner umsetzt
>
> oder dass man die halt besser umsetzn muss und strafen verhängen soll (→ hat schmid in aufsatz gesagt – einizge sinnvolle aussage von dem!

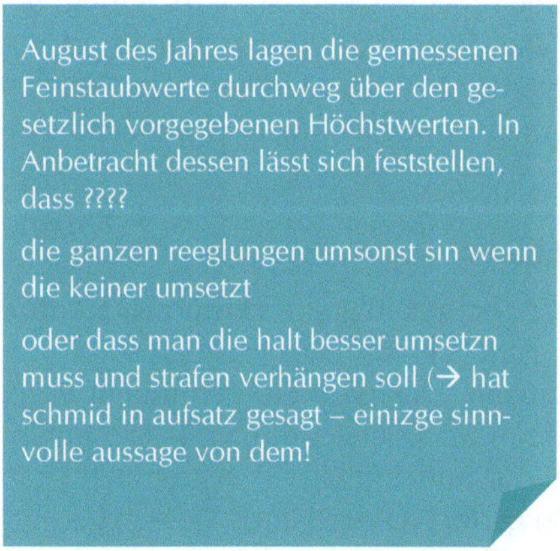

Abb. 35: Ein schlechter Text ist besser als gar keiner! (Eigene Darstellung)

Erlauben Sie sich, einen **richtig schlechten Text** zu schreiben. „Einfach vor sich hin schreiben" macht keine Angst, sondern unter Umständen sogar Spaß: Schreiben Sie flapsig und fragmentarisch, ohne Rechtschreibung oder Grammatik. So können Sie sich auf die wesentlichen Inhalte konzentrieren und erkennen in einem zweiten Schritt, was Wissenschaftlichkeit ausmacht und was nicht. Wenn Sie sich irgendwann sicherer fühlen, sollten Sie Ihren Text überarbeiten.

Crash-Technik (Phase: Formulieren)

Stellen Sie sich vor, Ihr Computer wäre abgestürzt und die Datei nicht gesichert worden. Der Abschnitt muss also **komplett neu geschrieben**, nichts darf von der bisherigen Version eingefügt werden. Öffnen Sie ein **weiteres Dokument** und schreiben Sie die letzte Passage nochmals in anderen Worten. Dadurch wird das „Beharrungsvermögen" des Geschriebenen ausgeschaltet und Platz für neue Formulierungen geschaffen.

Keine Rückschau (Phase: Formulieren)

Lesen Sie nicht die letzten fünf Absätze, wenn Sie feststecken. Wenn Sie Ihre „Holper-Textpassage" mit den gut ausformulierten Passagen davor vergleichen, kann das lähmend wirken. Betrachten Sie aber *nur* die letzten Sätze, werden die Übergänge besser und der Text flüssiger.

Regelmäßig schreiben (Phase: Formulieren)

Wenn möglich, schreiben Sie (unter der Woche) täglich an Ihrer Arbeit: am besten **mindestens drei Stunden** pro Tag. Sobald der Faden abreißt, ist der erneute Einstieg schwierig. **Regelmäßigkeit** kann dabei helfen, den Schreibfluss zu automatisieren.[157] Dann hinterfragen Sie nicht mehr jeden Satz, sondern schreiben einfach vor sich hin.

Schreibzeit reduzieren (Phase: Formulieren)

Wenn das alles nichts hilft, keine dieser Techniken greift, **verkürzen Sie Ihre tägliche Schreibzeit** – und zwar sehr stark. Veranschlagen Sie ab sofort nur noch ein Drittel Ihrer üblichen Schreibzeit. Das wird Sie vermutlich unter Druck setzen, denn in dieser Zeit müssen Sie ja etwas Sinnvolles zu Papier bringen. Ob das dann perfekt ist oder nur mittelmäßig, ist erst einmal egal. Da das Schreiben selbst nur noch einen geringen Anteil Ihres Tagesplans ausfüllt, verringert sich auch möglicherweise Ihre innere Lähmung, wenn Sie ans Schreiben denken.

Schreibgruppe (für alle Phasen geeignet, besonders für das Formulieren)

Schließen Sie sich einer Schreibgruppe an. Solche Zusammenschlüsse gibt es praktisch an jeder Hochschule. Gleichgesinnte treffen sich zu festgelegten Zeiten, um – jeder für sich, aber in einem Raum – an ihren Seminar- oder Abschlussarbeiten zu schreiben. Wer ein akutes Problem hat oder gerade

---

[157] Vgl. Heimes 2011, S. 61.

nicht weiterkommt, fragt die anderen um Rat. Am besten schließen Sie sich Kommilitonen aus dem gleichen Fachbereich an, dann können Sie sich auch inhaltlich austauschen.[158]

Selbstbestätigung (für alle Phasen geeignet)

Oft ist es unser innerer Kritiker, der uns vom Schreiben abhält. Vielleicht, weil die letzte Hausarbeit nicht so gut lief wie gewünscht. Vielleicht aber auch, weil wir extrem hohe Ansprüche an uns selbst haben. In Kapitel 17 finden Sie einige Tipps zum Umgang mit dem inneren Kritiker.

Vielleicht möchten Sie die Methode der positiven Bestätigung ausprobieren. Dazu schreiben Sie auf einen **Notizzettel oder ein Blatt** eine **positive Nachricht**: „Ich bin ein guter Schreiber." Oder: „Das Schreiben macht mir Spaß." Oder: „Ich habe genug Zeit für meine Seminararbeit." Oder: „Ich bin entspannt und gelassen." Hängen Sie den Zettel an eine Stelle, die Sie regelmäßig sehen (Badezimmerspiegel, Wand am Schreibtisch, übers Bett). Möglicherweise fühlt sich die Botschaft zu Beginn falsch an. Doch Ihr Unterbewusstsein wird sich nach und nach darauf einstellen und Sie werden selbstbewusster an die Arbeit gehen.[159]

Die Übung „Mein Werkzeugkoffer", die wir Ihnen am Anfang des Kapitels vorgestellt haben, lenkt den Fokus auf das, was Sie gelernt haben und bereits können. Sie machen sich bewusst, dass Sie auf einen reichen Erfahrungsschatz zurückgreifen können. Und damit werden Sie Ihre Arbeit meistern.

Bewegung (für alle Phasen geeignet)

Studien haben gezeigt, dass Denken und Bewegung eng miteinander verknüpft sind.[160] Wenn Ihnen also partout keine passende Formulierung einfällt oder Sie nicht wissen, wie Sie an den eben geschriebenen Absatz anknüpfen sollen, stehen Sie auf, wandern Sie locker im Raum umher oder hüpfen Sie einmal quer durchs Zimmer. Sie können auch einen kurzen Spaziergang unternehmen (am besten mit Notizblock und Stift).[161]

---

[158] Tipps zum gemeinsamen Arbeiten in einer Schreibgruppe finden Sie bei Fröhlich/Henkel/Surmann 2017.
[159] Vgl. von Werder/Schulte-Steinicke/Schulte 2001, S. 52.
[160] Siehe hierzu beispielsweise Zechner 2018.
[161] Vgl. Esselborn-Krumbiegel 2020, S. 117 ff.

Persönliche Gegenmaßnahmen (für alle Phasen geeignet)

Möglicherweise haben Sie ganz eigene Ideen, die Ihnen bereits einmal geholfen haben. Legen Sie sich eine Liste an, in der Sie in einer Spalte Ihre Schreibprobleme notieren und in einer zweiten **Ihre individuellen Lösungsstrategien**. Dadurch fokussieren Sie sich weniger auf das Problem als vielmehr auf die Lösung – und können bei Bedarf zu einem späteren Zeitpunkt wieder auf diese Notfall-Liste zurückgreifen.[162]

Meine Schreibprobleme ...	... und wie ich sie gelöst habe

Schreibberatung (für alle Phasen geeignet)

Zahlreiche **Hochschulen** bieten inzwischen sogenannte Schreibwerkstätten oder Schreibberatung (oft auch im Rahmen des Career-Center-Programms) an. Dort gibt es von wöchentlichen Kursen bis zu individueller Schreibbetreuung ein breit gefächertes Angebot. Eine **Auswahl** einschlägiger Angebote finden Sie in Kapitel 25 aufgeführt.

---

[162] Vgl. von Werder/Schulte-Steinicke/Schulte 2001, S. 10.

19 Was, wenn die Zeit nicht reicht?

Wenn Sie einige Tage vor Abgabetermin feststellen, dass die Zeit partout nicht ausreicht, um die Arbeit in (sehr) gutem Zustand abzugeben, können Ihnen die folgenden Tipps weiterhelfen.

Tipp 1: Ruhig bleiben

Versuchen Sie, möglichst gelassen zu bleiben. Panik verbraucht sehr viel Kraft und Energie, die Sie besser in Ihre Arbeit stecken. Atmen Sie ein paarmal tief durch: Wer sich auf den Atem konzentriert, fährt automatisch die Stresssymptome runter.

Tipp 2: Zeit gewinnen

Abb. 36: Endspurt!
(Composer – Fotolia.com)

Versuchen Sie, Zeit zu gewinnen. Dazu können Sie überlegen: Welche **Aufgaben** können Sie in dieser heißen Phase **abgeben oder weglassen?**

- Können Sie in Ihrem Nebenjob kurzfristig (ggf. unbezahlten) Urlaub nehmen?
- Wer kann sich um Ihre Haustiere kümmern?
- Ist es denkbar, das Kochen oder den Mensa-Besuch für die nächsten Tage durch Bestellpizza, Brot oder ein Fertiggericht zu ersetzen?
- Können Sie eine Vorlesung notfalls ausfallen lassen?
- Können Sie die Arbeit eventuell am letzten Tag persönlich abgeben, statt am vorletzten Tag per Post einzusenden?
- Ist es möglich, die Arbeitszeit etwas zu verlängern? (Aber Vorsicht: Mehr als eine Nachtschicht wirkt sich negativ auf die Konzentration aus!)
- Gibt es weitere To-dos, die Sie kurzfristig streichen oder auf die Zeit nach der Abgabe verschieben können?
- Möchten Sie in Ihren sozialen Netzwerken ankündigen, dass Sie während des Endspurts nicht erreichbar sind?

Tipp 3: Trotzdem Pausen einlegen

Wie leicht neigt man dazu, in stressigen Phasen auf Pausen zu verzichten. Doch damit ist nichts gewonnen. Studien zeigen: Kleine Pausen zwischen zwei und 30 Minuten fördern die Konzentration besonders gut.[163]

Legen Sie – auch bei Stress – nach spätestens 90 Minuten eine kleine Unterbrechung ein. Am erholsamsten sind Pausen, wenn Sie sich (ein wenig) bewegen und nichts geistig Anstrengendes tun.[164] Lüften Sie außerdem regelmäßig und achten Sie darauf, genug zu trinken.

Tipp 4: Prioritäten setzen

Um die verbleibende Zeit möglichst sinnvoll zu nutzen, machen Sie sich eine Liste: Was ist **unbedingt noch zu erledigen?** Besonders wichtige Aufgaben sind unter anderem die folgenden:

- Deckblatt erstellen
- Eidesstattliche Erklärung [?] unterzeichnen und einfügen
- Inhaltsverzeichnis einfügen und am Ende aktualisieren
- Einleitung und Fazit fertigschreiben
- Satzfragmente ausformulieren
- Falls ganze Textteile fehlen: schreiben (egal, wie es klingt: lieber irgendein Text als keiner!)
- Drucken

Daneben gibt es Dinge, die auch wichtig, aber nicht unerlässlich sind. Das könnten beispielsweise folgende sein: Unterkapitel ausfeilen, Schreibstil verbessern, Übergänge klarer formulieren, Zitierweise checken, Fußnoten prüfen, auf doppelte Leerzeichen achten.

Die **Zeitmanagement-Methoden**, die wir Ihnen in Kapitel 3 vorgestellt haben helfen Ihnen dabei, Prioritäten zu setzen.

---

[163] Vgl. Quarks.de 2023.
[164] Vgl. Bensberg/Messer 2014, S. 114.

Tipp 5: Planvoll vorgehen

Vermeiden Sie blinden Aktionismus à la: „Hier muss noch der Gedanke eingefügt werden und da wollte ich doch auch noch etwas ergänzen und – was sollte im Fazit stehen?"

Diese Art von unsystematischer Hektik wird Ihnen und Ihrer Arbeit sicher nicht guttun. Versuchen Sie stattdessen, **konzentriert und strukturiert** an die offenen Aufgaben heranzugehen.

Bei Zeitmanagement-Seminaren wird immer wieder die Geschichte vom Holzfäller (so oder so ähnlich) erzählt:

> Ein Mann geht im Wald spazieren. Er sieht einen anderen Mann, der sich abmüht, einen Baum mithilfe einer stumpfen Axt zu fällen. Der Spaziergänger bleibt stehen und fragt: „Warum schärfen Sie Ihre Axt denn nicht einfach?" Gehetzt antwortet der Waldarbeiter: „Ich habe keine Zeit!"

Was wir daraus ableiten können: Wer strukturiert an eine Arbeit herangeht, wird deutlich erfolgreicher sein als derjenige, der einfach kopflos „drauflosschuftet". Vielleicht stellen Sie nach einigen produktiven Stunden ja sogar fest, dass alles gar nicht so schlimm ist, wie Sie befürchtet haben.

Tipp 6: Hilfe annehmen

Sie schaffen es selbst nicht mehr, die Arbeit Korrektur zu lesen? Dann bitten Sie eine Person Ihres Vertrauens um Unterstützung. Im Idealfall kennen Sie jemanden, der spontan genug ist, um die Arbeit kurzfristig und schnell gegenzulesen. Sie dürfen sich auf Ihre A-Aufgaben konzentrieren, während die andere Person die Arbeit (in Teilen) durchlesen und auf Tippfehler, Unklarheiten oder Ähnliches hinweisen kann. Die Korrekturen fügen Sie in einem letzten Schritt ein. Vergessen Sie nicht, dafür ein wenig Zeit einzuplanen.

Sie schaffen das! Und schon bald dürfen Sie sich über Ihren Hochschulabschluss freuen. Wir wünschen Ihnen dabei alles Gute!

*Abb. 37: Endlich geschafft
(twinlili – Pixelio.de)*

20 Bewertungskriterien einer Abschlussarbeit

??? *Nach welchen Kriterien wird eine (Abschluss-)Arbeit benotet? Gibt es allgemeingültige Standards? Wie schätze ich ein, was ich leisten muss?*

Auch wenn es Ihnen vielleicht so scheinen mag, als wäre die Benotung der Abschlussarbeit lediglich von der Willkür der Betreuungsperson abhängig: Es gibt **klare Kriterien**, was Sie in Ihrer Thesis leisten sollen.[165]

Fachliche Kompetenz und die Fähigkeit, ein Problem zu analysieren und (so gut wie möglich) zu lösen, stehen dabei – sowohl bei der Bachelor- als auch bei der Masterarbeit – im Vordergrund. Folgende Faktoren spielen bei der positiven Bewertung Ihrer Arbeit eine wichtige Rolle.[166]

Thema	nicht erfüllt	teilweise erfüllt	erfüllt
Ihr Thema ist relevant. Sie haben ein Thema gewählt, das entweder noch relativ unerforscht ist, oder das neue Erkenntnisse zulässt und das wissenschaftlich relevant ist.			
Ihre Themenstellung ist weder zu weit noch zu eng gefasst. Die Problematik lässt sich gut in der geforderten Seitenzahl abhandeln, ohne dass Sie das Thema „künstlich aufblähen" oder nur ganz oberflächlich am Thema „kratzen".			

---

[165] Vgl. hierzu auch Bänsch/Alewell 2020, S. 125 ff.; Brauner/Vollmer 2008, S. 147 – 157; Karmasin/Ribing 2019, S. 17 ff.
[166] Die Qualitätskriterien gelten prinzipiell auch für Studien- und Seminararbeiten, werden in diesem Fall allerdings weniger streng ausgelegt.

Thema	nicht erfüllt	teilweise erfüllt	erfüllt
Sie formulieren Ihre Themenstellung klar und deutlich. Anhand Ihres Titels (gegebenenfalls mit Untertitel) wird klar, was Ihre Arbeit thematisiert. Konkretisiert wird der Titel durch Ihre Fragestellung, die Sie in der Einleitung nennen.			
Sie analysieren zentrale Probleme besonders ausführlich. Nicht alle Aspekte sind gleich wichtig. Sie machen das auch daran deutlich, wie viel Platz Sie einzelnen Teilproblemen einräumen.			
Sie behandeln alle relevanten Aspekte des Themas. Es gibt immer Themenbereiche, die Sie nicht behandeln können, weil es weder Zeit noch Umfang erlauben. Verschweigen Sie das nicht, sondern machen Sie deutlich, dass diese Aspekte auch am Rande interessieren, aber im Rahmen der Arbeit nicht behandelt werden können.			
Unnötiges sparen Sie aus. Sie wissen, wo die Grenzen Ihres Themas liegen und kommen nicht vom Hölzchen aufs Stöckchen und damit weit weg von Ihrer eigentlichen Problemstellung.			

Aufbau/Gliederung	nicht erfüllt	teilweise erfüllt	erfüllt
Ihre Arbeit enthält alle wichtigen formalen Bausteine. Deckblatt, Inhaltsverzeichnis, Einleitung, Hauptteil, Schluss, Literaturverzeichnis und eidesstattliche Erklärung (?) sowie ggf. andere Verzeichnisse sind vorhanden.			
Der Aufbau Ihrer Arbeit ist logisch. Ihr Gutachter erkennt einen roten Faden. Dieser lässt sich bereits am Inhaltsverzeichnis nachvollziehen. Auch innerhalb der einzelnen Kapitel gibt es einen roten Faden und alle wichtigen Informationen (siehe Kapitel 9) finden sich in den entsprechenden Kapiteln wieder.			
Ihre Gliederung ist ausgewogen. Über- und Unterkapitel sind klar voneinander abgrenzbar. Sie „zerpflücken" die Kapitel nicht in kleinste Untereinheiten, die nur wenige Zeilen umfassen, oder formen nur einen einzelnen großen Block.			
Einleitung und Schluss bilden einen informativen Rahmen. Beim Lesen Ihrer Einleitung und Ihres Schlusskapitels kann man gut nachvollziehen, worum es in Ihrer Arbeit geht, was die wichtigsten Ergebnisse waren und wie Sie vorgegangen sind.			
Sie wiederholen sich nicht unnötig.			

Forschungsliteratur	nicht erfüllt	teilweise erfüllt	erfüllt
Sie haben relevante Literatur zum Thema verwendet. Sie beziehen sich auf die zentralen Publikationen zu Ihrem Thema und kennen die wichtigsten Repräsentanten des Forschungsfeldes.			
Sie kommentieren konkurrierende Lehrmeinungen. Wenn es unterschiedliche Ansichten in der Forschung gibt, beziehen Sie Stellung und begründen Ihre Position.			
Ihre Literaturliste ist ausgewogen (siehe Checkliste Literaturverzeichnis). Sie haben eine Mischung aus älterer Standardliteratur und neuen Publikationen gewählt. Verschiedene Forschungsansätze und -richtungen sind berücksichtigt. Sie verwenden Aufsätze und Bücher (und ggf. qualitative Onlinequellen).			
Die im Literaturverzeichnis aufgeführte Literatur wird im Text in angemessenem Umfang verwendet. Sie bauschen Ihr Literaturverzeichnis nicht künstlich auf, indem Sie unzählige Publikationen aufführen, auf die Sie sich nur einmal im Text beziehen. In Ihrer Untersuchung zitieren Sie häufiger wichtige als unwichtige Literatur.			
Die verwendete Literatur ist aktuell. Die verwendeten Publikationen spiegeln den aktuellen Forschungsstand wider. Sie verwenden die jeweils neueste Auflage von Büchern.			

Forschungsliteratur	nicht erfüllt	teilweise erfüllt	erfüllt
Die verwendete Sekundärliteratur ist wissenschaftlich. Sie beziehen sich nicht auf dubiose Quellen oder unwissenschaftliche Publikationen (siehe Checkliste „Woran erkenne ich gute Literatur?")			
Sie bewahren Ihre Selbstständigkeit. Sie verlassen sich nicht unhinterfragt auf andere Autoren. Sie schalten Ihren kritischen Geist nicht beim Lesen aus, weisen auf fragwürdige oder widersprüchliche Aussagen hin und versuchen, zu einer eigenständigen Position oder Lösung zu kommen.			
Sie geben nicht nur den Inhalt der verwendeten Literatur wieder. Sie entwickeln eigene (begründete) Meinungen und Ansichten.			

Methodik	nicht erfüllt	teilweise erfüllt	erfüllt
Sie wenden die im Studium erlernten Methoden an. Sie zeigen, dass Sie mit den fachtypischen Methoden vertraut sind.			
Falls Sie empirisch (?) arbeiten, ist das Forschungsdesign klar und nachvollziehbar beschrieben. Sie führen genau auf, wie Sie gearbeitet haben und wie Sie zu Ihren Ergebnissen kommen.			

Methodik	nicht erfüllt	teilweise erfüllt	erfüllt
Sie benennen Nachteile und Fehler. Sie verschweigen nicht, inwiefern die Methode bei der Auswertung problematisch sein kann (z. B. mangelnde Generalisierbarkeit der Ergebnisse bei geringer Fallzahl).			
Sie definieren zentrale Fachbegriffe. Sie weisen darauf hin, wenn es unterschiedliche Definitionen für einen Ausdruck gibt, und erläutern, für welche Sie sich warum entscheiden.			
Sie führen lückenlose Argumentationsketten auf. Sie stützen sich nicht nur auf Aussagen anderer (siehe oben) und stellen nicht einfach Behauptungen auf, sondern belegen Ihre Aussagen (siehe Kapitel 13).			
Sie machen Ihre Ergebnisse deutlich. Sie formulieren verständlich, was das Ergebnis Ihrer Arbeit ist, ob sich das mit den Erwartungen deckt, ob es möglicherweise weiterhin ungelöste Probleme gibt und ob weitere Forschung nötig oder wünschenswert ist.			
Sie ordnen Ihre Arbeit in einen wissenschaftstheoretischen Kontext ein. In den meisten Fächern gibt es unterschiedliche Denkschulen. Sie machen deutlich, wo Ihre Arbeit angesiedelt ist.			

Zitierweise	nicht erfüllt	teilweise erfüllt	erfüllt
Ihre Zitierweise entspricht den formalen Vorgaben. Falls es keine Hochschul- oder Dozentenvorgaben gibt, ist Ihre Zitierweise einheitlich (sonst natürlich auch ☺). Die Belege enthalten alle relevanten Informationen.			
Sie verfälschen keine Aussagen. Sie geben die zitierten Aussagen inhaltlich korrekt wieder.			
Sie wahren ein ausgewogenes Verhältnis aus Zitaten und Eigenaussagen. Sie zitieren selten direkt. Sie sparen nicht an indirekten Zitaten, entwickeln aber auch eigene Ideen.			
Sie zitieren Quellen und Forschungsliteratur direkt und unvermittelt. Sie verzichten so gut es geht auf Sekundärzitate (?).			
Sie begehen kein Plagiat. Stattdessen machen Sie Übernahmen von Texten, Grafiken oder Tabellen aus anderen Publikationen kenntlich.			
Literaturverzeichnis und Textbelege stimmen überein. Sie zitieren im Text nur die Publikationen, die Sie im Literaturverzeichnis aufführen, und umgekehrt.			

Formale Gestaltung	nicht erfüllt	teilweise erfüllt	erfüllt
Ihre Arbeit ist vollständig. Außerdem sind alle Seiten an der dafür vorgesehenen Stelle und richtig herum abgedruckt.			
Sie halten die vorgegebene Seitenzahl ein. Schummeln durch verkleinerten oder vergrößerten Rand oder Ähnliches bemerken Prüferinnen ohnehin.			
Auf dem Deckblatt finden sich alle notwendigen Informationen. Zu den relevanten Angaben siehe Kapitel 9 und das Muster in Kapitel 22.			
Ihre Arbeit ist einheitlich gestaltet. Seitenränder und Schriftarten sowie Zeilenabstände sind in allen inhaltlichen Teilen gleich.			
Sie unternehmen keine stilistischen Experimente. Ihre Schrift ist gut lesbar (am besten schwarze Farbe und gängige Schriftart wie Times New Roman/Arial/Calibri). Der formale Aufbau ist nüchtern und sachlich. Davon ausgenommen sind Arbeiten, bei denen das Layout Teil des kreativen Prozesses ist.			
Ihre Eigenständigkeitserklärung erfüllt alle Kriterien. Sie ist entweder korrekt selbst verfasst oder korrekt übernommen, auf jeden Fall aber mit Ihrem Namen und einem Datum handschriftlich unterzeichnet.			

Formale Gestaltung	nicht erfüllt	teilweise erfüllt	erfüllt
Abbildungen sind klar und deutlich. Falls Sie sie selbst entworfen haben, haben Sie auf eine aussagekräftige Darstellung geachtet. Falls Sie die Abbildungen übernommen haben, sind diese von guter Qualität (Achtung, Screenshots sind im Druck immer leicht unscharf). Sie haben alle Abbildungen mit einer Abbildungsunterschrift und Quellenangabe versehen.			

Sprache/Stil	nicht erfüllt	teilweise erfüllt	erfüllt
Sie schreiben verständlich. Wenn Ihre Gutachter Sie nicht verstehen, gereicht Ihnen das nicht unbedingt zum Vorteil.			
Sie verwenden passende Fachausdrücke. Auf Umgangssprache verzichten Sie.			
Sie schreiben wissenschaftlich. Sie vermeiden nichtssagende Floskeln, Übertreibungen und extravagante rhetorische Stilmittel. Stattdessen schreiben Sie klar, anschaulich und (grammatikalisch) abwechslungsreich.			
Grammatik und Rechtschreibung sind korrekt. So gut es eben geht. ☺			

Sprache/Stil	nicht erfüllt	teilweise erfüllt	erfüllt
Sie verknüpfen Ihre Gedankengänge sprachlich. Sie verwenden Konnektoren (?) und stellen Ihre Aussagen durch Vor- und Rückverweise in Bezug zueinander (siehe Kapitel 13).			
Sie unternehmen keine stilistischen Experimente. Was für das Layout gilt, trifft auch auf den Sprachstil zu: Sie schreiben klar und sachlich.			
Falls Sie auf Englisch schreiben, beachten Sie die Besonderheiten, die das mit sich bringt.[167]			

---

[167] Ausführlich behandeln Gerlinde Mautner und Dirk Siepmann in ihren empfehlenswerten Leitfäden die Besonderheiten, die mit dem wissenschaftlichen Publizieren auf Englisch einhergehen. (Vgl. Mautner 2019; Siepmann 2012).

21 Checklisten

Was muss ich mit meiner Betreuungsperson klären?

Machen Sie sich während der Gespräche auf jeden Fall Notizen und bereiten Sie sich vor den Treffen ebenfalls mit Notizen vor. So haben Sie eine klare Struktur und vergessen nichts Wichtiges.

1./2. Treffen – Grundlagen abklären	✓
Nimmt die Person Sie als Prüfungskandidaten an?	
Welches Thema eignet sich für die Bachelor-/Masterarbeit? *Oder:* Ist das vorgeschlagene Thema angemessen?	
Welche formalen Vorgaben machen Betreuungsperson oder Hochschule? *Alternativ können Sie auch nach einem Mustertext fragen oder anhand Ihres Exposés (?) die wichtigsten Dinge klären.*	
Ist die Methode, die Sie auswählen (z. B. Experteninterview) passend?	
Form: - Randbreite? - Schriftart und -größe? - Zeilenabstand einfach/eineinhalbfach? - Belege in Fußnoten oder in Klammern? - Immer Kurzbelege (?) oder einmal Vollbeleg (?) und anschließend Kurzbeleg? - Numerische, alphabetische oder alphanumerische Gliederung? - Vorgaben für das Literaturverzeichnis? - Wo sollten die eidesstattliche Erklärung (?) und die Verzeichnisse eingeordnet werden? - Welche Paginierung (römisch, arabisch) ist gewünscht, und wo soll die Seitenzählung beginnen? - Textstücke vor Unterkapiteln erwünscht? - Direkte Zitate mit mehr als drei Zeilen einrücken?	

1./2. Treffen – Grundlagen abklären	✓
Inhalt: - „Ich-Form" oder lieber „der Verfasser dieser Arbeit"/„wir"? - Gendersensible Formulierungen: ja/nein/wie? - Textliche Überleitungen erwünscht?	
Was hält die Betreuungsperson von Ihrer Gliederung? - Ist Ihre Gliederung logisch aufgebaut, ein roter Faden erkennbar? - Passt die Gliederung zur Fragestellung? - An welchen Teilstellen des Problems sollten Sie „tiefer bohren", wo nur an der Oberfläche bleiben?	
Kann die Betreuungsperson Ihnen weitere Literatur empfehlen?	

2./3./4. Treffen – Detailfragen klären	✓
Inhaltliche Fragen (z. B. Unklarheit in einem gelesenen Text)	
Umstellungen und Gewichtungen in der Gliederung	
Unklarheiten bezüglich des Themas (z. B.: Ist Aspekt X so wichtig, dass ich ihm auch ein Kapitel widmen sollte?)	
Etwa ein bis zwei Wochen vor der Abgabe: letzte Klärung aller noch offenen Fragen	

Wo finde ich Literatur? Datenbanken, Suchmaschinen und Co.

BASE (Bielefeld Academic Search Engine)

● Frei verfügbar. Suchmaschine für rund 350 Millionen Online-Dokumente: u. a. Vorabdrucke, Seminar- und Abschlussarbeiten und Zeitschriftenartikel. Davon sind rund 60 Prozent frei zugänglich (Stand: Dezember 2023).

Geeignet für: fächerübergreifende Suche nach (frei verfügbaren) Aufsätzen und Hochschulschriften

➲ URL: https://www.base-search.net

dejure.org

● Frei verfügbar. Das juristische Informationsportal umfasst eine Gesetzesdatenbank mit rund 300 Gesetzen sowie eine Rechtsprechungsdatenbank mit knapp zwei Millionen Gerichtsentscheidungen (Stand: Dezember 2023). Die Gesetzestexte sind im Volltext verfügbar, die Volltexte der Entscheidungen über Links abrufbar.

Geeignet für: alle, die Gesetzestexte oder Gerichtsentscheidungen suchen

➲ URL: https://dejure.org

Deutscher Bildungsserver

● Frei verfügbar. Der Deutsche Bildungsserver ist ein staatliches Informationsportal zum deutschen Bildungssystem mit Datenbank-Listen zu folgenden Themen: Bildungswesen allgemein; Elementarbildung; Schulbildung; Hochschulbildung; Erwachsenenbildung, berufliche Bildung, Förderbildung; Sozialpädagogik; Bildungsforschung. Daneben finden sich Stellenausschreibungen, Informationen zu Veranstaltungen und Wettbewerben sowie zu relevanten Institutionen.

Geeignet für: Lehrkräfte, Dozierende, Lehramtsstudierende; (Sozial-)Pädagoginnen und alle, die sich für Bildung interessieren

➲ URL: https://www.bildungsserver.de

Directory of Open Access Books (DOAB)

● Frei zugänglich. Auf der englischsprachigen DOAB-Website finden sich rund 76 500 wissenschaftlich geprüfte Bücher (Stand: Dezember 2023) aus verschiedenen Fachrichtungen, auf die Sie ohne Lizenz oder Anmeldung zugreifen können.

Geeignet für: Suche nach frei zugänglichen Fachbüchern aus unterschiedlichen Fachrichtungen

⇨ URL: https://www.doabooks.org

Directory of Open Access Journals (DOAJ)

● Frei zugänglich. In diesem Verzeichnis finden Sie mehr als 9,5 Millionen wissenschaftlich geprüfte Aufsätze und Zeitschriftenartikel aus verschiedenen Fachrichtungen (Stand: Dezember 2023), auf die Sie ohne Lizenz oder Anmeldung zugreifen können.

Geeignet für: Suche nach frei zugänglichen Zeitschriftenbeiträgen und Aufsätzen aus unterschiedlichen Fachrichtungen

⇨ URL: https://doaj.org

GEO-LEO

● Frei verfügbar. Bei GEO-LEO handelt es sich um eine Metasuchmaschine rund um das System Erde und Weltall.

Geeignet für: Suche nach Aufsätzen, Karten, Websites, Webtexten, Büchern und Zeitschriften aus den Bereichen Astronomie, Astrophysik, Weltraumwissenschaften, Geografie, Geowissenschaften, Umweltwissenschaften, Umweltphysik und Montanwissenschaften

⇨ URL: https://geo-leo.de

Google Books

● Frei verfügbar. Google Books umfasst fächerübergreifend Millionen von Büchern als Vorschau oder im Volltext.

Geeignet für: fächerübergreifende Suche nach Büchern. Die Volltexte sind hilfreich, wenn man vorab einen Blick in ein Buch werfen möchte.

⮕ URL: https://books.google.de

Google Scholar

● Frei verfügbar. Google Scholar umfasst Volltexte und bibliografische Hinweise zu zahlreichen Publikationen aus allen wissenschaftlichen Disziplinen.

Geeignet für: fächerübergreifende Suche nach Büchern, Aufsätzen, Fachartikeln, Seminar- und Abschlussarbeiten, die bewertet wurden

⮕ URL: https://scholar.google.de

IBSS (International Bibliography of the Social Sciences)

● Nur mit Lizenz nutzbar. Die IBSS enthält mehr als drei Millionen bibliografische Daten zu sozialwissenschaftlichen Themen (Stand: Dezember 2023).

Geeignet für: Suche nach bibliografischen Informationen zu Zeitschriften, Büchern und Rezensionen aus den Bereichen Politikwissenschaft, Ethnologie, Pädagogik, Soziologie, Religionswissenschaften, Archäologie, Wirtschaft sowie Südasienwissenschaften

⮕ Zugriff über die Website Ihrer Bibliothek

JSTOR

● Nur mit Lizenz nutzbar. Die Datenbank umfasst rund 12 Millionen Zeitschriftenartikel, Bücher, Bilder und andere Primärquellen (z. B. Kartenmaterial) aus 75 Disziplinen (Stand: Dezember 2023). Nicht immer sind die aktuellsten Zeitschriftenjahrgänge verfügbar. Je nach Publikation variieren die ausgeschlossenen Jahrgänge.

Geeignet für: fächerübergreifende Suche nach Aufsätzen, Büchern und anderen Quellen

⊃ URL: Zugriff über die Website Ihrer Hochschulbibliothek

Karlsruher Virtueller Katalog (KVK)

● Frei verfügbar. Umfasst deutsche, österreichische, schweizerische sowie internationale Verbundkataloge.

Geeignet für: fächerübergreifende Büchersuche in vielen Bibliotheken und Webshops gleichzeitig; Suche nach digitalen Medien

⊃ URL: https://kvk.bibliothek.kit.edu

Mediendatenbank

● Deutschlandweit frei verfügbar. Die Datenbank bietet jährlich aktualisierte Rankings zu den größten (deutschen und internationalen) Medienkonzernen. Außerdem finden Sie Informationen über die Entwicklung der Medienlandschaft. EU-Länderporträts zeigen auf, wie Medien in europäischen Staaten reguliert sind.

Geeignet für: Suche nach Informationen über diverse Medien sowie nach medienpolitischen Dossiers; besonders für Studierende der Medienwissenschaften interessant, aber auch für Laien verständlich

⊃ URL: https://www.mediadb.eu

Nexis® Uni

🟡 Nur mit Lizenz nutzbar. Die Datenbank Nexis® Uni umfasst Volltexte von mehr als 1 000 Zeitungen aus aller Welt, außerdem Wirtschaftsinformationen (u. a. Firmendaten, Geschäftsberichte, Branchenreports) sowie Rechtsquellen aus dem angloamerikanischen Raum.

Geeignet für: Suche nach Presseartikeln, Unternehmensdaten und Personeninformationen sowie Branchennachrichten

⮕ Zugriff über die Website Ihrer Hochschulbibliothek

Springer Link

🟢 Frei verfügbar. Hier finden Sie rund 15 Millionen Zeitschriftenartikel und Bücher bzw. Auszüge aus Büchern aus allen Fachbereichen. Viele davon sind kostenlos verfügbar. Einträge aus Nachschlagewerken sowie Bücher sind meist kostenpflichtig herunterladbar (oder ggf. über Bibliothekslizenz verfügbar).

Geeignet für: Suche nach Aufsätzen, vor allem aus den Bereichen Naturwissenschaft, Technik und Medizin

⮕ URL: https://link.springer.com

wiso

🟡 Nur mit Lizenz nutzbar. wiso umfasst unter anderem rund zehn Millionen Zeitschriftenbeiträge, 6 000 E-Books, Presseartikel, Firmen- und Personeninformationen sowie Marktdaten (Stand: Dezember 2023).

Geeignet für: Studierende der Wirtschafts- und Sozialwissenschaften, Psychologie, Rechtswissenschaften sowie technischer Studiengänge

⮕ URL: https://www.wiso-net.de

Woran erkenne ich gute Literatur?[168]

Aktualität

Es handelt sich um die neueste Auflage der Publikation.

Die Arbeit spiegelt den aktuellen Forschungsstand wider.

Seriosität

Die Darstellung ist ausgewogen und objektiv – Gegenpositionen werden ebenfalls berücksichtigt.

Die wissenschaftlichen Voraussetzungen sind erfüllt: Es gibt Quellenbelege und Begründungen statt Behauptungen. Der Aufbau ist logisch.

Reputation des Verfassers

Der Autor ist ein anerkannter Experte oder arbeitet bei einer angesehenen Institution.

Es gibt positive Rezensionen zu der Publikation.

Andere Wissenschaftlerinnen erwähnen/zitieren die Publikation.

Empfehlung der Betreuungsperson

Was Ihre Dozentin gutheißt, sollten Sie nicht in der Luft zerreißen.

Untersuchungstiefe

Die Publikation behandelt das Thema erschöpfend.

Der Text gibt nicht nur bisherige Forschungspositionen wieder, sondern bietet einen Mehrwert (Ausnahme: Forschungsüberblick).

Die Urheberin macht Schwerpunkte deutlich und verweist bei Nebenaspekten auf andere Forschungsbeiträge.

Verfügbarkeit

Die Publikation wurde veröffentlicht (mit etwas größerer Vorsicht behandeln: Arbeitspapiere, Vortragsmanuskripte u. Ä.).

---

[168] Vgl. Franke et al. 2014, S. 77 – 92.

Woran erkenne ich seriöse Internetquellen?[169]

Seitenbetreiber bekannt
Es gibt ein Impressum, das den Seitenbetreiber (Host) benennt.
Es wird benannt, wer Texte oder Videos erstellt hat.
Die Institution ist Ihnen als vertrauenswürdig bekannt.
Auf der Website sind Kontaktdaten angegeben.

Seriosität
Die Unterschiede zwischen Behauptungen, Interpretationen und Fakten werden deutlich.
Die Website dient offenkundig nicht-kommerziellen Zwecken.
Die URL ist nicht offenkundig unseriös (erfundenes Beispiel einer unseriösen URL zum Thema Alkoholismus: https://vodka-is-good4u.bsp).
Rechtschreibung und Grammatik sind (weitestgehend) korrekt.

Untersuchungstiefe
Die Website behandelt Ihr Thema ausführlich und nicht nur in einer Randbemerkung.
Im Idealfall wird auf andere Quellen hingewiesen oder verlinkt.

Aktualität
Es gibt Angaben zum letzten Änderungsdatum. Dieses liegt höchstens zwei bis drei Jahre zurück.

---

[169] Vgl. Franke et al. 2014, S. 85.

Qualitätscheck Literaturverzeichnis

Auch wenn jede Forschungsarbeit anders ist, gibt es klare Kriterien, anhand derer man die Qualität eines Literaturverzeichnisses prüfen kann. Füllen Sie die Checkliste unten aus und erfahren Sie so, ob Sie etwas Wichtiges vergessen haben.

○	Haben Sie Veröffentlichungen von renommierten Fachleuten herangezogen?
Name der Person	Titel der Publikation

○	Gibt es Institutionen, die für ihre Expertise in diesem Bereich bekannt sind? Haben Sie Publikationen dieser Institution zurate gezogen?
Institution	Titel der Publikation

○	Gibt es auf Ihrem Gebiet verschiedene Denkschulen? Wenn ja: Haben Sie alle Positionen berücksichtigt (und sei es nur, um darauf hinzuweisen, dass Denkschule X hier nicht weiterhilft)?
Denkschule	Titel der Publikation

○	Vertreten einzelne Fachleute unterschiedliche Meinungen zu Ihrem Thema? Haben Sie deren Publikationen berücksichtigt?
Fachperson	Titel der Publikation

○	Welche Periodika (Zeitschriften, Zeitungen) sind auf Ihrem Gebiet besonders wichtig? Haben Sie Aufsätze daraus verwendet?
Zeitschrift/Zeitung	Aufsatztitel

◯	Herrscht in Ihrem Literaturverzeichnis ein ausgewogenes Verhältnis zwischen Überblicks-Analysen und Einzelstudien?
Überblicks-Analysen	Detailstudien

◯	Haben Sie mehr Bücher und Aufsätze als Webseiten-Texte verwendet?
Anzahl Bücher/ Aufsätze	Anzahl Webtexte

◯ Sind mindestens drei Viertel Ihrer Literatur neu?[170]

◯ Basiert die Darstellung des Forschungsstandes auf aktueller Literatur (aus dem aktuellen und den beiden vergangenen Jahren)?

---

[170] In den Wirtschafts-, Politik- und Erziehungswissenschaften sowie in der Psychologie veralten Publikationen vergleichsweise schnell. Als neu gilt hier eine Publikation aus den vergangenen zwei bis fünf Jahren. In den Sprach- und Kulturwissenschaften sind die Halbwertszeiten deutlich länger. Eine Publikation von 1995 kann dort noch immer gültig sein. Aber natürlich müssen Sie immer prüfen, ob das für Ihre spezielle Fragestellung gilt. Suchen Sie trotzdem immer auch nach möglichst aktueller Literatur.

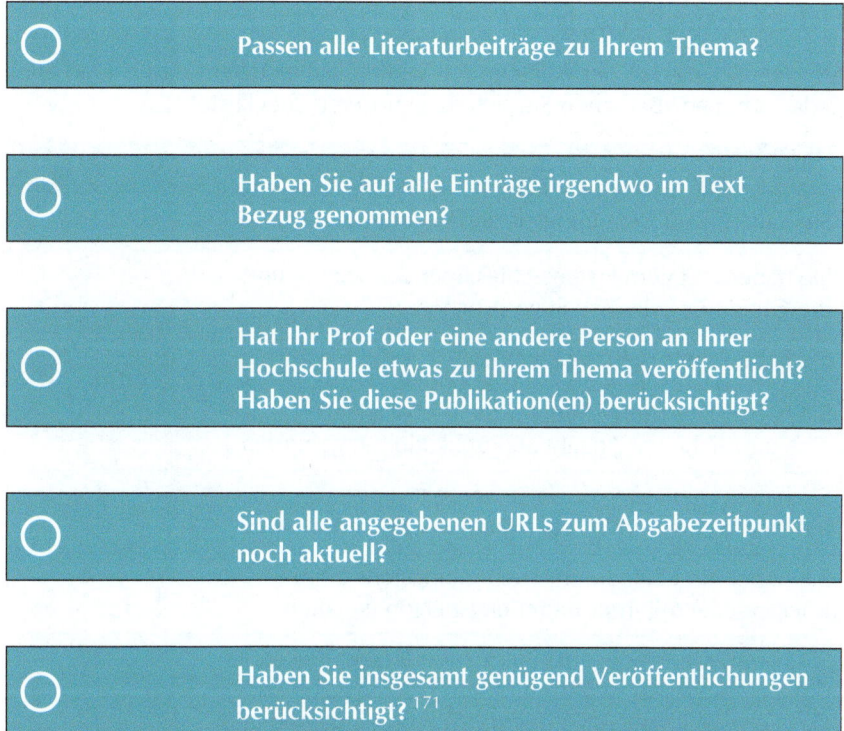

- ○ Passen alle Literaturbeiträge zu Ihrem Thema?
- ○ Haben Sie auf alle Einträge irgendwo im Text Bezug genommen?
- ○ Hat Ihr Prof oder eine andere Person an Ihrer Hochschule etwas zu Ihrem Thema veröffentlicht? Haben Sie diese Publikation(en) berücksichtigt?
- ○ Sind alle angegebenen URLs zum Abgabezeitpunkt noch aktuell?
- ○ Haben Sie insgesamt genügend Veröffentlichungen berücksichtigt?[171]

Wenn Sie die Checkliste abhaken können, erfüllt Ihre Literaturliste alle wichtigen Voraussetzungen, sodass Sie sich keine Sorgen machen müssen. Falls Ihnen jedoch weder Fachleute noch Institutionen einfallen, sollten Sie noch einmal gründlich recherchieren.

---

[171] Das hängt natürlich ganz wesentlich von Ihrem Thema und der Forschungslage ab. Einige Leitlinien zur Literaturmenge finden Sie in Kapitel 6.

Habe ich an alles gedacht?

Sie stehen kurz vor der Abgabe und wollen sicherstellen, dass Sie an alles gedacht haben? Bedienen Sie sich dazu unserer Checkliste.

Prozess	✓
Sie haben zwei Betreuungspersonen gefunden.	
Sie haben mit dem Erstgutachter über das Thema und die Gliederung der Arbeit gesprochen.	
Sie haben die Arbeit angemeldet.	
Sie haben Forschungsliteratur recherchiert und eine ausreichende Anzahl an Publikationen gefunden.	
Sie haben mindestens eine Sicherungskopie auf einem externen Speichermedium. Besser: mehrere.	
Sie haben im Laufe Ihrer Arbeit mindestens einmal Rücksprache mit Ihrer Betreuungsperson gehalten.	
Sie haben die Arbeit jemandem zum Korrekturlesen (inhaltlich oder formal – am besten beides) gegeben. Das Feedback haben Sie überdacht (und eingearbeitet).	
Sie wissen, wie viele Exemplare Sie binden lassen und abgeben müssen.	
Sie wissen, wo Sie Ihre Arbeit drucken und binden lassen.	
Sie haben für den Druck genug Zeit (mindestens zwei Tage) eingeplant.	
Nach dem Druck haben Sie geprüft, dass alle Seiten der Arbeit vorhanden und in der richtigen Reihenfolge gebunden sind.	
Sie wissen, wo und wann Sie Ihre Arbeit abgeben müssen.	

Fragestellung und Thema	✓
Sie haben Ihre Fragestellung klar formuliert.	
Die Fragestellung passt zur Art der Arbeit (umfasst also nicht zu viel und nicht zu wenig Inhalt).	
Sie erklären, warum Sie welche Teilbereiche des Themas bearbeiten.	
Sie leisten eine eigenständige Arbeit.	
Die Fragestellung wird beantwortet.	
Wichtige Begriffe werden erklärt und definiert.	
Ihre Methodenauswahl passt zur Fragestellung (falls Sie eine spezielle Methode verwenden).	
Sie erklären die Methode und nennen deren Vor- und Nachteile.	

Aufbau der Arbeit	✓
Sie stellen den aktuellen den Stand der Forschung zum Thema dar.	
Ein roter Faden ist erkennbar; die Arbeit ist logisch aufgebaut.	
Ihre Gliederung ist verständlich und passt zum Thema.	
Sie haben den Gegenstand der Arbeit richtig verstanden.	
Ihre Ausführungen passen zum Thema.	
Ihre Argumentationsketten sind überzeugend und lückenlos.	
Sie räumen Gegenpositionen und möglichen Einwänden Platz ein.	
Sie haben die wichtigste Literatur verarbeitet und sich kritisch mit ihr auseinandergesetzt.	
Sie stellen Ihre Ergebnisse logisch und schlüssig dar.	

Sprache	✓
Sie schreiben objektiv und verständlich.	
Sie verwenden Fachbegriffe.	
Sie haben Grammatik und Rechtschreibung geprüft.	
Gleiche Wörter sind immer gleich geschrieben.	

Formalia 1 – Bestandteile der Arbeit	✓
Die Arbeit hat ein Deckblatt, auf dem alle relevanten Informationen vorhanden sind.	
Sie haben den vorgeschriebenen Umfang eingehalten.	
Ihre Arbeit enthält Seitenzahlen.	
Ihre Arbeit hat ein Inhalts- und Literaturverzeichnis.	
Falls Sie Grafiken haben, gibt es auch ein Abbildungsverzeichnis.	
Die Verzeichnisse sind auf dem neuesten Stand.	
Die eidesstattliche Erklärung (?) ist unterschrieben und beigefügt.	

Formalia 2 – Textgestaltung	✓
Der Text ist in Blocksatz formatiert.	
Der Text ist übersichtlich gestaltet (ausreichender Rand, Zeilenabstand, einheitliche Schrift).	
Falls Abbildungen und Tabellen im Text sind: Diese sind an der richtigen Stelle im Text eingefügt.	
Sie haben alle zitierten Gedanken auch kenntlich gemacht.	
Sie verwenden eine einheitliche Zitierweise.	
Die im Literaturverzeichnis aufgeführten Quellen stimmen mit zitierten Quellen überein.	

22 Muster – Hier ist Spicken erlaubt

Manches lässt sich am besten mit einem Beispiel erklären. Deshalb haben wir Ihnen fünf Mustertexte zusammengestellt, damit Sie auf einen Blick erkennen:

- welche Informationen auf ein Deckblatt gehören.
- wie Sie eine eidesstattliche Erklärung (?) formulieren können.
- wie ein Sperrvermerk bei einer unternehmensinternen Abschlussarbeit aussehen kann.
- wie Sie einen Interviewleitfaden für ein Experteninterview aufbauen können.
- wie korrektes Zitieren nach Harvard-Richtlinien (?), Chicago-System (?) und APA-7 funktioniert.

Musterdeckblatt

Universität/Hochschule

Fakultätsname

Institutsname (falls es mehrere Institute an einer Fakultät gibt)

Seminarname (falls es mehrere Seminare pro Institut gibt)

Erstgutachter: (Prof. Dr./ PD Dr.) xxx xxxx

Zweitgutachter: (Prof. Dr./ PD Dr.) xxx xxxx

Bachelorarbeit/Masterarbeit

zur Erlangung des akademischen Grades eines Bachelor of Science/Arts (B. Sc./A.)
oder:
zur Erlangung des akademischen Grades eines Master of Science/Arts (M. Sc./A.)

Titel der Arbeit

Untertitel der Arbeit

vorgelegt von:

Name, Vorname

Matrikelnummer: xxxxxxxx

Adresse: xxxxxxxxxxx
xxxxxxxxxxx

X. Fachsemester

vorgelegt am: XX.YY.ZZZZ

Muster einer eidesstattlichen Erklärung[172]

Hiermit versichere ich, dass ich die vorliegende (Abschluss-)Arbeit selbstständig und ohne unzulässige fremde Hilfe verfasst habe. Ich habe keine anderen als die angegebenen Quellen und Hilfsmittel benutzt und alle Ausführungen, die anderen Schriften wörtlich oder sinngemäß entnommen wurden, kenntlich gemacht. Die Arbeit war in gleicher oder ähnlicher Fassung noch nicht Bestandteil einer Studien- oder Prüfungsleistung.

Ort, Datum

[Unterschrift]

---

[172] Ähnlich formulierte Muster bieten die meisten Hochschulen auf ihren Websites an. Prüfen Sie, ob auch Ihre Hochschule ein vorgefertigtes Formular oder einen Mustertext bereithält.

Muster eines Sperrvermerks

Die vorliegende (Bachelor-/Master-)Arbeit mit dem Titel [ergänzen] behandelt vertrauliche Daten der Firma [ergänzen]. Deshalb ist sie mit einem Sperrvermerk versehen.

Einsicht in diese Arbeit ist lediglich den betreuenden Dozenten sowie den befugten Mitgliedern des Prüfungsausschusses gestattet. Weiterabe, Veröffentlichung oder Vervielfältigung – auch in Teilen oder auszugsweise – sind ohne ausdrückliche Genehmigung nicht gestattet.

Ort, Datum

[Unterschrift]

Muster eines Interviewleitfadens[173]

Thema der Abschlussarbeit	„Einfluss von Lobbyistengruppen auf die deutsche Gesetzgebung im Gesundheitswesen"
Interviewpartner	**Clara Brand** – Mitarbeiterin am Institut für Qualität und Wirtschaftlichkeit im Gesundheitswesen (IQWiG)
	Magnus Wagner – Lobbyist für den Konzern HammaPharma
	Sigfried Engert – Mitarbeiter von LobbyControl
	Kornelia Schäfer – Abgeordnete des Gesundheitsausschusses des Bundestages (FDP)
	Michael Hoffmann – Staatssekretär im Bundesgesundheitsministerium von 1998–2005 (SPD)

Interview mit M. Hoffmann

Themenblock 1: Definition

Einstiegsfrage	Ich habe bislang drei Interviews zu diesem Thema durchgeführt und drei unterschiedliche Definitionen von „Lobbyismus" bekommen. Was verstehen Sie darunter?
Nachfragen	Wo liegen für Sie die Grenzen zwischen Eigen-PR, Politikberatung und Lobbyismus?
	Welche unterschiedlichen Arten von Einflussnahme gibt es in Deutschland?

---

[173] Sämtliche genannten Personen sind fiktiv. Auch die Firma HammaPharma existiert nicht.

Themenblock 2: Stärke des Einflusses
Wie stark ist Einfluss der Pharmalobby auf Gesetze?

Einstiegsfrage	Könnten Sie beschreiben, inwiefern Sie als Staatssekretär an der Gesetzgebung beteiligt waren?
Nachfragen generell	Wie kommt ein Gesetz im Gesundheitsministerium zustande? - Welche Schritte werden bei der Gesetzgebung durchlaufen? - Welche Akteure sind an dem Gesetzgebungsprozess beteiligt? - Wie lange dauert es von der ersten Rohfassung bis zur Implementierung eines Gesetzes?
Eigene Erfahrungen	Welche Erfahrungen haben Sie selbst mit Einflussnahme von Lobbyistinnen gemacht?
Nachfragen	Welche Akteursgruppen haben damals Einfluss auf die Gesetze genommen? - Wie oft kam das vor? - Wie fand diese Einflussnahme statt? - Gab es unterschiedliche Arten der Einflussnahme? - Gab es zu Ihrer Zeit Unterschiede zwischen einzelnen Interessengruppen? Halten Sie Ihre Erfahrungen für verallgemeinerbar? Glauben Sie, dass sich seither etwas an der Art oder der Häufigkeit des Lobbyismus geändert hat? (Warum?)

Themenblock 3: Konsequenzen
Welche Folgen hat das?

Einstiegsfrage	Welche Konsequenzen hat diese Einflussnahme Ihrer Meinung nach?
Nachfragen	Leidet nach Ihrer Einschätzung die Qualität der Gesetze unter dem Lobbying? - Gibt es bestimmte Bereiche, die wegen Lobby-Aktivitäten nicht oder kaum reguliert sind? - Ist der Einfluss der Interessengruppen Ihrer Meinung nach mit dem Grundgesetz vereinbar? - Gibt es Bereiche oder einzelne Gesetze, bei denen Lobbyisten keinen Einfluss haben? Wie sehen Sie das Spannungsverhältnis zwischen Anti-Korruptions-Richtlinien und der Einwirkung von Interessenverbänden auf die Legislative? Sehen Sie einen Zusammenhang zwischen Politikverdrossenheit der Bürger und dem starken Einfluss der Lobbygruppen? Wäre es wünschenswert, den Lobbyismus einzudämmen? - Wie könnte so etwas gehen? - Gibt es dazu den politischen Willen?

Ausstieg aus dem Gespräch

| Abschlussfrage | Haben Sie das Gefühl, dass alle relevanten Aspekte des Themas zur Sprache gekommen sind? Oder gibt es noch etwas zu ergänzen?

Dürfte ich Sie nochmals kontaktieren, wenn mir bei der Auswertung etwas unklar ist? |

Muster für korrektes Zitieren

> Um Ihnen die Harvard-, die Chicago- und die APA-7-Zitierweise näherzubringen, finden Sie im Folgenden dreimal den gleichen Text mit unterschiedlicher Zitierweise.

Variante 1: Belege im Text (Harvard-Zitierweise)

Karmasin und Ribing betonen, jedes Zitat müsse „überprüfbar und einwandfrei nachvollziehbar sein. [...] Übernommenes fremdes Gedankengut ist in jedem Fall [...] als solches kenntlich zu machen." (Karmasin/Ribing 2019, S. 114) Dem ist vorbehaltlos zuzustimmen. Deshalb sollten Sie bei Auslassungen innerhalb eines Zitats darauf achten, keine zentralen Gedankengänge zu unterschlagen. Andererseits meinen die beiden Autoren, wörtliche Zitate sollten kurz sein. (Vgl. ebenda, S. 117)

Boeglin führt dies näher aus. Sie empfiehlt, direkte Zitate an prägnanten Stellen einzusetzen. Dazu zählt sie unter anderem den „Beginn einer Einleitung" ebenso wie den „Ausgangspunkt einer Argumentation, [...] zur Untermauerung oder Veranschaulichung eines Arguments [...] [oder,] um einen Nebengedanken zu ergänzen". (Boeglin 2012, S. 170 f.)

Zu den wichtigsten „Zitations-Fehler[n] und Mängel[n]" (Voss 2020, S. 120) zählen unter anderem zu viele und zu lange direkte Zitate, Verdrehung von zitierten Inhalten und mangelndes Hinterfragen von zitierten Textstellen.

Vorschläge, wie Sie zitieren können, bieten Ihnen nahezu alle Einführungswerke in das wissenschaftliche Arbeiten. (Vgl. Boeglin 2012, S. 169 ff.; Karmasin/Ribing 2019, S. 113 – 148; Kohler-Gehrig 2022, S. 61 – 71; Sesink 2012, S. 225 – 242; Theisen 2021, S. 143 – 169; Voss 2020, S. 114 – 121) Insofern kann bei Ihnen ja eigentlich gar nichts mehr schiefgehen.

Variante 2: Belege in den Fußnoten (Chicago-Zitierweise [?])

Karmasin und Ribing betonen, jedes Zitat müsse „überprüfbar und einwandfrei nachvollziehbar sein. [...] Übernommenes fremdes Gedankengut ist in jedem Fall [...] als solches kenntlich zu machen."[1] Dem ist vorbehaltlos zuzustimmen. Deshalb sollten Sie bei Auslassungen innerhalb eines Zitats darauf achten, keine zentralen Gedankengänge zu unterschlagen. Andererseits meinen die beiden Autoren, wörtliche Zitate sollten kurz sein.[2]

Boeglin führt dies näher aus. Sie empfiehlt, direkte Zitate an prägnanten Stellen einzusetzen. Dazu zählt sie unter anderem den „Beginn einer Einleitung" ebenso wie den „Ausgangspunkt einer Argumentation, [...] zur Untermauerung oder Veranschaulichung eines Arguments [...] [oder,] um einen Nebengedanken zu ergänzen".[3] Zu den wichtigsten „Zitations-Fehler[n] und Mängel[n]"[4] zählen zu viele und zu lange direkte Zitate, Verdrehung von zitierten Inhalten und mangelndes Hinterfragen von zitierten Textstellen.

Vorschläge, wie Sie zitieren können, bieten Ihnen nahezu alle Einführungswerke in das wissenschaftliche Arbeiten.[5] Insofern kann bei Ihnen ja eigentlich gar nichts mehr schiefgehen.

---

[1] Karmasin/Ribing 2019, S. 114.
[2] Vgl. ebenda, S. 117.
[3] Boeglin 2012, S. 170 f.
[4] Voss 2020, S. 120.
[5] Vgl. Boeglin 2012, S. 169 ff.; Karmasin/Ribing 2019, S. 113 – 148; Kohler-Gehrig 2022, S. 61 – 71; Sesink 2012, S. 225 – 242; Theisen 2021, S. 143 – 169; Voss 2020, S. 114 – 121.

Variante 3: APA-Zitation

Karmasin und Ribing betonen, jedes Zitat müsse „überprüfbar und einwandfrei nachvollziehbar sein. [...] Übernommenes fremdes Gedankengut ist in jedem Fall [...] als solches kenntlich zu machen." (Karmasin & Ribing, 2019, S. 114) Dem ist vorbehaltlos zuzustimmen. Deshalb sollten Sie bei Auslassungen innerhalb eines Zitats darauf achten, keine zentralen Gedankengänge zu unterschlagen. Andererseits meinen die beiden Autoren, wörtliche Zitate sollten kurz sein. (Karmasin & Ribing, 2019)[174]

Boeglin führt dies näher aus. Sie empfiehlt, direkte Zitate an prägnanten Stellen einzusetzen. Dazu zählt sie unter anderem den „Beginn einer Einleitung" ebenso wie den „Ausgangspunkt einer Argumentation, ... zur Untermauerung oder Veranschaulichung eines Arguments ... [oder] um einen Nebengedanken zu ergänzen". (Boeglin, 2012, S. 170 f.)

Zu den wichtigsten „Zitations-Fehler[n] und Mängel[n]" (Voss, 2020, S. 120) zählen unter anderem zu viele und zu lange direkte Zitate, Verdrehung von zitierten Inhalten und mangelndes Hinterfragen von zitierten Textstellen.

Vorschläge, wie Sie zitieren können, bieten Ihnen nahezu alle Einführungswerke in das wissenschaftliche Arbeiten (Boeglin, 2012; Karmasin & Ribing, 2019; Kohler-Gehrig, 2022; Sesink, 2012; Theisen, 2021; Voss, 2020). Insofern kann bei Ihnen ja eigentlich gar nichts mehr schiefgehen.

---

[174] Bei APA-Zitation gibt es keine Belege mit „ebenda".

23 Kopiervorlagen

Sie können diese Vorlagen entweder kopieren, oder unter folgendem QR-Code herunterladen und ausdrucken.

Ihr Zeitplan

Phase	Zeitpunkt	Arbeitsschritt
Vorbereiten	Vor der Anmeldung	- Thema und Betreuungspersonen suchen (entfällt bei einer Seminararbeit) - Erste Recherchen zum Thema - Brainstorming - Falls möglich: fachlicher Austausch mit anderen
Informieren		- **Anmeldung** (entfällt bei einer Seminararbeit) - Input strukturieren - Literaturrecherche
Strukturieren		- Lesen und recherchieren - Erste Gliederung erstellen
Schreibstart		- Schreibbeginn - Lesen
Schreiben		- Schreiben (Rohfassung)
Schreiben		- Schreiben (Feinschliff)
Puffer		
Prüfen		- Gegenlesen und gegenlesen lassen
Letzte Überarbeitung		- Letzte Änderungen - Druck - **Abgabe**

Exzerpiersystem Variante 1

Literaturangabe: [Name und Titel]		
Signatur:		
Absatz/Seite	**Inhalt**	**Eigene Gedanken**
Allgemeine Infos zum Buch:		

Metasystem: Literatur ordnen

Schritt 1: Datenbankrecherche

Datum	Name des Katalogs/ der Datenbank	Schlagwort	Abgebrochen (wo)?

Schritt 2: Auswertung der gelesenen Literatur/Exzerpiersystem Variante 2

Priorität	● ● ● ?
Name der Autorin	
Titel der Publikation	
Bearbeitungsstand	
Wichtige Passagen/ Notizen	

To-do-Liste

Datum:

	Aufgabe	Geschätzte Dauer	Priorität
○			
○			
○			
○			
○			
○			
○			
○			

Bestandsaufnahme Ressourcen – Ihr „Werkzeugkoffer"

- Was muss ich können, um die Arbeit zu schreiben?

  ....
  ....
  ....
  ....
  ....
  ....
  ....
  ....
  ....
  ....

- Kann ich das bereits? Falls nicht: Wie kann ich es mir aneignen?

  ....
  ....
  ....
  ....
  ....
  ....
  ....
  ....
  ....
  ....

- Welche Erfahrungen helfen mir dabei, diese Arbeit zu schreiben?

  ....
  ....
  ....
  ....
  ....
  ....
  ....
  ....
  ....
  ....

- Was hindert mich am Schreiben?
  ....
  ....
  ....
  ....
  ....
  ....
  ....

- Wie könnte ich dieses Hindernis oder diese Hindernisse beseitigen?
  ....
  ....
  ....
  ....
  ....
  ....
  ....
  ....

- Wer kann mich unterstützen, wenn ich ein fachliches Problem habe?
  ....
  ....
  ....
  ....
  ....
  ....

- Wer kann mich unterstützen, wenn ich ein persönliches Problem habe?
  ....
  ....
  ....
  ....
  ....
  ....

- Wofür schreibe ich die Seminararbeit bzw. Thesis?
  ....
  ....
  ....
  ....
  ....
  ....
  ....
  ....
  ....

- Was motiviert mich?
  ....
  ....
  ....
  ....
  ....
  ....
  ....
  ....
  ....
  ....
  ....

Eisenhower-Matrix

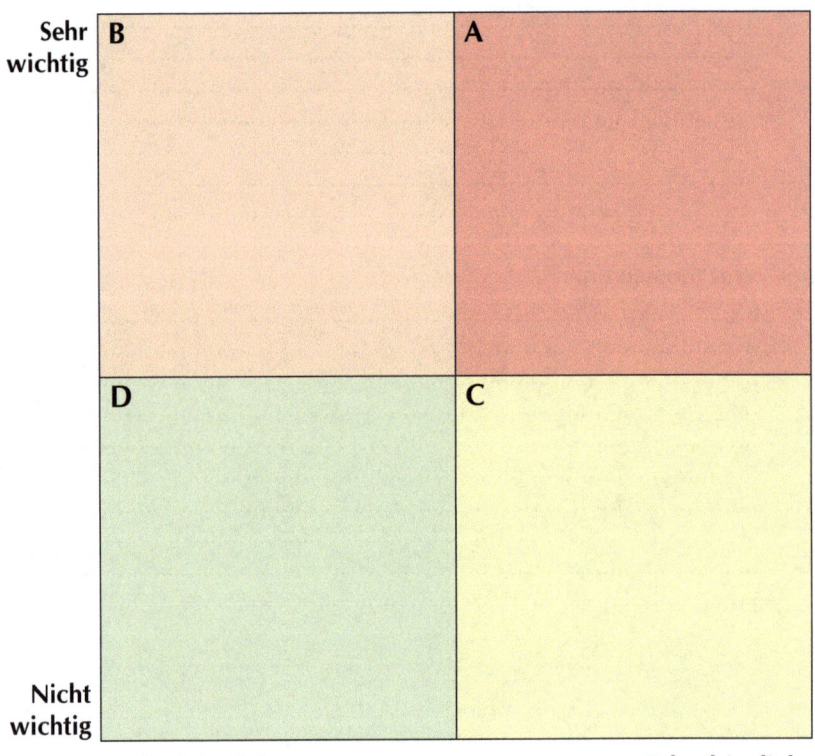

24 Glossar

Alles klar soweit? Oder ist doch noch der ein oder andere Ausdruck unklar geblieben? Hier finden Sie Erläuterungen zu diversen Fachbegriffen.

Chicago-Zitierweise: Meint das Zitieren mithilfe von Fußnoten. Hinter die Textstelle, die belegt werden soll, wird eine hochgestellte Zahl gesetzt, die auf eine Fußnote verweist. In dieser Fußnote findet sich der Beleg.

Desiderat/Desideratum: Etwas, das fehlt und gleichzeitig wünschenswert ist. Bezieht sich im wissenschaftlichen Kontext meist auf eine Forschungslücke.

Eidesstattliche Erklärung: Auch ehrenwörtliche Erklärung oder eidesstattliche Versicherung genannt. Bezeichnet den Teil der Arbeit, in dem steht, dass die Arbeit ohne fremde Hilfe und nur mit den angegebenen Hilfsmitteln verfasst wurde. Diese Erklärung müssen Sie handschriftlich unterschreiben, mit Datum versehen und der Arbeit unbedingt beifügen.

Effektiv: Wenn Sie etwas effektiv erledigen, tun Sie das wirkungsvoll im Verhältnis zu den verwendeten Mitteln. Sie tun also prinzipiell das Richtige. Beispiel: Sie lesen ein gutes Fachbuch, um sich auf die Prüfung vorzubereiten. Ob Sie das effizient oder unnötig langsam oder schnell oder zu intensiv oder zu oberflächlich tun, ist damit noch nicht gesagt.

Effizient: Wenn Sie etwas effizient erledigen, machen Sie etwas auf wirtschaftliche oder leistungsfähige Weise. Beispiel: Sie lesen einen Text weder zu genau noch zu ungenau und schreiben sich exakt die wichtigsten Punkte auf. Das heißt aber noch lange nicht, dass das Buch auch das richtige ist.

Empirisch: Eine Arbeit ist empirisch ausgerichtet, wenn sie auf Beobachtungen oder Erfahrungen beruht, zum Beispiel durch Fallstudien, Experimente, Laborversuche, Experteninterviews oder andere Arten der Befragung.

Et al.: Abkürzung von „et alii", lat. für „und andere". Verwendet man, wenn mehr als drei Autoren an einer Publikation mitgewirkt haben. Dann zitiert man „*Nachname 1 et al.*".

Exkurs: Ausführungen zu einem Thema, das mit der eigentlichen Problemstellung nur am Rande zu tun hat, die Arbeit dennoch bereichert. Bevor Sie sich dazu entschließen, einen Exkurs in Ihre Bachelor- oder Masterarbeit zu integrieren, sollten Sie auf jeden Fall mit Ihrer Betreuungsperson sprechen, denn die Gefahr, wichtigen Platz für ein eher unwichtiges Kapitel zu „verschwenden", ist groß.

Exposé: Kurze Inhaltsangabe einer Arbeit, die zu Beginn des Arbeitsprozesses mit der Betreuungsperson besprochen wird. Es enthält Angaben zu (Arbeits-)Titel, Aufbau und Schwerpunkt der Arbeit sowie zu wichtiger Sekundärliteratur (?). Nicht an jeder Hochschule ist ein Exposé Pflicht.

Exzerpt: Meint die (teilweise) Abschrift aus einem anderen Text, entweder im Originalwortlaut oder in eigenen Worten. Das entsprechende Verb lautet „exzerpieren".

Gendersternchen: Wer das Gendersternchen verwendet, setzt das Asterisk-Zeichen * bei Personenbeschreibungen ein. Durch diesen Platzhalter werden neben weiblichen und männlichen auch diversgeschlechtliche Personen typografisch sichtbar einbezogen (z. B. „Student*innen").

Generisches Maskulinum: Wer im generischen Maskulinum schreibt (oder spricht), verwendet maskuline Substantive oder Pronomen verallgemeinernd, ohne damit eine Aussage über das tatsächliche Geschlecht der Bezeichneten zu machen. „Studenten" meint in dem Fall beispielsweise mehrere Studierende egal welchen Geschlechts.

Harvard-Zitierweise: Meint das Zitieren innerhalb des Texts. Der Beleg eines Gedankengangs erfolgt in einer Klammer direkt im Fließtext.

Konnektor: Als Konnektor bezeichnet man ein sprachliches Element, das Textteile miteinander verknüpft (z. B.: „daher", „trotzdem", „weiterhin").

Kurzbeleg: In einem Kurzbeleg finden sich nur die Angabe zu einem Autornachnamen, dem Erscheinungsjahr der zitierten Publikation und die Seitenangabe. Da es wesentlich praktischer ist, im Text nur wenig Platz mit „überflüssigen" Literaturangaben zu verschwenden, ist es üblich, im Inhaltsteil Kurzbelege anzugeben. Im Literaturverzeichnis notieren Sie dagegen sämtliche Angaben zu der Forschungsliteratur, die Sie herangezogen haben.

Logische Operatoren: Meint in diesem Fall die Funktionen „UND", „ODER", „UND NICHT" bei Online-Suchen.

Marginalien: Als Marginalien bezeichnet man das, was am Rand eines Buchs oder eines Texts steht.

Monografie: Buch, das sich einem Thema (Sachverhalt, Person, Problem) widmet. Es kann einen oder mehrere Autorinnen geben, allerdings müssen alle an allen Teilen mitgewirkt haben. Sobald einzelne Aufsätze innerhalb eines Buchs von unterschiedlichen Autorinnen stammen, handelt es sich nicht mehr um eine Monografie, sondern um einen Sammelband/eine Aufsatzsammlung.

Nominalstil: Damit ist ein Schreibstil gemeint, der möglichst wenige Verben aufweist und stattdessen mit Substantivierungen auskommt.

Open Access: Damit wird der freie Zugang zu u. a. wissenschaftlicher Literatur im Internet bezeichnet. Wenn ein wissenschaftliches Dokument unter Open-Access-Bedingungen veröffentlicht wurde, kann jeder auf dieses Dokument zugreifen, es lesen, speichern und teilen.

o. V.: Abkürzung für „ohne Verfasserangabe". Es gibt immer wieder Texte, z. B. Onlinequellen oder Zeitungsartikel, bei denen kein Verfassername bekannt ist. Um das deutlich zu machen, geben Sie beim Beleg dieser Publikation „o. V." an. Gleiches gilt für andere Angaben, etwa: „o. O." (ohne Ortsangabe) oder „o. J." (ohne Jahresangabe).

Primärliteratur: Bezeichnung für die Quellen, die keine analysierende Forschungsleistung bzw. Interpretation darstellen, also beispielsweise historische Dokumente, statistische Daten, Gesetze, Briefe, literarische Werke oder Tagebuchaufzeichnungen.

Prokrastination: Fachbegriff für Aufschieberitis.

Qualitative Inhaltsanalyse: Methode der Sozialwissenschaften, die beispielsweise bei der Auswertung von Experteninterviews zum Einsatz kommt. Mithilfe eines Kategoriensystems werden Interview-Transkripte (?) so eingeteilt, dass sich daraus Interpretationen ableiten lassen.

Sammelband: Ein Buch, das aus mehreren Aufsätzen verschiedener Autoren besteht (keine Zeitschrift, die in regelmäßigen Abständen erscheint).

Schneeballprinzip: Hiermit ist eine spezielle Art gemeint, wie man Forschungsliteratur finden kann. Man durchforstet das Literaturverzeichnis einer interessanten Quelle und findet Literaturhinweise zu weiteren eventuell hilfreichen Aufsätzen und Büchern. In diesen wiederum finden sich weitere Angaben zu potenziell hilfreichen Publikationen. Die Anzahl möglicher Quellen nimmt dadurch rasant zu. Das erinnert an einen rollenden Schneeball, der immer größer wird.

Sekundärliteratur: Andere Bezeichnung für Forschungsliteratur.

Sekundärzitat: Ein Zitat aus einem Text A, das Sie aus einer anderen Publikation B abschreiben. Da diese Art des Zitierens sehr fehleranfällig ist (schließlich ist unklar, ob B richtig zitiert hat), sollten Sie sie vermeiden.

Sic!: Lateinisch „so, auf diese Weise". „[Sic!]" fügt man in ein direktes Zitat ein, wenn sich im Originaltext ein Schreibfehler befindet oder ein sehr ungewöhnlicher/unpassender Ausdruck verwendet wird. Dadurch machen Sie deutlich, dass diese Schreibweise bereits im Original zu finden ist. Alternativ können Sie auch einfach nur „[!]" schreiben.

Transkription: Meint hier die Umwandlung eines gesprochenen Texts – beispielsweise bei einem Experteninterview – in schriftliche Form. Das entsprechende Verb lautet transkribieren, der eingetippte Text ist ein Transkript.

Trunkierung: Ein Stern (*), der bei einer Onlinesuche einen oder mehrere beliebige Buchstaben ersetzt. Wenn man bei einer Onlinerecherche einen oder mehrere Buchstaben durch die Trunkierung austauscht, findet man meist deutlich mehr Suchergebnisse als zuvor. Ein Beispiel: Anstatt jeweils nach „rechtsextrem", „Rechtsextremismus" und „Rechtsextremisten" zu suchen, tippen Sie „rechtsextre*" ein.

Vollbeleg: Ausführliche Angabe einer Publikation (Name der Autorin, vollständiger Titel, Erscheinungsort, Jahr, ggf. weitere Angaben je nach Art der Quelle sowie Zitationsweise).

25 Hier finden Sie Hilfe beim Schreiben

Schreibberatung an deutschen Hochschulen – eine Auswahl[175]

Hochschule	URL	QR-Code
Studierendenwerk der Berliner Hochschulen	https://www.stw.berlin/beratung/schreibberatung/zur-schreibberatung.html	
FU Berlin	https://www.geisteswissenschaften.fu-berlin.de/studium/schreibwerkstatt/index.html	
Universität Bielefeld	https://www.uni-bielefeld.de/einrichtungen/schreiblabor	
Universität Bochum	https://zfw.rub.de/studierende/schreibzentrum	
Universität Bremen	https://www.uni-bremen.de/studierwerkstatt.html	
Universität Frankfurt/Main	https://www.starkerstart.uni-frankfurt.de/82720027/PortalStartPage_82720027	
Universität Frankfurt/Oder	https://www.europa-uni.de/de/struktur/zll/ueber-uns/Writing-Center_Schreibzentrum/index.html	
PH Freiburg	https://www.ph-freiburg.de/schreibzentrum.html	
Universität Duisburg-Essen	https://www.uni-due.de/dokforum/geiwi/veranstaltungen_schreibwerkstatt.php	

---

[175] Tag des letzten Zugriffs der URLs ist der 15.12.2023. Falls Ihre Hochschule nicht in der Liste zu finden ist, heißt das nicht, dass es dort keine Schreibberatung gibt. Eine Auflistung sämtlicher Hochschulen in Deutschland würde schlicht den Rahmen des Buchs sprengen.

Hochschule	URL	QR-Code
FH Düsseldorf	https://zwek.hs-duesseldorf.de/schreibberatung	
Universität Hamburg	https://www.uni-hamburg.de/campuscenter/beratung/beratungsangebote/workshop-coaching.html	
TU Hamburg-Harburg	https://www.tuhh.de/tuhh/studium/im-studium/zentrale-studienberatung/beratung	
Universität Hannover	https://www.zqs.uni-hannover.de/de/sk/schreiben	
Universität Hohenheim	https://www.uni-hohenheim.de/abschlussarbeiten	
TH Köln	https://www.th-koeln.de/studium/schreibzentrum_94800.php	
Universität Köln	https://schreibzentrum.phil-fak.uni-koeln.de/schreibberatung	
Universität Konstanz	https://www.uni-konstanz.de/schreibzentrum	
PH Ludwigsburg	https://www.ph-ludwigsburg.de/hochschule/einrichtungen/sprachdidaktisches-zentrum/schreibberatung	
Universität Lüneburg	https://www.leuphana.de/einrichtungen/schreibzentrum.html	
Universität Mainz	https://www.schreibwerkstatt.uni-mainz.de	
Universität München	https://www.schreibzentrum.fak13.uni-muenchen.de/index.html	

Hochschule	URL	QR-Code
Universität Münster	https://www.uni-muenster.de/Schreiblesezentrum	
Universität Oldenburg	https://www.uni-oldenburg.de/studium/lernwerkstatt	
Universität Osnabrück	https://www.uni-osnabrueck.de/universitaet/organisation/sprachenzentrum/schreibwerkstatt.html	
Universität Paderborn	https://www.uni-paderborn.de/universitaet/kompetenzzentrum-schreiben/schreibenssb	
Universität Potsdam	https://www.uni-potsdam.de/de/zessko/selbstlernen/schreibberatung	
Universität Regensburg	https://www.uni-regensburg.de/sprache-literatur-kultur/germanistik-ndl-3/schreibwerkstatt/index.html	
Hochschule Rhein-Bonn-Sieg	https://www.h-brs.de/de/spz/schreibzentrum-deutsch	
Universität Rostock	https://www.iph.uni-rostock.de/fachschaft/beratung/studien-und-schreibberatung	
Universität des Saarlandes	https://www.uni-saarland.de/fakultaet-p/studienkoordination/foerderung-studieneingangsphase/schreibberatung.html	
Universität Siegen	https://www.uni-siegen.de/start/news/oeffentlichkeit/1011535.html	

Hochschule	URL	QR-Code
Universität Stuttgart	https://www.uni-stuttgart.de/schreibwerkstatt	
Universität Tübingen	https://uni-tuebingen.de/einrichtungen/verwaltung/iii-studium-und-lehre/diversitaetsorientiertes-schreibzentrum	
Universität Ulm	https://www.uni-ulm.de/studium/studieren-an-der-uni-ulm/studienlernwerkstatt	
Universität Wuppertal	https://www.wort-ort.uni-wuppertal.de	
Universität Würzburg	https://www.uni-wuerzburg.de/schreibzentrum/schreibberatung	

26   Über uns

Kristina Folz hat an der Universität Heidelberg Germanistik, Politikwissenschaft und europäische Kunstgeschichte studiert und mit Auszeichnung abgeschlossen. Während ihrer Studienzeit wurde sie durch zwei Stipendien gefördert. Als langjährige Tutorin für die „Einführung ins Mittelhochdeutsche" hat sie Lehrerfahrung gesammelt und tiefe Einblicke in die Sorgen und Probleme von Studierenden gewonnen. Nach ihrem Studium arbeitete sie zunächst in einem kleinen Fachverlag und machte sich 2015 mit ihrem Lektoratsbüro „Perflekt" (www.perflekt.de) selbstständig. Seither arbeitet sie unter anderem als Lektorin, Redakteurin und Autorin. Zu ihren Kunden zählen Verlage, Unternehmen und Privatpersonen.

Detlef Jürgen Brauner: Studium der Wirtschaftswissenschaften an der Universität Hohenheim, Promotion zum Dr. rer. pol. an der Universität Stuttgart. Mehrjährige Tätigkeit als Lektor in einem großen wissenschaftlichen Verlag. Im Jahr 1990 gründete er einen eigenen wissenschaftlichen Fachverlag mit den Schwerpunkten Wirtschaft & Gesellschaft. Betreuung von rund 1.000 wissenschaftlichen Publikationen (insb. Lehrbücher und Dissertationen). Autor/Herausgeber von 18 wissenschaftlichen Publikationen mit einer Gesamtauflage von rund 400.000 Exemplaren (darunter Standardwerke für den Berufsnachwuchs der Steuerberater/Wirtschaftsprüfer und Ingenieure sowie ein Grundlagenwerk zum wissenschaftlichen Arbeiten). Leitung des Instituts für Persönlichkeitsentwicklung: langjährige Beratungserfahrung rund um den Berufseinstieg.[176]

---

[176] © Foto Kristina Folz: Sandra Exner-Löbig, Griesheim. Foto Detlef Jürgen Brauner: privat.

27 Verwendete Literatur

Printpublikationen

APA 2020: American Psychological Association: Publication Manual of the American Psychological Association. Selbstverlag, o. O. 2020[7]

Bänsch/Alewell 2020: Bänsch, Axel/Alewell, Dorothea: Wissenschaftliches Arbeiten. De Gruyter Oldenbourg, Berlin/München/Boston 2020[12].

Bensberg 2013: Bensberg, Gabriele: Survivalguide Schreiben. Ein Schreibcoaching fürs Studium, Bachelor-, Master- und andere Abschlussarbeiten. Vom Schreibmuffel zum Schreibfan! Springer-Verlag, Berlin/Heidelberg 2013.

Bensberg/Messer 2014: Bensberg, Gabriele/Messer, Jürgen: Survivalguide Bachelor. Dein Erfolgscoach fürs ganze Studium. Nie mehr Leistungsdruck, Stress & Prüfungsangst – Bestnoten mit Lerntechniken, Prüfungstipps! Springer-Verlag, Berlin/Heidelberg 2014[2].

Boeglin 2012: Boeglin, Martha: Wissenschaftlich arbeiten Schritt für Schritt. Gelassen und effektiv studieren. Wilhelm Fink Verlag, München 2012[2].

Bogner/Littig/Menz 2014: Bogner, Alexander/Littig, Beate/Menz, Wolfgang: Interviews mit Experten. Eine praxisorientierte Einführung (Reihe qualitative Sozialforschung). Springer Fachmedien, Wiesbaden 2014.

Brauner/Vollmer 2008: Brauner, Detlef Jürgen/Vollmer, Hans-Ulrich: Erfolgreiches wissenschaftliches Arbeiten. Seminararbeit, Bachelor-/Masterarbeit, (Diplomarbeit), Doktorarbeit (Reihe Wissen kompakt). Verlag Wissenschaft & Praxis, Sternenfels 2008[3].

Burchert/Sohr 2008: Burchert, Heiko/Sohr, Sven: Praxis des wissenschaftlichen Arbeitens. Eine anwendungsorientierte Einführung. Oldenbourg Verlag, München/Wien 2008[2].

Eco 2020: Eco, Umberto: Wie man eine wissenschaftliche Abschlußarbeit schreibt. Facultas, Wien 2020[14].

Esselborn-Krumbiegel 2020: Esselborn-Krumbiegel, Helga: Tipps und Tricks bei Schreibblockaden. Ferdinand Schöningh, Paderborn u. a. 2020[2].

Esselborn-Krumbiegel 2021: Esselborn-Krumbiegel, Helga: Richtig wissenschaftlich schreiben. Wissenschaftssprache in Regeln und Übungen. Ferdinand Schöningh, Paderborn u. a. 2020⁶.

Folz 2020: Folz, Kristina: Zeitmanagement bei der Abschlussarbeit. Perfektes Timing für die Bachelor- und Masterthesis (Reihe essentials). Springer Gabler, Wiesbaden 2020.

Franke et al. 2014: Franke, Fabian/Kempe, Hannah/Klein, Annette/Rumpf, Louise/Schüller-Zwierlein, André: Schlüsselkompetenzen: Literatur recherchieren in Bibliotheken und Internet. Verlag J. B. Metzler, Stuttgart/Weimar 2014².

Fröhlich/Henkel/Surmann 2017: Fröhlich, Melanie/Henkel, Christiane/Surmann, Anna: Zusammen schreibt man weniger allein. (Gruppen-)Schreibprojekte gemeinsam meistern. Verlag Barbara Budrich, Opladen 2017.

Gläser/Laudel 2010: Gläser, Jochen/Laudel, Grit: Experteninterviews und qualitative Inhaltsanalyse. Springer Fachmedien, Wiesbaden 2010⁴.

Heimes 2011: Heimes, Silke: Schreiben im Studium: das PiiP-Prinzip. Mit 50 Tipps von Studierenden für Studierende. Vandenhoeck & Ruprecht, Göttingen 2011.

Heister 2023: Heister, Werner: Studieren mit Erfolg: Selbstmanagement – wissenschaftliches Arbeiten – Prüfungsvorbereitung. Schäffer-Poeschel Verlag, Stuttgart 2023.

Herrmann et al. 2012: Herrmann, Markus/Hoppmann, Michael/Stölzgen, Karsten/Taraman, Jasmin: Schlüsselkompetenz Argumentation. Ferdinand Schöningh, Paderborn 2012².

Hug/Poscheschnik 2020: Hug, Theo/Poscheschnik, Gerald: Empirisch forschen. Die Planung und Umsetzung von Projekten im Studium. Unter Mitarbeit von Bernd Lederer und Anton Perzy. UVK Verlag im Francke Narr Attempto Verlag, München und Tübingen 2020³.

Kaiser 2021: Kaiser, Robert: Qualitative Experteninterviews. Konzeptionelle Grundlagen und praktische Durchführung (Elemente der Politik). Springer VS, Wiesbaden 2021².

Karmasin/Ribing 2019: Karmasin, Matthias/Ribing, Rainer: Die Gestaltung wissenschaftlicher Arbeiten. Ein Leitfaden für Seminararbeiten, Bachelor-, Master- und Magisterarbeiten, Diplomarbeiten und Dissertationen. Facultas, Wien 2019¹⁰.

Klein 2018: Klein, Andrea: Wissenschaftliches Arbeiten im dualen Studium. Verlag Franz Vahlen, München 2018.

Kohler-Gehrig 2022: Kohler-Gehrig, Eleonora: Diplom-, Seminar-, Bachelor- und Masterarbeiten in den Rechtswissenschaften. W. Kohlhammer Verlag, Stuttgart 2022³.

Kropp 2022: Kropp, Waldemar: Studienarbeiten kompakt. Prototypen wissenschaftlicher Arbeiten für alle Studiengänge. Erich-Schmidt-Verlag, Berlin 2022³.

Kühtz 2020: Kühtz, Stefan: Wissenschaftlich formulieren. Tipps und Textbausteine für Studium und Schule. Ferdinand Schöningh, Paderborn u. a. 2020⁶.

Lange 2018: Lange, Ulrike: Fachtexte lesen – verstehen – wiedergeben. Ferdinand Schöningh, Paderborn u. a. 2018².

Mautner 2019: Mautner, Gerlinde: Wissenschaftliches Englisch (Studieren, aber richtig): Stilsicher Schreiben in Studium und Wissenschaft. UVK Verlag im Francke Narr Attempto Verlag, München und Tübingen 2019³.

Mayer 2015: Mayer, Philipp: 300 Tipps fürs wissenschaftliche Schreiben. Ferdinand Schöningh, Paderborn u. a. 2015.

Niederhauser/Dudenredaktion 2017: Niederhauser, Jürg in Zusammenarbeit mit der Dudenredaktion: Die schriftliche Arbeit. Für Schule, Hochschule und Universität. Dudenverlag, Berlin 2017.

Niedermair 2010: Niedermair, Klaus: Recherchieren und Dokumentieren. Der richtige Umgang mit Literatur im Studium. Verlag Huter & Roth, Wien 2010.

Peirick 2015: Peirick, Christian: Rationelle Lesetechniken: Schneller Lesen – Mehr behalten. K. H. Bock Verlag, Bad Honnef 2015⁵.

Pospiech/Dudenredaktion 2017: Pospiech, Ulrike in Zusammenarbeit mit der Dudenredaktion: Wie schreibt man wissenschaftliche Arbeiten? Von der Themenfindung bis zur Abgabe. Dudenverlag, Berlin 2017.

Reinicke 2018: Reinicke, Katja: Fürchte dich nicht – schreibe! Die Heldenmethode für Haus- und Abschlussarbeiten. UVK Verlag im Francke Narr Attempto Verlag, München und Tübingen 2018.

Rückert 2014: Rückert, Hans-Werner: Schluss mit dem ewigen Aufschieben. Wie Sie umsetzen, was Sie sich vornehmen. Campus Verlag, Frankfurt am Main/New York 2014⁸.

Samac/Prenner/Schwetz 2014: Samac, Klaus/Prenner, Monika/Schwetz, Herbert: Die Bachelorarbeit an Universität und Fachhochschule. Facultas, Wien 2014[3].

Sandberg 2017: Sandberg, Berit: Wissenschaftlich Arbeiten von Abbildung bis Zitat. Lehr- und Übungsbuch für Bachelor, Master und Promotion. De Gruyter Oldenbourg, Berlin/München/Boston 2017[3].

Schubert-Henning 2007: Schubert-Henning, Sylvia: Toolbox – Lernkompetenz für erfolgreiches Studieren. UVW UniversitätsVerlagWebler, Bielefeld 2007.

Seiwert 2018: Seiwert, Lothar: Das 1 x 1 des Zeitmanagement. Zeiteinteilung, Selbstbestimmung, Lebensbalance. Gräfe und Unzer, München[5].

Sesink 2012: Sesink, Werner: Einführung in das wissenschaftliche Arbeiten inklusive E-Learning, Web-Recherche, digitale Präsentation u. a. Oldenbourg Wissenschaftsverlag, München 2012[9].

Siepmann 2012: Siepmann, Dirk: Wissenschaftliche Texte auf Englisch schreiben. Leitfaden für die Praxis. Ernst Klett Sprachen, Stuttgart 2012.

Theisen 2021: Theisen, Manuel René: Wissenschaftliches Arbeiten. Erfolgreich bei Bachelor- und Masterarbeit. Verlag Franz Vahlen, München 2021[18].

Vollmer 2008: Vollmer, Hans-Ulrich: Die Doktorarbeit schreiben. Strukturebenen – Stilmittel – Textentwicklung (Wissen kompakt). Verlag Wissenschaft & Praxis, Sternenfels 2008[2].

von Werder/Schulte-Steinicke/Schulte 2001: von Werder, Lutz/Schulte-Steinicke, Barbara/Schulte, Brigitte: Weg mit Schreibstörung und Lesestress. Zur Praxis und Psychologie des Schreib- und Lesecoaching. Schneider Verlag, Hohengehren 2001.

Voss 2020: Voss, Rödiger: Wissenschaftliches Arbeiten ... leicht verständlich. UVK Verlag im Francke Narr Attempto Verlag, München und Tübingen 2020[7].

Zechner 2018: Zechner, Nadine: Auswirkungen von Bewegung und Sport auf die kognitiven Funktionen bei Kindern und Jugendlichen, Graz, Bachelorarbeit, 2018.

Onlinequellen

duden.de: Begriff (o. J.), online unter: https://www.duden.de/rechtschreibung/Begriff. Tag des letzten Zugriffs: 1.12.2023.

infratest dimap: Weiter Vorbehalte gegen gendergerechte Sprache (11.5.2021), online unter: https://www.infratest-dimap.de/umfragen-analysen/bundesweit/umfragen/aktuell/weiter-vorbehalte-gegen-gendergerechte-sprache. Tag des letzten Zugriffs: 1.12.2023.

Heinemayer, Annika: Beiträge aus Social Media zitieren – Mit Beispielen (23.5.2023), online unter: https://www.scribbr.de/richtig-zitieren/social-media-zitieren. Tag des letzten Zugriffs: 5.12.2023.

Institut für Publizistik der Universität Mainz: Zitieren gemäß APA (7th Edition) Kurz-Manual (o. J.), online unter: https://www.studium.ifp.uni-mainz.de/studierende/abschlussarbeiten. Tag des letzten Zugriffs: 16.1.2024.

Jetter/Forray/Eberhard-Bölz: Wissenschaftliches Schreiben nach APA (7. Auflage) (20.10.2021), online unter: https://mediennutzung.uni-hohenheim.de/fileadmin/einrichtungen/mediennutzung/documents/Wissenschaftliches_Schreiben_nach_APA_7_20-10-2021.pdf. Tag des letzten Zugriffs: 19.12.2023.

o. V.: Vademecum Germanistische Mediävistik Universität Heidelberg (Stand 04/2017), online unter URL: https://www.gs.uni-heidelberg.de/md/neuphil/gs/aktuelles/vademecum_2017_4.pdf. Tag des letzten Zugriffs: 1.12.2023.

Quarks.de: Warum Pausen zwischendurch so wichtig sind (6.7.2023), online unter: https://www.quarks.de/gesellschaft/psychologie/warum-pausen-zwischendurch-so-wichtig-sind. Tag des letzten Zugriffs: 22.1.2024.

Reichel, Tim: 15 Tipps für die Studienarbeit, wenn man eigentlich keine Zeit hat (26.1.2022), online unter: https://www.spiegel.de/start/hausarbeit-oder-abschlussarbeit-schreiben-15-tipps-wenn-die-zeit-knapp-wird-a-726e34ff-b073-4cc4-b9ef-1e75fdf37d55. Tag des letzten Zugriffs: 19.1.2024.

Stern.de: Forsa-Umfrage. Fast drei Viertel der Deutschen vom Gendern genervt (18.7.2023), online unter: https://www.stern.de/gesellschaft/gendern--grosse-mehrheit-der-deutschen-laut-forsa-umfrage-davon-genervt-33661462.html. Tag des letzten Zugriffs: 1.12.2023.

Statista: Ranking der Länder mit höchster durchschnittlicher Nutzungsdauer von Social Networks weltweit im Jahr 2021 (Januar 2023), online unter: https://de.statista.com/statistik/daten/studie/160137/umfrage/verweildauer-auf-social-networks-pro-tag-nach-laendern/. Tag des letzten Zugriffs: 13.11.2023.

Stichwortverzeichnis

8

80-20-Regel · *Siehe* Pareto-Prinzip

A

Abbildungen · 173, 182, 241, 258

Abbildungsverzeichnis · 101, 258

ABC-Analyse · 34

Ablenkung · 92, 204, 212

Abschlussarbeiten zitieren · 188

Akademischer Titel · 102, 186

ALPEN-Technik · 33

Anführungszeichen · 70, 177

Anhang · 101, 110, 112, 140

Anmeldung · 17, 19, 20, 22, 26, 269

Argumentation · 145, 149, 150, 173, 175, 176, 238, 257

Assoziationstechniken · 222

Aufsätze zitieren · 187, 188

Aufschieberitis · 14, 201, 208, 217, 278

Auskunftszitat · 173

Auskunftszitate · 178

B

Believing game · 87

Benotung · *Siehe* Bewertungskriterien

Betreuer · 26, 58, 74, 82, 101, 150, 177, 179, 185, 214, 250;
Absprache mit dem · 25, 26, 27, 57, 82, 91, 101, 102, 116, 154, 173, 179, 183, 185, 213, 214, 243, 256;
Angst vor dem · 213;
Suche nach einem · 45, 49

Bibliothekskatalog · 65, 69, 71, 74

Boolesche Operatoren · *Siehe* Logische Operatoren

C

Chicago-Zitierweise · 173, 267, 276

Cluster · 84, 113

Clustering · 221

D

Deckblatt · 101, 102, 240, 258

Definitionen · 106, 118, 145, 238, 257

Diktieren · 225

Direkte Zitate · 177

Doubting game · 87

Drucken · 19, 20, 30, 256, 269

E

Eat-the-frog-Taktik · 208

Ehrenwörtliche Erklärung · *Siehe* Eidesstattliche Erklärung

Eidesstattliche Erklärung · 101, 110, 261

Eigenständigkeit · 25, 58, 110, 173, 176, 237, 257

Einleitender Satz · 104

Einleitung · 29, 104, 105, 106, 111, 113, 115, 235

Einlesephase · 84

Eisenhower-Methode · 35, 36

Empirisch · 102, 103, 106, 107, 237, 276

Et al. · 181, 187, 276

Exkurs · 112, 277

Exposé · 24, 26, 27, 243, 277

Exzerpieren · 84, 86, 88, 89, 90, 223

F

Fazit · 29, 113

Fernleihe · 65, 67, 73

Forschungsfrage · 26, 53, 55, 104, 109, 125, 130, 139

Fußnoten · 80, 161, 162, 173, 174, 178, 179, 182, 191, 243, 267, 276

G

Gedankensammlung · 22, 55

Gendermainstreaming · 154

Gerichtsurteile zitieren · 190

Gesetzestexte zitieren · 190

Gliederung · 108, 113, 122; Entwurf einer · 19, 20, 21, 23, 114, 269; Muster · 117, 118, 119, 120, 123; Qualitätskriterien für eine · 115, 116, 117, 235, 244, 257

Gliederungsform · 114, 243

H

Harvard-Zitierweise · 173, 266, 277

Hauptteil · 105, 107, 111, 112, 113

Hedging · 162

I

Ich-Form · 153, 244

Indirekte Zitate · 178

Innerer Kritiker · 227

Internetquellen · 80, 125, 186, 191, 236, 251

Interviewleitfaden · 125, 126, 129, 133, 263

K

Kurzbeleg · 80, 173, 179, 277

L

Lesestrategien · 74, 78, 93

Letzter Satz · 110

Lexika zitieren · 189

Literatur auswerten · 71, 92, 237, 250

Literaturmenge · 81

Literaturrecherche ohne Internet · 72, 73

Literaturrecherche online · *Siehe* Onlinerecherche

Literaturverwaltungs-Software · 100

Literaturverzeichnis · 72, 80, 81, 101, 110, 179, 183, 185, 186, 187, 188, 189, 190, 192, 193, 236, 239, 243, 258, 279

Logische Operatoren · 69, 70, 277

M

Metasuchmaschinen · 64

Methode · 106, 109, 125, 140, 237, 238, 243, 257

Mindmap · 22

Monografie · 186, 278

Monografien zitieren · 186

N

Neuigkeitsgehalt der Arbeit · 46

Nominalstil · 152, 156, 278

Notfallantwort · 40

Notizen · 14, 18, 26, 28, 47, 85, 86, 87, 92, 93, 141, 243

O

O. V. · 189

Onlinerecherche · 69, 71, 74, 279

P

Paragrafen zitieren · 180

Pareto-Prinzip · 32, 34, 41

Pausen · 91, 205, 213

Plagiat · 176, 239;
    Aus Versehen? · 174, 176

Plagiatsprüfung · 176

Pomodoro-Technik · 205

Prokrastination · *Siehe* Aufschieberitis

Q

Qualitative Inhaltsanalyse · 139, 278

R

Roter Faden · 114, 115, 121, 244, 257

S

Sammelband · 188, 278

Schluss · 104, 109, 110, 111, 115, 121, 153, 235

Schneeballsystem · 72, 279

Schreibblockaden · 14, 217, 218, 219, 223, 226

Schreibgruppe · 226

Schreibtyp · 14, 143, 144, 145, 146

Schreibwerkstätten · 228

Seitenzahlen · 101, 161, 178, 240, 243, 258

Sekundärzitate · 183, 239, 279

Sic! · 177, 279

Sicherungskopien · 29, 161, 256

Sperrvermerk · 262

Stöbertage: in der Bib · 50

T

Thema eingrenzen · 54

Thema finden · 45, 46, 48, 49, 58

Titel · 17, 26, 102, 103, 104, 234

To-do-Liste · 31, 32, 206

Transkript · 125, 126, 138, 139, 140, 279

U

Überschriften · 108, 112, 153, 154

V

Verbundkataloge · 65

Vollbeleg · 179, 243, 279

W

Warm-up-Übungen · 209

Z

Zahlen · 161

Zeitfresser · 37

Zeitfressertagebuch · 147

Zeitmanagement · 17, 26, 27, 31, 32, 34, 35, 37, 38, 41, 44

Zeitpuffer · 29, 30, 206

Zeitungsartikel zitieren · 189

Ziffern · *Siehe* Zahlen

Zitat, direkt · *Siehe* Direkte Zitate

Zitat, indirekt · *Siehe* Indirekte Zitate

Recht, Steuern und Rechnungswesen

Studium und Praxis –
leicht gemacht

Die bekannte *leicht gemacht*-Reihe hat bereits Generationen von Studierenden erfolgreich in die Themenbereiche Recht und Steuern / Rechnungswesen eingeführt. Seit 2023 ist sie Teil unserer Edition Wissenschaft & Praxis bei Duncker & Humblot. Die handlichen Lehrbücher vermitteln verständlich und kompakt die Grundlagen unseres Rechts- bzw. Steuersystems. Mit besonderem Augenmerk auf die didaktische Vermittlung richten sie sich insbesondere an Anfängerinnen und Anfänger ohne Vorkenntnisse sowie an interessierte Laien.

- Die GELBE SERIE widmet sich rechtswissenschaftlichen Themen, vom Studienstart im ersten Semester über die Grundlagen in Zivil-, Straf-, und Öffentlichem Recht bis hin zur Klausurvorbereitung.

- Die BLAUE SERIE behandelt die Themen Steuern und Rechnungswesen, angefangen bei den ersten Schritten über die Spezifika nationaler und internationaler Besteuerungsformen und des internen bzw. externen Rechnungswesens, bis hin zur Vorbereitung auf die Steuerberaterprüfung.

Alle Informationen auf einen Blick:
www.duncker-humblot.de/leicht-gemacht

Edition Wissenschaft & Praxis

Jörn Bringewat

Klausuren schreiben –
leicht gemacht

Aufbau und Form der juristischen Klausur

Meistern Sie Ihre Juraklausuren mit Leichtigkeit! Unser Lehrbuch für das Schreiben von Klausuren in Rechtswissenschaften ist der ultimative Begleiter für angehende Juristen. Mit klaren Anleitungen, praktischen Beispielen und wertvollen Tipps führen wir Sie Schritt für Schritt durch den Prozess des Verfassens juristischer Klausuren.
In bewährt kompakter und verständlicher Form enthält das Buch:

- Einsteigertipps und Klausurstrategien
- eine Einführung in Fallbearbeitung und Gutachtentechnik
- Besonderheiten zivil-, straf-, verfassungs- und verwaltungsrechtlicher Fallklausuren
- Prüfschemata, Übersichten und Beispielsfälle

Dank unserer praxiserprobten Methoden lernen Sie, komplexe juristische Sachverhalte strukturiert zu analysieren, argumentativ überzeugend zu schreiben und Ihre Gedanken klar und präzise zu formulieren. Mit seiner hohen Anwendernähe eignet sich das Lehrbuch ideal für jedes Studium mit juristischem Anteil.

GELBE SERIE – *leicht gemacht*
20., überarbeitete Auflage
19 Leitsätze, 14 Übersichten, 13 Prüfschemata, 161 Seiten, 2024
ISBN 978-3-87440-398-6, € 14,90
Titel auch als E-Book erhältlich.

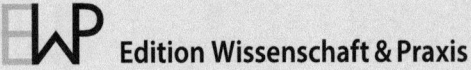